Schwarze

Mathematik für Wirtschaftswissenschaftler
Band 1: Grundlagen

Vorrede.

Der Zweck bey der Ausfertigung des gegenwärtigen Buches war, denenjenigen, welche sich die Anfangsgründe der Mathematic durch eigenen Fleiß, oder unter der Anführung eines Lehrmeisters, der selbst nicht allzuweit in denselben gekommen ist, bekant machen wollen, dazu beförderlich zu seyn: andern aber die Wiederhohlung des mündlichen Vortrages zu erleichtern, und denselben, wo es nöthig ist, zu ergänzen. Man hat sich zu dem Ende einer an einander hangenden, deutlichen, weitläuftigen und ungezwungenen Schreibart bedienet: und, da man sich den Leser als neu in dieser Wissenschaft, und der geometrischen Schlüsse ungewohnet, vorstellen müssen; so ist man, sonderlich im Anfange, beflissen gewesen, die meisten Dinge von mehr als einer Seite vorzustellen, und durch verschiedene, aus verschiedenen Quellen hergehohlete Beweise, recht verständlich zu machen. Doch hat man sich dabey gehütet, den Zusammenhang der Sätze zu unterbrechen, und die Kette der Schlüsse, welche vom Anfange an durch das ganze Buch reichet, zu zerreissen. Selbst die Erklärungen der Wörter sind hievon nicht ausgenommen; welche nicht ehe angebracht worden sind, als, nachdem man, als bereits bekant, voraus setzen konte, daß dasjenige, so das Wort bedeuten soll, möglich sey, und nichts wiedersprechendes enthalte.

Entnommen aus:

Deutliche und vollständige Vorlesungen über die Rechenkunst und Geometrie

Zum Gebrauche derjenigen, welche sich in diesen Wissenschaften durch eigenen Fleiß üben wollen, ausgefertigt von D. Joh. Andreas HEGNER

Lemgo, Gedruckt bey Johann Heinrich Meyer, Hof-Buchdrucker, 1747

NWB-Studienbücher · Wirtschaftswissenschaften

Mathematik für Wirtschaftswissenschaftler

Band 1: Grundlagen

Von Professor Dr. Jochen Schwarze

9. Auflage

Verlag Neue Wirtschafts-Briefe · Herne/Berlin

Die Deutsche Bibliothek – CIP-Einheitsaufnahme

Schwarze, Jochen:
Mathematik für Wirtschaftswissenschaftler / von Jochen Schwarze. – Herne ; Berlin : Verl. Neue Wirtschafts-Briefe.
(NWB-Studienbücher Wirtschaftswissenschaften)
Bd. 1. Grundlagen. – 9. Aufl. – 1992
ISBN 3-482-56319-5

ISBN 3-482-**56319**-5 – 9. Auflage 1992

Druck: Ebner Ulm

Vorwort zur 9. Auflage

Die Mathematik ist heute integrierter Bestandteil der Wirtschaftswissenschaften. Ohne fundiertes mathematisches Wissen ist ein wirtschaftswissenschaftliches Studium nicht möglich, da in vielen Bereichen wirtschaftstheoretischer Analysen mathematische Hilfsmittel benötigt werden. Aber auch in der wirtschaftlichen Praxis werden solide Rechen- und Mathematikkenntnisse verlangt.

Die dreibändige Mathematik für Wirtschaftswissenschaftler vermittelt das für Studium und Beruf erforderliche Grundwissen. Der Text ist aus Vorlesungen und Übungen entstanden, die ich über 23 Jahren gehalten habe. Außerdem konnten Lehr-Erfahrungen an verschiedenen Verwaltungs- und Wirtschafts-Akademien berücksichtigt werden. Besonderer Wert wurde auf eine anschauliche Darstellung mit ökonomischen Anwendungen gelegt. Auf Beweise wurde weitgehend verzichtet. Außer zahlreichen Beispielen im Text sind jedem Abschnitt Übungsaufgaben beigefügt, die bei einer selbständigen Durcharbeitung der Lernkontrolle dienen. Die Lösungen dazu sind am Ende zusammengestellt.

Der vorliegende Band 1 behandelt verschiedene mathematische Grundlagen. Dabei habe ich mich in einigen Abschnitten auf eine schwerpunktartige Wiederholung beschränkt. Band 2 behandelt Differential- und Integralrechnung, Band 3 Lineare Algebra, Lineare Optimierung und Graphentheorie. Da es Studenten der Wirtschaftswissenschaften in zunehmendem Maße an elementaren Grundkenntnissen mangelt, ist ein gesonderter Band der Wiederholung dieses Stoffes gewidmet: "Mathematik für Wirtschaftswissenschaftler - Elementare Grundlagen für Studienanfänger". Hingewiesen sei auch auf die "Aufgabensammlung zur Mathematik für Wirtschaftswissenschaftler", die zu den 3 Bänden umfangreiches Übungsmaterial enthält.

Zur 6. Auflage wurde der Text völlig überarbeitet und ergänzt. Gebiete, die in den "Elementaren Grundlagen für Studienanfänger" ausführlich behandelt wurden, sind nur noch durch kurze Formelzusammenstellungen berücksichtigt. In einigen Gebieten, z.B. bei Funktionen, wurden die Ausführungen wesentlich erweitert. Für die jetzt vorgelegte 9. Auflage wurde der Text erneut überarbeitet, ohne Aufbau und Konzeption zu verändern.

Zu danken habe ich den Studenten, die mich auf Verbesserungsvorschläge aufmerksam gemacht haben und meiner Frau für Ihr Verständnis bei der Überarbeitung. Mein Dackel Butzi fiel nur durch das Zerbeißen einiger überarbeitungsbedürftiger Seiten auf.

Hannover, im Januar 1992 Jochen Schwarze

Hinweise für die Durcharbeitung dieses Buches

Definitionen, Regeln, Beispiele, Figuren und Aufgaben sind abschnittsweise fortlaufend numeriert. Durch ausgestellte große Buchstaben wurden kenntlich gemacht mit:

D Definitionen
R Regeln
B Beispiele
F Figuren
Ü Übungsaufgaben.

Die fortlaufende Numerierung führt dazu, daß z.B. D 4.6.23 (eine Definition), B 4.6.24 (ein Beispiel) und F 4.6 25 (eine Figur) aufeinanderfolgen.

● ● ● Beispiele sind am Rand zusätzlich durch Punkte hervorgehoben.

* * * Übungsaufgaben sind am Rand zusätzlich durch Sterne gekennzeichnet.

Das Buch "Schwarze, J.: Mathematik für Wirtschaftswissenschaftler - Elementare Grundlagen für Studienanfänger, Verlag Neue Wirtschafts-Briefe, Herne/Berlin" wurde im Text mit "Elementare Grundlagen ..." zitiert.

Inhaltsverzeichnis

1. Einführung

1.1 Die Bedeutung der Mathematik für die Wirtschaftswissenschaften

Wirtschaftswissenschaftliche Untersuchungen befassen sich zu einem großen Teil mit der Analyse wirtschaftlicher Größen, wie z.B. Volkseinkommen, Konsumausgaben, Nachfrage, Kosten, Erlös und Gewinn, sowie mit der Darstellung und Untersuchung von Zusammenhängen, die zwischen ökonomischen Größen bestehen. Die rein verbale Darstellung, vor allem von komplizierten Zusammenhängen und die verballogische Untersuchung dieser Zusammenhänge, ist im allgemeinen unanschaulich und verhältnismäßig schwierig. Es liegt nahe, in solchen Fällen einen Formalismus zu suchen, mit dem die gegebenen Situationen übersichtlich und handlich beschrieben werden können und der die Analyse erleichtert. In den Naturwissenschaften, insbesondere der Physik, hat man sich dazu seit jeher der Mathematik bedient. Auch in den Wirtschaftswissenschaften ist die Mathematik seit langem ein unentbehrliches Instrument der Darstellung und Analyse. Einige der in den Wirtschaftswissenschaften zur Anwendung gelangenden mathematischen Verfahren sind sogar speziell für die Lösung wirtschaftlicher Probleme entwickelt worden. Das darf aber nicht darüber hinwegtäuschen, daß die Mathematik für die Wirtschaftstheorie nur eine Hilfswissenschaft ist, und zwar in dreierlei Hinsicht:

(1) Die Mathematik ist ein Hilfsmittel bei der **Darstellung** ökonomischer Zusammenhänge und Sachverhalte.

Sie dient der kurzen und übersichtlichen Darstellung, wobei vor allem auf Funktionen und ihre graphische Darstellung hinzuweisen ist.

Um darzustellen, daß die gesamten Kosten K eines Betriebes, der nur ein Produkt herstellt, von der produzierten Menge x abhängen, schreibt man kurz $K = K(x)$.

Die Beziehungen zwischen der Produktionsmenge x und der dafür einzusetzenden Anzahl Arbeitskräfte (a), Maschinen (m) und Material (r) kann man kurz durch $x = f(a,m,r)$ ausdrücken.

(2) Die Mathematik ist ein Hilfsmittel für die **Analyse und Interpretation** ökonomischer Zusammenhänge und Sachverhalte.

Dabei geht man zumeist von der Darstellung der Sachverhalte oder Zusammenhänge durch Funktionen oder andere mathematische Instrumente aus.

Aus einer Funktion, die beschreibt, wie die von einem Gut nachgefragte Menge von dem Preis des Gutes abhängt, kann man Informationen darüber gewinnen, wie die Nachfragemenge auf Preisänderungen reagiert.

Aus Ansätzen der Finanzmathematik kann man Angaben darüber gewinnen, wie z.B. die Finanzierungskosten für einen Hausbau auf Zinsänderungen reagieren.

(3) Die Mathematik ist ein Hilfsmittel der **Entscheidung und Optimierung.**

Dazu ist zunächst das ökonomische Problem als mathematischer Ansatz zu formulieren. Dieser Ansatz wird dann mit geeigneten Verfahren gelöst.

Mit mathematischen Verfahren der Investitionsrechnung kann beispielsweise die wirtschaftlichste Maschine (wenn mehrere zur Auswahl stehen) bestimmt werden.

Stellt ein Betrieb mehrere Produkte auf seinen Anlagen her, dann kann mit den Verfahren der mathematischen Optimierung ein optimales, d.h. gewinngünstigstes, Produktionsprogramm bestimmt werden.

Auf weitere Beispiele für die Anwendungsbereiche muß an dieser einführenden Stelle verzichtet werden.

Wie bereits deutlich wurde, hat die Mathematik für die Wirtschaftspraxis ebenfalls eine erhebliche Bedeutung. Die Behandlung von durch Zahlen ausgedrückten Geldgrößen oder Mengengrößen ist ohne Verwendung mathematischer Verfahren undenkbar. Dabei ist vor allem auf sämtliche Bereiche des Rechnungs- und Finanzwesens hinzuweisen. Außer elementaren Rechenoperationen (Addition, Subtraktion, Multiplikation, Division) treten hier aber auch Probleme auf, die schwierigere Operationen erfordern, wie z.B. die Bestimmung von Verteilungsschlüsseln für Kostenumlagen, von Verrechnungspreisen, die Aufstellung von Tilgungsplänen oder die Analyse der Wirtschaftlichkeit von Investitionsobjekten. Mathematische Verfahren werden jedoch auch in der Produktionsplanung und -steuerung, in der Markt- und Meinungsforschung und anderen Bereichen angewendet. Als Beispiele seien hier erwähnt: Bestimmung einer optimalen Losgröße bei der Produktion oder im Einkauf, Aufstellung eines kostengünstigsten Versandplans, Behandlung von Standortproblemen, Absatzprognosen, Analyse von Käuferverhalten. Bei der Anwendung der Mathematik in der betrieblichen Praxis geht es nicht nur um die Aufbereitung irgendwelcher Zahlen, sondern sehr häufig dient die Mathematik zur Vorbereitung und Untermauerung von Entscheidungen. In diesem Zusammenhang ist vor allem auf die Anwendung mathematischer Methoden im Rahmen des **Operations Research** hinzuweisen.

Um dem Leser einen Einblick in die Anwendung der Mathematik auf wirtschaftliche Fragestellungen zu geben, werden im folgenden Abschnitt wichtige Gebiete skizziert und einige typische Aufgabenstellungen behandelt.

1.2 Wichtige Gebiete und typische Beispiele für die Anwendung der Mathematik in den Wirtschaftswissenschaften

Die Grundrechenarten

Der Hinweis auf die Anwendung der Grundrechenarten in der Wirtschaft erfolgt hier nur der Vollständigkeit halber. Nahezu jeder Umgang mit Zahlen erfordert die Durchführung von Rechenoperationen der Grundrechenarten, und seien es nur einfache Additionen. Auf Anwendungsbeispiele kann hier verzichtet werden.

Das traditionelle Wirtschaftsrechnen

Unter Wirtschaftsrechnen faßt man alle elementaren Rechenverfahren zusammen, die speziell für die Behandlung wirtschaftlicher Fragestellungen eine Rolle spielen. Dazu gehören im einzelnen:

Mischungsrechnung

Im Handel und in der Industrie erfolgt eine Mischung von Gütern mit unterschiedlichen Preisen. Dann stellt sich die Aufgabe, einen Durchschnittspreis der Mischung zu berechnen. Es kann aber auch sein, daß das Mischungsverhältnis zweier oder mehrerer Güter mit verschiedenen Preisen so zu bestimmen ist, daß die Mischung einen vorgegebenen Preis erhält. Hierzu sei auf die eingekleideten Aufgaben im Kapitel 7 der "Elementaren Grundlagen ..." hingewiesen

Kalkulation

Sämtliche Spielarten von Kalkulationen (Divisions- oder Zuschlagskalkulation) gehören zum Wirtschaftsrechnen.

Verhältnisrechnung

Die Aufteilung von Gewinnen auf Gesellschafter nach der Höhe des Kapitalanteils oder die Aufteilung von Kosten auf Kostenstellen nach einem bestimmten Schlüssel sind Beispiele für Verhältnisrechnungen.

Abschreibungen

Die Abschreibung langlebiger Wirtschaftsgüter für die Kostenrechnung (mit gleichen, steigenden oder fallenden Raten) erfordert die Anwendung einfacher mathematischer Operationen. Vgl. auch die Ausführungen in Abschnitt 8.6.

Terminrechnung

Werden Kapitalbeträge mit gleichen oder unterschiedlichen Zinsen zu verschiedenen Terminen fällig, dann besteht die Aufgabe der Terminrechnung darin, einen mittleren Fälligkeitstermin zu berechnen.

Zinsrechnung und Diskontrechnung

Die Zinsrechnung ist eine spezielle Form der Prozentrechnung (s.u.). Bei der Diskontrechnung geht es vor allem um die Berechnung von Gegenwartswerten in der Zukunft fälliger Zahlungen: z.B. hat ein Betrag von 110.000,-- DM, der in einem Jahr fällig ist, bei einem Zinssatz von 10% heute einen "Gegenwartswert" von 100.000,-- DM. Hierzu sei auf das Kapitel 9 in diesem Band verwiesen.

Wertpapierrechnung
Bei der Wertpapierrechnung ist vor allem auf Rentabilitäts- und Zinsberechnungen sowie auf die rechnerische Bestimmung des Wertes von Bezugsrechten junger Aktien hinzuweisen.

Arbitragerechnung
Unter Arbitragerechnung versteht man die rechnerische Ermittlung der Kursunterschiede an verschiedenen Börsenplätzen mit dem Ziel, die Kursunterschiede auszunutzen.

In den folgenden Ausführungen wird auf das Wirtschaftsrechnen nicht weiter eingegangen.

Finanzmathematik
Die Finanzmathematik liefert das technisch-rechnerische Instrumentarium für die Behandlung langfristiger Kapitalvorgänge, d.h. der Hergabe, Verzinsung und Rückzahlung von Kapital. Eine besondere Rechnung wird durch den Einfluß der Zinsen und Zinseszinsen auf den zeitlichen Verlauf der Geld- und Zahlungsströme erforderlich.
Zu den Aufgaben der Finanzmathematik im Rahmen betrieblicher Dispositionen und Entscheidungen gehören u.a.:

- Bestimmung des Barwertes laufender Leistungen oder Erträge,
- Bewertungen von Kapitalanlagen und Unternehmungen,
- Abschreibungen vom Buchwert,
- Vergleich verschiedener zukünftiger Leistungen und die Berechnung des Zeitwertes unterschiedlich fällig werdender Beträge,
- Aufstellung von Plänen zur Tilgung von Hypotheken und Anleihen und die Bestimmung der Tilgungsdauer,
- Ermittlung der Rentabilität von Kapitalanlagen,
- Bewertung und Abschreibung von Anlagen und Unternehmungen.

Grundzüge der Finanzmathematik werden im Kapitel 9 in diesem Band behandelt.

Versicherungsmathematik
Versicherungen dienen der Deckung von Schäden oder Vermögensleistungen, die durch bestimmte, in der Regel nicht vorhersehbare, Ereignisse hervorgerufen werden. Das damit verbundene Risiko für den Einzelnen wird zu einem Teil dadurch aufgefangen, daß die Lasten auf einen größeren Personenkreis verteilt werden. Die rechnerische Behandlung aller damit im Zusammenhang stehenden Fragen ist Aufgabe der Versicherungsmathematik, in der stark auf Verfahren der mathematischen Statistik und Wahrscheinlichkeitstheorie zurückgegriffen wird. Auf Versicherungsmathematik wird in dieser Einführung nicht darauf eingegangen.

Funktionen
Bei der Beschreibung von Beziehungen zwischen wirtschaftlichen Größen bedient man sich sehr stark mathematischer Funktionen, deren Formalismus eine detaillierte Analyse der bestehenden Zusammenhänge erlaubt. (Siehe Kapitel 6 und 7.)

Differential- und Integralrechnung

Wirtschaftliche Anwendungen der Differentialrechnung liegen vor allem im Bereich der wirtschaftswissenschaftlichen Theorie.

Sehr häufig handelt es sich dabei um eine mathematische Diskussion wirtschaftlicher Funktionen und eine Interpretation der Ergebnisse. In der Praxis kann die Differentialrechnung nur selten zur Lösung von Entscheidungsprozessen führen.

Der Differential- und Integralrechnung ist der zweite Band gewidmet.

Matrizenrechnung

Eine Matrix ist ein geordnetes rechteckiges Zahlenschema, welches aus einer bestimmten Anzahl von Zeilen und Spalten besteht.

Im folgenden sind einige Beispiele für Matrizen zusammengestellt.

a) Die Außenhandelsbeziehungen von 4 Ländern während eines Zeitraumes lassen sich übersichtlich wie folgt darstellen:

Land	I	II	III	IV
I	0	28	19	37
II	14	0	25	46
III	45	9	0	50
IV	5	17	80	0

In den Zeilen stehen die Exporte des betreffenden Landes in die jeweils anderen Länder. In den Spalten stehen die Importe von den anderen Ländern.

b) Ein Warenhaus, das 4 Lagerhäuser und 7 Filialen besitzt, kann die Kosten für den Transport einer Tonne Ware von den Lagerhäusern zu den Filialen in einer Matrix zusammenstellen:

Lagerhaus \ Filiale	1	2	3	4	5	6	7
1	12	6	5	4	1	9	18
2	7	12	9	7	4	8	14
3	4	3	6	2	3	1	3
4	9	17	5	2	9	4	2

c) In einer Volkswirtschaft gebe es drei Industriezweige. In jedem Industriezweig werden eigene Produkte und Produkte aus den anderen Industriezweigen im Produktionsprozeß als Input eingesetzt. Alle Produkte (Output), die nicht wieder für die Produktion verwendet werden, gehen an Endnachfrager bzw. Konsumenten (Staat, private Haushalte, Export). Die Beziehungen zwischen dem Input und dem Output kann man in einer sogenannten Input-Output-Matrix zusammenstellen:

Industriezweig	A	B	C	Endnachfrage	Gesamtoutput Vektor
A	1	2	1	4	8
B	3	1	0	2	6
C	1	2	1	3	7

Die Elemente geben den Output an, der von dem zu der Zeile gehörenden Industriezweig zu dem der Spalte entsprechenden Industriezweig bzw. Endnachfrager geht.
In einer ähnlichen Matrix kann man die Leistungsverflechtungen zwischen den Abteilungen oder Bereichen eines Betriebes darstellen. Die Verfahren der Matrizenrechnung kann man dann z.B. benutzen, um bei einer allseitigen innerbetrieblichen Leistungsverflechtung innerbetriebliche Verrechnungspreise zu bestimmen.

Im Rahmen der Matrizenrechnung wird auch die Auflösung linearer Gleichungssysteme behandelt. Dafür folgendes Beispiel:

Der Student Paul kauft an einem Morgen 3 Brötchen und 1 l Milch und bezahlt dafür 1,56 DM. Als er zu Hause feststellen will, wieviel 1 Brötchen und wieviel 1 l Milch kostet, kommt er zu keinem Ergebnis. Am nächsten Tag kauft er 5 Brötchen und 2 l Milch und bezahlt 2,90 DM. Jetzt kann Paul folgende Gleichungen aufstellen (B = Brötchenpreis, M = Milchpreis):

$$3B + 1M = 1{,}56$$
$$5B + 2M = 2{,}90.$$

Dieses lineare Gleichungssystem löst er auf und erhält

$$B = 0{,}22; \quad M = 0{,}90.$$

Auf Matrizenrechnung und lineare Gleichungssysteme wird in Band 3 eingegangen.

Lineare Optimierung
Die **Lineare Optimierung,** für die man häufig auch die Bezeichnung **Lineare Planungsrechnung** oder **Lineare Programmierung** findet, hat ein äußerst weites Anwendungsgebiet. Anwendungen der Linearen Optimierung besitzen in allen Fällen die gleiche Struktur: Man hat eine Zielgröße, z.B. den Gewinn, die Kosten oder die Produktivität, die einen möglichst großen oder einen möglichst kleinen Wert annehmen soll. Diese Zielgröße hängt von anderen wirtschaftlichen Größen, den Entscheidungsvariablen (Produktionsmengen, Lagermengen usw.), linear ab, d.h. es existiert eine **lineare Zielfunktion.** Aus den wirtschaftlichen Gegebenheiten resultieren für die Entscheidungsvariablen Beschränkungen (Nebenbedingungen) in Form linearer Gleichungen und/oder Ungleichungen, die bei der Maximierung oder Minimierung der Zielgröße (Gewinn, Kosten) beachtet werden müssen. Solche Beschränkungen können sein: beschränkt verfügbare Rohstoffmengen, Produktionskapazitäten und Transportmittel; Kosten des Transports; Länge von Transportstrecken; Lagerkapazitäten und Lagerkosten; Lieferfristen für Einkauf, Verarbeitung, Lagerung und Versand; Bedingungen über physikalische, chemische oder technologische Eigenschaften; finanzielle Beschränkungen beim Kapital oder bei den liquiden Mitteln. Die Nebenbedingungen erhalten vor allem durch Kapazitätsbeschränkungen Ungleichungsform: Die in einem Monat herstellbare Menge wird nach oben durch die Produktionskapazität begrenzt, sie kann aber durchaus niedriger sein; die vorhandenen Geldmittel sind nach unten begrenzt, da andernfalls die Unternehmung in

Liquiditätsschwierigkeiten geraten kann; der Produktion sind durch Beschränkungen im Beschaffungsbereich Grenzen gesetzt, die nicht überschritten werden können.

Charakteristisch für die Verfahren der Linearen Optimierung ist, daß die gesuchte optimale Lösung des Entscheidungsproblems im allgemeinen nicht in einem Schritt gefunden wird, sondern daß man mehrere Rechengänge durchführen muß, um die Lösung zu erhalten. Auf die Grundzüge der linearen Optimierung wird im 3. Band eingegangen.

Liegen nichtlineare Beziehungen vor, d.h. sind die Zielfunktionen und/oder die Nebenbedingungen nichtlinear, so hat man ein Entscheidungsproblem, das mit Hilfe der Verfahren der Nichtlinearen Optimierung gelöst werden kann. Darauf wird hier jedoch nicht näher eingegangen.

Graphentheorie
Die Graphentheorie findet in zunehmendem Maße Anwendung auf wirtschaftliche und soziale Fragestellungen.
Meistens geht es dabei um Probleme, denen die Betrachtung gewisser formaler Strukturen und ihrer Eigenschaften zugrundeliegt. Derartige Strukturen lassen sich fast immer als Graph formulieren.
Unter einem Graph versteht man eine (endliche oder unendliche) Menge von Knoten, die durch eine (endliche oder unendliche) Menge von Kanten einander zugeordnet sind.

Beispiele dafür sind:

- Kompetenz- und Informationssysteme in Unternehmungen (Probleme: Kriterien für die Effektivität eines solchen Systems zu bestimmen; kürzeste Informationswege zwischen verschiedenen Stellen des Systems zu ermitteln).
- Arbeitsabläufe in Fertigung und Verwaltung (Probleme: Abstimmung von Kapazitäten; optimaler Materialfluß).
- Komplexe Arbeitsabläufe von Projekten (Probleme: Projektplanung und Steuerung der Durchführung. Dazu verwendet man die Verfahren der **Netzplantechnik**).
- Verkehrsnetze (Problem: Bestimmung von kürzesten Wegen zwischen Orten).

Auf Grundzüge der Graphentheorie wird ebenfalls im Band 3 eingegangen.

Sonstiges
Die genannten Gebiete der Mathematik können, wie bereits oben gesagt wurde, keinen Anspruch auf Vollständigkeit erheben. Für die Lösung bzw. Behandlung wirtschaftlicher Fragestellungen gibt es noch zahlreiche andere Verfahren.

In diesem Zusammenhang ist vor allem auf die Methoden der Unternehmensforschung (Operations Research) hinzuweisen. Auch Wahrscheinlichkeitstheorie und Statistik müssen hier genannt werden.

Weiterhin ist hier auf die Bereiche **Logik** und **Mengenlehre** hinzuweisen, die jedoch mehr Grundlagencharakter haben, als daß sie direkte Anwendungsmöglichkeiten bieten. Zahlreiche Anwendungen ergeben sich aus der **Kombinatorik.**

Grundlagen der Logik, Mengenlehre und Kombinatorik werden im vorliegenden ersten Band behandelt.

1.3 Probleme und Grenzen der Anwendung Mathematischer Verfahren in der Wirtschaft

Die Anwendung der Mathematik zur Lösung von Problemen der Wirtschaftstheorie, der angewandten Volkswirtschaftslehre und der betrieblichen Praxis hat in den vergangenen Jahren ständig zugenommen. Die Mathematik hat Eingang in alle Bereiche von Theorie und Praxis gefunden, insbesondere dort, wo es um Entscheidungsaufgaben geht. So elegant allerdings manches Problem in der Theorie mittels mathematischer Verfahren gelöst werden kann, so wenig ist oft eine praktische Verwertbarkeit gegeben.

Aus der Sicht der Praxis ergeben sich vor allem zwei Probleme, die die Grenzen für die Anwendung mathematischer Methoden im wesentlichen abstecken:

- Die meisten wirtschaftlichen Zusammenhänge sind derart komplex, daß sie sich nicht in mathematischen Modellen fassen lassen. Die verfügbaren mathematischen Verfahren verlangen für die Anwendung oft so starke Vereinfachungen, daß die Behandlung praktischer Problemstellungen sinnlos wird.
- Häufig ist es unmöglich, die für eine exakte mathematische Behandlung eines Problems erforderlichen Informationen zu beschaffen. Bei schlechten und ungenauen Ausgangswerten kann man aber auch trotz exakter Rechnungen keine genauen Ergebnisse erwarten.

Trotz dieser Einschränkungen ist die Mathematik für Wirtschaftstheorie und Wirtschaftspraxis für die Lösung zahlreicher Probleme ein unentbehrliches Hilfsmittel.

2. Wiederholung elementarer Grundlagen

In diesem Kapitel sind die wichtigsten Definitionen, Formeln und Regeln zu den elementaren mathematischen Grundlagen zusammengestellt. Eine ausführliche Behandlung der meisten Bereiche enthält der Band "Elementare Grundlagen für Studienanfänger". Auf Erläuterungen, Beispiele und Aufgaben dazu wird hier deshalb verzichtet. Zur Erleichterung für den Lesers ist die Numerierung der Regeln usw. aus dem Band "Elementare Grundlagen ..." hier jeweils in Klammern mit angegeben.
Die Verwendung des Summenzeichens, des Produktzeichens und die absoluten Beträge, die in den "Elementaren Grundlagen ..." nicht behandelt wurden, werden ausführlich dargestellt.

2.1 Zahlbegriffe

(Siehe "Elementare Grundlagen ...", Kapitel 2.)

Natürliche Zahlen $\mathbb{N}$: Die Zahlen 1,2,3,4,5,..., die man beim Abzählen irgendwelcher Gegenstände verwendet.
Ist n eine natürliche Zahl, so ist 2n eine **gerade** und 2n+1 eine **ungerade** Zahl.

Ganze Zahlen $\mathbb{Z}$: Die Zahlen ...,-4,-3,-2,-1,0,1,2,3,... .

Rationale Zahlen $\mathbb{Q}$: Die Zahlen, die sich als Quotient p/q zweier ganzer Zahlen p und q ($q \neq 0$) darstellen lassen.

Reelle Zahlen $\mathbb{R}$: Rationale und **irrationale** Zahlen.

Positive oder negative ganze, rationale bzw. reelle Zahlen werden mit $\mathbb{Z}^+$, $\mathbb{Q}^+$ bzw. $\mathbb{R}^+$ oder $\mathbb{Z}^-$, $\mathbb{Q}^-$ bzw. $\mathbb{R}^-$ bezeichnet.

$\mathbb{R}_0^+$ bzeichnet die nicht negativen reellen Zahlen (also positive mit Null). Entsprechend ist der Index Null an den übrigen Symbolen zu interpretieren.

2.2 Binomische Formeln

R 2.2.1 (4.3.1)

$(a+b)^2 = a^2 + 2ab + b^2$; $(a-b)^2 = a^2 - 2ab + b^2$; $(a+b)(a-b) = a^2 - b^2$

R 2.2.2 (4.3.9)

Zu $pa^2 + qab$ sei rb^2 die **quadratische Ergänzung.** Der Faktor r der quadratischen Ergänzung ergibt sich aus $r = \frac{q^2}{4p}$.

2.3 Potenzen und Wurzeln

D 2.3.1
(5.1.1)

Das n-fache Produkt einer Zahl mit sich selbst ergibt die n-te **Potenz** dieser Zahl:

$$\underbrace{a \cdot a \cdot a \cdot \ldots \cdot a}_{n\text{-mal}} = a^n.$$

a heißt Grundzahl oder **Basis** und n Hochzahl oder **Exponent** der Potenz.

D 2.3.2
(5.1.2)

Es ist $a^{-n} = \frac{1}{a^n}$; $a \neq 0,\ n \in \mathbb{N}$.

R 2.3.3
(5.2.1)

$$a^n a^m = a^{n+m}$$

R 2.3.4
(5.2.2)

$$\frac{a^n}{a^m} = a^{n-m}, \quad a \neq 0$$

R 2.3.5
(5.2.3)

a) $a^n b^n = (ab)^n$

b) $\frac{a^n}{b^n} = (\frac{a}{b})^n$, $b \neq 0$

R 2.3.6
(5.2.4)

$$(a^n)^m = a^{nm}$$

R 2.3.7
(5.2.5)

$$a^0 = 1, \quad a \neq 0$$

D 2.3.8
(5.3.6)

$$\sqrt[n]{b} = b^{\frac{1}{n}}.$$

2.4 Logarithmen

D 2.4.1
(6.1.1)

Gilt $a^y = x$, $a > 0$, $a \neq 1$, so heißt y auch **Logarithmus von x zur Basis a,** geschrieben $y = \log_a x$.

D 2.4.2 (6.1.5) (6.1.6)

Logarithmen zur Basis 10 heißen **dekadische Logarithmen** (auch Briggsche- oder Zehner-Logarithmen) und werden mit log x bezeichnet.

Logarithmen zur Basis e heißen **natürliche Logarithmen** und werden mit ln x bezeichnet.

R 2.4.3 (6.2.1)

$$\log(ab) = \log a + \log b$$

R 2.4.4 (6.2.2)

$$\log\left(\frac{a}{b}\right) = \log a - \log b$$

R 2.4.5 (6.2.3)

$$\log(a^n) = n \log a$$

R 2.4.6 (6.2.4)

$$\log(\sqrt[n]{a}) = \frac{1}{n} \log a$$

2.5 Gleichungen mit einer Variablen

R 2.5.1 (7.2.1)

Die Lösungsmenge einer Bestimmungsgleichung bleibt unverändert, wenn auf beiden Seiten die gleiche Rechenoperation mit der gleichen Zahl durchgeführt wird. Man spricht dabei von einer **äquivalenten Umformung** der Gleichung. Nicht zulässig ist die Multiplikation mit Null und die ohnehin verbotene Division durch Null.

R 2.5.2 (7.5.1)

Aus $\frac{a}{b} = \frac{c}{d}$ folgt

a) $\frac{a}{c} = \frac{b}{d}$, $\frac{c}{a} = \frac{d}{b}$ und $\frac{b}{a} = \frac{d}{c}$;

b) $\frac{a+b}{b} = \frac{c+d}{d}$, $\frac{a-b}{b} = \frac{c-d}{d}$; $\frac{a+b}{a-b} = \frac{c+d}{c-d}$

$\frac{a}{a+b} = \frac{c}{c+d}$, $\frac{a}{b-a} = \frac{c}{d-c}$.

R 2.5.3 (7.9.2)

Die (positive) Lösung der Potenzgleichung $x^a = b$ ergibt sich aus $x = \sqrt[a]{b} = b^{\frac{1}{a}}$.

R 2.5.4
(7.9.8)

Als **Lösung einer Exponentialgleichung** $a^x = b$ ergibt sich $x = \frac{\log b}{\log a}$.

R 2.5.5
(9.2.1)

Die reinquadratische Gleichung $\mathbf{ax^2 + c = 0}$ ist lösbar, falls $-c/a \geq 0$, und sie hat dann die Lösungen $x_1 = +\sqrt{-\frac{c}{a}}$ und $x_2 = -\sqrt{-\frac{c}{a}}$.

R 2.5.6
(9.2.4)

Die quadratische Gleichung $\mathbf{ax^2 + bx = 0}$ hat die Lösungen
$x_1 = 0$ und $x_2 = -\frac{b}{a}$.

R 2.5.7
(9.3.4)

Die **Lösungen der Normalform** $x^2 + px + q = 0$ **einer quadratischen Gleichung** ergeben sich aus

$$x = -\frac{p}{2} \pm \sqrt{\frac{p^2}{4} - q}\ .$$

R 2.5.8
(9.3.8)

Die quadratische Gleichung $\mathbf{ax^2 + bx + c = 0}$ kann wie folgt gelöst werden:

(1) Bestimme zu $ax^2 + bx$ die quadratische Ergänzung $\frac{b^2}{4a}$.

(2) Bringe die Gleichung unter Hinzufügung der quadratischen Ergänzung auf die Form

$$ax^2 + bx + \frac{b^2}{4a} = \frac{b^2}{4a} - c.$$

(3) Schreibe die linke Seite als Quadrat eines Binoms und ziehe auf beiden Seiten die Wurzel

$$(\sqrt{a}x + \frac{b}{2\sqrt{a}})^2 = \frac{b^2}{4a} - c \implies \sqrt{a}x + \frac{b}{2\sqrt{a}} = \pm\sqrt{\frac{b^2}{4a} - c}$$

(4) Löse die letzte Gleichung aus (3) nach x auf

$$\sqrt{a}x = -\frac{b}{2\sqrt{a}} \pm \sqrt{\frac{b^2}{4a} - c} \implies x = -\frac{b}{2a} \pm \sqrt{\frac{b^2}{4a^2} - \frac{c}{a}}.$$

R 2.5.9
(9.3.10)

Gegeben sei eine **quadratische Gleichung** $ax^2 + bx + c = 0$ und die **Grundmenge** $\mathbb{R}$.

a) Ist $\frac{b^2}{4a} - c > 0$, so gibt es **zwei** Lösungen.

b) Ist $\frac{b^2}{4a} - c = 0$, so gibt es **eine** Lösung.

c) Ist $\frac{b^2}{4a} - c < 0$, so gibt es **keine** Lösung.

R 2.5.10
(9.5.3)

Eine **biquadratische Gleichung** $ax^4 + bx^2 + c = 0$ kann wie folgt gelöst werden:

(1) Setze $x^2 = y$.
(2) Löse die quadratische Gleichung $ay^2 + by + c = 0$.
(3) Bestimme für die Lösung(en) y der quadratischen Gleichung $x = \pm \sqrt{y}$.

R 2.5.11
(9.6.4)

Die Lösung der Gleichung $ax^n+bx^{n-1}+cx^{n-2} = 0$ erhält man durch Ausklammern von x^{n-2}, $x^{n-2}(ax^2+bx+c) = 0$ und Nullsetzen der beiden Faktoren.

R 2.5.12
(9.6.6)

Die Lösung der Gleichung $ax^n+bx^{n-1} = 0$ erhält man durch Ausklammern von x^{n-1}, $x^{n-1}(ax+b) = 0$ und Nullsetzen der beiden Faktoren.

2.6 Ungleichungen

R 2.6.1
(10.2.1)

Aus $a < b$ und $b < c$ folgt $a < c$.

R 2.6.2
(10.2.2)

Aus $a < b$ folgt $a + c < b + c$ für beliebiges c.

R 2.6.3
(10.2.3)

Aus $a < b$ und $c < d$ folgt $a + c < b + d$.

R 2.6.4
(10.2.4)

Aus $a < b$ und $c > 0$ folgt $ac < bc$.

R 2.6.5
(10.2.5)

Aus $a < b$ und $c < 0$ folgt $ac > bc$.

R 2.6.6
(10.2.7)

Aus $a < b$ folgt $-a > -b$.

R 2.6.7
(10.2.9)

Aus $a < b$, $b > 0$ und $0 < c < d$ folgt $ac < bd$.

R 2.6.8 (10.2.11)

Aus $0 < a < b$ folgt $a^2 < b^2$.

R 2.6.9 (10.2.13)

Aus $0 < a < b$ oder $a < b < 0$ folgt $\frac{1}{a} > \frac{1}{b}$.

R 2.6.10 (10.2.15)

Aus $a < 0 < b$ folgt $\frac{1}{a} < \frac{1}{b}$.

D 2.6.11 (10.1.4)

Gelten für eine Zahl b die Ungleichungen $b > a$ und $b < c$, so schreibt man auch $a < b < c$. Eine solche Beziehung heißt **doppelte Ungleichung** oder **Ungleichungskette.**

$a < x < b$ bedeutet, daß x Werte zwischen a und b (ausschließlich der beiden Grenzen) annehmen kann. Bei $a \leqq x \leqq b$ sind auch die beiden Randwerte als Werte für x zugelassen. Bei $a \leqq x < b$ und $a < x \leqq b$ ist jeweils nur ein Randwert (a bzw. b) für x zugelassen. Während also eine einfache Ungleichung mit einer Variablen ein **einseitig begrenztes Intervall** für die Variable beschreibt, gibt eine doppelte Ungleichung mit einer Variablen ein **zweiseitig begrenztes** Intervall an.

Je nachdem, ob die Intervallgrenzen mit zum Intervall gehören oder nicht, unterscheidet man

offenes Intervall $a < x < b$, auch bezeichnet mit)a, b(
geschlossenes Intervall $a \leqq x \leqq b$, auch bezeichnet mit (a, b)
halboffenes Intervall $a \leqq x < b$, auch bezeichnet mit (a, b(
oder $a < x \leqq b$, auch bezeichnet mit)a, b).

Anstelle der runden Klammern werden auch eckige oder spitze Klammern verwendet. Für ein halboffenes Intervall $a < x \leqq b$ findet man deshalb auch folgende Schreibweisen: (a, b],] a, b], <a, b]. Für die anderen Intervalle ergibt sich entsprechendes.

$ax^2+bx+c = 0$ hat die folgenden reellen Lösungen	Lösungen der quadratischen Ungleichung			
	$ax^2+bx+c > 0$ für		$ax^2+bx+c < 0$ für	
	$a > 0$	$a < 0$	$a > 0$	$a < 0$
keine	$\mathbb{R}$	$\emptyset$	$\emptyset$	$\mathbb{R}$
eine: x_1	$\mathbb{R}\backslash\{x_1\}$	$\emptyset$	$\emptyset$	$\mathbb{R}\backslash\{x_1\}$
zwei: x_1 und x_2 mit $x_1 < x_2$	$x < x_1 \vee x > x_2$	$x_1 < x < x_2$	$x_1 < x < x_2$	$x < x_1 \vee x > x_2$

R 2.6.12 (10.6.18)

> Zur Bestimmung der Lösungsmenge von $ax^n+bx^{n-1} > 0$ wird x^{n-1} ausgeklammert: $x^{n-1}(ax+b) > 0$. Es gilt dann
> $\mathbb{L} = \{x \mid (x^{n-1} > 0 \wedge ax+b > 0) \vee (x^{n-1} < 0 \wedge ax+b < 0)\}$.
> Für $ax^n+bx^{n-1} < 0$ bzw. $x^{n-1}(ax+b) < 0$ gilt
> $\mathbb{L} = \{x \mid (x^{n-1} > 0 \wedge ax+b < 0) \vee (x^{n-1} < 0 \wedge ax+b > 0)\}$.

R 2.6.13 (10.6.21)

> Zur Bestimmung der Lösungsmenge von $ax^n+bx^{n-1}+cx^{n-2} > 0$ wird x^{n-2} ausgeklammert:
> $x^{n-2}(ax^2+bx+c) > 0$. Es gilt dann
> $\mathbb{L} = \{x \mid (x^{n-2} > 0 \wedge ax^2+bx+c > 0) \vee (x^{n-2} < 0 \wedge ax^2+bx+c < 0)\}$.
> Für $ax^n+bx^{n-1}+cx^{n-2} < 0$ ergibt sich entsprechend
> $\mathbb{L} = \{x \mid (x^{n-2} > 0 \wedge ax^2+bx+c < 0) \vee (x^{n-2} < 0 \wedge ax^2+bx+c > 0)\}$.

2.7 Strahlensätze

R 2.7.1 (11.5.1)

> (**Strahlensätze**) Ein Strahlenbüschel wird von einer Schar paralleler Geraden geschnitten. Dann gilt:
> a) Gleichliegende Abschnitte auf je zwei Strahlen stehen im gleichen Verhältnis zueinander.
> b) Die von je zwei Strahlen gebildeten Abschnitte auf je zwei Parallelen stehen im gleichen Verhältnis zueinander wie die zugehörigen, vom Scheitelpunkt gemessenen Strahlenabschnitte.
> c) Gleichliegende Abschnitte auf je zwei Parallelen stehen im gleichen Verhältnis zueinander.

An der Zeichnung in Figur 2.7.2 können die Strahlensätze leicht veranschaulicht werden. Es gilt z.B.:

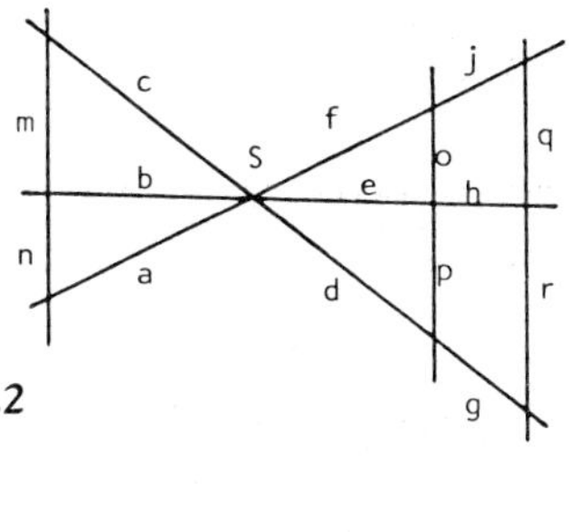

F 2.7.2

a) $a:b = f:e = j:h = (f+j):(e+h)$;
$b:c = e:d = h:g = (e+h):(d+g)$;
$a:f = b:e = c:d$.
b) $n:o = a:f = b:e$;
$m:p = b:e = c:d$;
$m:r = b:(e+h) = c:(d+g)$.
c) $m:p = n:o$; $o:p = q:r = n:m$.

2.8 Winkelfunktionen

D 2.8.1 (13.1.1)

In einem rechtwinkligen Dreieck ist

$$\sin\alpha = \frac{\text{Gegenkathete}}{\text{Hypotenuse}}; \quad \cos\alpha = \frac{\text{Ankathete}}{\text{Hypotenuse}};$$

$$\tan\alpha = \frac{\text{Gegenkathete}}{\text{Ankathete}}; \quad \cot\alpha = \frac{\text{Ankathete}}{\text{Gegenkathete}}.$$

(Lies: "sinus", "cosinus", "tangens" bzw. "cotangens".)

R 2.8.2 (13.2.1)

a) $\sin^2\alpha + \cos^2\alpha = 1$

b) $\tan\alpha = \sin\alpha / \cos\alpha$

c) $\tan\alpha = 1/\cot\alpha$

R 2.8.3 (13.2.3)

a) $\sin(90^\circ \pm \alpha) = \cos\alpha$, $\quad \sin(180^\circ \pm \alpha) = \mp \sin\alpha$

b) $\cos(90^\circ \pm \alpha) = \mp \sin\alpha$, $\quad \cos(180^\circ \pm \alpha) = -\cos\alpha$

c) $\tan(90^\circ \pm \alpha) = \mp \cot\alpha$, $\quad \tan(180^\circ \pm \alpha) = \pm\tan\alpha$

d) $\cot(90^\circ \pm \alpha) = \mp \tan\alpha$, $\quad \cot(180^\circ \pm \alpha) = \pm\cot\alpha$.

Die Strahlensätze ermöglichen eine einfache graphische Bestimmung von $\tan\alpha$ bei einem rechtwinkligen Dreieck. In Figur 2.8.4 gilt:

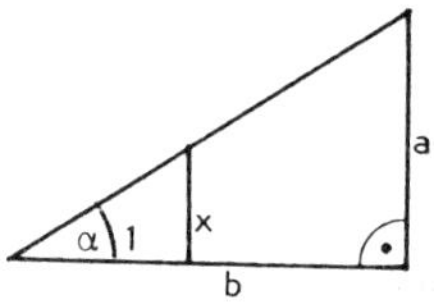

F 2.8.4

$\tan\alpha = \frac{a}{b} = \frac{x}{1} = x$. Es wird also von dem zu α gehörigen Eckpunkt im Abstand 1 auf der Ankathete zu α eine Senkrechte errichtet. Die Strecke zwischen Hypotenuse und Ankathete auf dieser Senkrechten entspricht dann (s.o.) $\tan\alpha$.

2.9 Summenzeichen

Häufig hat man es mit Summen von sehr vielen Summanden zu tun. Zur vereinfachten Schreibweise solcher Summen kann das sogenannte **Summenzeichen** verwendet werden.

D 2.9.1

$$a_1 + a_2 + a_3 + \ldots + a_{n-1} + a_n = \sum_{i=1}^{n} a_i$$

(lies: Summe aller a_i für i von 1 bis n.)

$\sum$ heißt **Summenzeichen,** a_i ist das allgemeine Glied der Summe, i heißt **Summationsindex,** 1 ist die **untere** und n die **obere Summationsgrenze.**

$\sum$ ist das große **Sigma** des griechischen Alphabets (und entspricht S). Der Summationsindex kann **beliebig** gewählt werden. Meistens nimmt man i oder j.

Das Summenzeichen $\sum$ ist ein Rechenbefehl, der die Addition mehrerer Größen verlangt. Demgegenüber ist $\sum_{i=1}^{n} a_i$ die Summe der zu addierenden Größen.

Anstelle von 1 als unterer Summationsgrenze findet man auch 0 oder irgendeine andere ganze Zahl k.

Ist die Summationsvorschrift aus dem gegebenen Zusammenhang heraus eindeutig, dann wird häufig auf die Angabe des Summationsindex und/oder der Summationsgrenzen verzichtet. Man schreibt dann $\sum_{i} a_i$ oder $\sum a_i$.

Die Darstellung von Summen mit Hilfe des Summenzeichens hat den Vorteil, daß Summen mit beliebig vielen Summanden kurz und übersichtlich geschrieben werden können.

Hat man lauter gleiche Summanden, so gilt

R 2.9.2

$$\sum_{i=1}^{n} a = na \quad .$$

Unter Verwendung bekannter Regeln für die Addition ergeben sich bei Benutzung des Summenzeichens folgende Rechenregeln:

$$\sum_{i=k}^{n} ca_i = ca_k + ca_{k+1} + \ldots + ca_n = c(a_k + a_{k+1} + \ldots + a_n) = c \sum_{i=k}^{n} a_i \; .$$

Es gilt also

R 2.9.3

$$\sum_{i=k}^{n} ca_i = c \sum_{i=k}^{n} a_i$$

B 2.9.4 Eine Unternehmung hat in 12 Monaten eines Jahres die Mengen x_1, $x_2, \ldots, x_{12}$ zu dem gleichen Preis p verkauft. Den (wertmäßigen) Umsatz des Jahres kann man dann durch Addition der Monatsumsätze ($\sum_{i=1}^{12} px_i$) oder durch Multiplikation der Jahresverkaufsmenge mit dem Preis ($p \sum_{i=1}^{12} x_i$) bestimmen. Also: $\sum_{i=1}^{12} px_i = p \sum_{i=1}^{12} x_i$.

Es ist

$$\sum_{i=k}^{n}(a_i+b_i) = a_k+b_k+a_{k+1}+b_{k+1}+\ldots+a_n+b_n$$
$$= a_k+a_{k+1}+\ldots+a_n+b_k+b_{k+1}+\ldots+b_n = \sum_{i=k}^{n} a_i + \sum_{i=k}^{n} b_i \;.$$

Daraus ergibt sich die Regel

R 2.9.5
$$\sum_{i=k}^{n}(a_i+b_i) = \sum_{i=k}^{n} a_i + \sum_{i=k}^{n} b_i \;.$$

B 2.9.6 Eine Unternehmung produziert zwei Güter und erzielt damit in einem Jahr die monatlichen Umsätze u_i und v_i $(i=1,\ldots,12)$. Den Gesamtumsatz des Jahres kann man dann als Summe der Monatsumsätze (u_i+v_i) oder durch Addition der Jahresumsätze der beiden Güter bestimmen:

$$\sum_{i=1}^{12}(u_i+v_i) = \sum_{i=1}^{12} u_i + \sum_{i=1}^{12} v_i \;.$$

Für jede natürliche Zahl m mit $k < m < n$ gilt:

$$\sum_{i=k}^{n} a_i = a_k+a_{k+1}+\ldots+a_{m-1}+a_m+a_{m+1}+\ldots+a_n = \sum_{i=k}^{m} a_i + \sum_{i=m+1}^{n} a_i \,,$$

also:

R 2.9.7
$$\sum_{i=k}^{n} a_i = \sum_{i=k}^{m} a_i + \sum_{i=m+1}^{n} a_i; \qquad k < m < n$$

B 2.9.8 Den Gesamtumsatz eines Gutes für ein Jahr kann man durch Addition aller 12 Monatsumsätze u_i $(i=1,\ldots,12)$ oder als Summe der Umsätze aus dem ersten und zweiten Halbjahr bekommen:

$$\sum_{i=1}^{12} u_i = \sum_{i=1}^{6} u_i + \sum_{i=7}^{12} u_i \;.$$

Bei manchen Additionen unterscheiden sich die Summanden durch zwei Indizes.

B 2.9.9 Eine Unternehmung produziert n Güter. Die Umsätze der einzelnen Güter in m Monaten sind in der folgenden Tabelle zusammengestellt:

	Monate 1	2	...	j	...	m	Gesamt= umsatz je Gut
1	u_{11}	u_{12}	...	u_{1j}	...	u_{1m}	$\sum_{j=1}^{m} u_{1j}$
2	u_{21}	u_{22}	...	u_{2j}	...	u_{2m}	$\sum_{j=1}^{m} u_{2j}$
⋮	...	...	...	...	...	...	...
i	u_{i1}	u_{i2}	...	u_{ij}	...	u_{im}	$\sum_{j=1}^{m} u_{ij}$
⋮	...	...	...	...	...	...	...
n	u_{n1}	u_{n2}	...	u_{nj}	...	u_{nm}	$\sum_{j=1}^{m} u_{nj}$
monatl. Gesamt-umsatz	$\sum_{i=1}^{n} u_{i1}$	$\sum_{i=1}^{n} u_{i2}$	...	$\sum_{i=1}^{n} u_{ij}$	...	$\sum_{i=1}^{n} u_{im}$	$\sum_{j=1}^{m} \sum_{i=1}^{n} u_{ij}$

u_{ij} bzeichnet den Umsatz des i-ten Gutes im j-ten Monat. Den Gesamtumsatz aller Güter während des betrachteten Zeitraumes erhält man dann, indem man zunächst den Gesamtumsatz je Monat bestimmt, d.h. über i summiert, und diese Umsatzzahlen dann für die m Monate addiert, d.h. über j summiert:

$$\sum_{j=1}^{m} \left(\sum_{i=1}^{n} u_{ij}\right).$$

In diesem Beispiel wird über zwei Indizes summiert.

D 2.9.10 Die Summe $a_{11}+a_{12}+\dots+a_{1m}+a_{21}+a_{22}+\dots+a_{2m}+\dots+a_{ij}+\dots+a_{n1}+a_{n2}+\dots+a_{nm} = \sum_{i=1}^{n} \sum_{j=1}^{m} a_{ij}$, wobei n und m natürliche Zahlen sind, heißt **Doppelsumme.**

In dem Beispiel 2.9.9 ist es für die Bestimmung des Jahresumsatzes gleichgültig, ob man zunächst die Monatsumsätze aller Güter bestimmt und diese dann addiert, oder die Jahresumsätze pro Gut und deren Summe bestimmt. Das führt zu folgender Regel:

R 2.9.11

$$\sum_{i=1}^{n}\sum_{j=1}^{m} a_{ij} = \sum_{j=1}^{m}\sum_{i=1}^{n} a_{ij} .$$

Eine entsprechende Beziehung gilt auch, wenn man über drei oder mehr Indizes zu summieren hat.

Aufgaben

Ü 2.9.1 Gegeben sind die Zahlen

i	1	2	3	4	5
x_i	5	3	2	1	6
y_i	2	3	4	1	0

Berechne:

a) $\sum_{i=1}^{5} x_i$; b) $\sum_{i=1}^{5} (x_i+y_i)$; c) $\sum_{i=1}^{5} x_i y_i$; d) $\sum_{i=1}^{5} x_i \sum_{i=1}^{5} y_i$.

Ü 2.9.2 Schreibe die folgende Summe aus: $\sum_{i=0}^{5} a^i b^{5-i}$.

Ü 2.9.3 Berechne: a) $\sum_{i=1}^{10} i$; b) $\sum_{i=5}^{8} 6i$; c) $\sum_{i=1}^{10} (i+2)$; d) $\sum_{i=0}^{5} (m+i)$.

Ü 2.9.4 Berechne: $\sum_{i=1}^{20} (6a-2i+3) + \sum_{i=1}^{20} (4i-8a-2) + \sum_{i=1}^{20} (2a-2i)$.

Ü 2.9.5 Schreibe die folgenden Summen unter Verwendung des Summenzeichens: a) $2+4+6+8+10+12$; b) $\frac{1}{2}+\frac{2}{3}+\frac{3}{4}+\frac{4}{5}+\frac{5}{6}+\frac{6}{7}+\frac{7}{8}$; c) $4+7+10+13+16+19+22+25+28$.

Ü 2.9.6 Gegeben sei der folgende Ausdruck: $\sum_{i=1}^{n} a_i$. Die Indizierung des Ausdrucks soll nun so verändert werden, daß die untere Summationsgrenze $i=k$ lautet, und trotzdem die gleichen Summanden addiert werden wie vorher.

Ü 2.9.7 Es ist zu zeigen, daß allgemein gilt:

$$\sum_{i=1}^{n} a_i \sum_{i=1}^{n} b_i \neq \sum_{i=1}^{n} a_i \; b_i .$$

(Dazu schreibe die Summen ausführlich hin und multipliziere Klammern aus.)

Ü 2.9.8 Gegeben sei folgende Tabelle von n^2 Zahlen:

$$\begin{matrix} a_{11} & a_{12} & a_{13} & \cdots & a_{1j} & \cdots & a_{1n} \\ a_{21} & a_{22} & a_{23} & \cdots & a_{2j} & \cdots & a_{2n} \\ \cdots & & \cdots & & \cdots & & \\ a_{n1} & a_{n2} & a_{n3} & \cdots & a_{nj} & \cdots & a_{nn} \end{matrix} .$$

Gib unter Verwendung des Summenzeichens folgende Summen an:

a) Summe aller Elemente der 2. bis (n-k)-ten Spalte;

b) Summe aller Elemente der k-ten bis n-ten Zeile;

c) Summe aller Elemente auf der Hauptdiagonalen (das sind die Elemente, für die i=j gilt, also $a_{11}, a_{22}, a_{33}, \ldots, a_{nn}$).

d) Summe aller Elemente auf der Hauptdiagonalen und sämtlicher Elemente darunter.

2.10 Produktzeichen

Im vorhergehenden Abschnitt wurde das Summenzeichen zur abkürzenden Schreibweise eingeführt. Etwas Ähnliches gibt es auch für **Produkte.**

D 2.10.1

$$a_1 \cdot a_2 \cdot a_3 \cdot \ldots \cdot a_{n-1} \cdot a_n = \prod_{i=1}^{n} a_i$$

(lies: **Produkt aller a_i für i von 1 bis n).**

$\prod$ heißt **Produktzeichen,** a_i ist das **allgemeine Glied,** i heißt **Multiplikationsindex,** 1 die **untere** und n die **obere Multiplikationsgrenze.**

Das Zeichen Π ist das große Pi des griechischen Alphabets.

Für Produkte gelten die folgenden Rechenregeln, die ähnlich abgeleitet werden können wie die Rechenregeln für Summen:

R 2.10.2

$$\prod_{i=1}^{n} ca_i = c^n \prod_{i=1}^{n} a_i ; \quad c = \text{konst.}$$

R 2.10.3

$$\prod_{i=1}^{n} (a_i b_i) = \prod_{i=1}^{n} a_i \prod_{i=1}^{n} b_i$$

Speziell gilt für $b_i = a_i$

R 2.10.4

$$\prod_{i=1}^{n} a_i^2 = \left(\prod_{i=1}^{n} a_i\right)^2$$

Aufgaben

Ü 2.10.1 Gegeben sind die Zahlen

****

i	1	2	3	4
x_i	5	2	1	2
y_i	1	4	3	1

Berechne: a) $\prod_{i=1}^{4} x_i$; b) $\prod_{i=1}^{4} x_i y_i$.

Ü 2.10.2 Berechne: a) $\prod_{i=1}^{6} (i+2)$; b) $\prod_{i=1}^{4} (i-2)$; c) $\prod_{i=1}^{5} i$.

***

Ü 2.10.3 Schreibe die folgenden Produkte unter Verwendung des Produktzeichens: a) $2 \cdot 4 \cdot 6 \cdot 8 \cdot 10 \cdot 12 \cdot 14 \cdot 16$; b) $8 \cdot 15 \cdot 22 \cdot 29 \cdot 36 \cdot 43$.

**

2.11 Absolute Beträge

Stellt man die reellen Zahlen auf der sogenannten Zahlengeraden graphisch dar (Figur 2.11.1), dann haben beispielsweise die beiden Zahlen -5 und +5 vom Punkt 0 den gleichen Abstand. Man sagt, -5 und +5 haben den gleichen **absoluten Betrag** und schreibt $|-5| = |+5| = 5$.

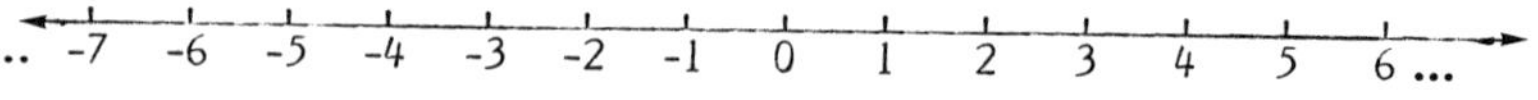

F 2.11.1

Allgemein gilt folgende Definition:

D 2.11.2

Für den absoluten Betrag $|a|$ einer reellen Zahl a gilt

$$|a| = \begin{cases} a & \text{falls } a > 0 \\ 0 & \text{falls } a = 0 \\ -a & \text{falls } a < 0 \end{cases} .$$

Man liest $|a|$ "a absolut" oder "Betrag a". $|a|$ ist also immer eine nichtnegative Zahl, d.h. es gilt stets $|a| \geq 0$.
Für das Rechnen mit absoluten Beträgen gelten die folgenden Regeln:

R 2.11.3 $|-a| = |a|$

R 2.11.4 $|a \cdot b| = |a| \cdot |b|$

R 2.11.5 $\left|\frac{a}{b}\right| = \frac{|a|}{|b|}$

Außerdem gelten die sogenannten **Dreiecksungleichungen.**

R 2.11.6 $|a+b| \leqq |a| + |b|$ und $|a-b| \geqq |a| - |b|$

Aufgaben

Ü 2.11.1 Gegeben seien die Zahlen 8, 4, 13, 7, 6, 2, 16. Bestimme die Summe der absoluten Abweichungen dieser Zahlen von 10.

Ü 2.11.2 An einer Straße von A_1 nach A_{10} liegen die Orte A_1, A_2, A_3, A_4, A_5, A_6, A_7, A_8, A_9, A_{10}, die von A_1 die Entfernungen $a_2 = 8$, $a_3 = 10$, $a_4 = 15$, $a_5 = 18$, $a_6 = 25$, $a_7 = 28$, $a_8 = 32$, $a_9 = 40$, $a_{10} = 50$ haben. Ein Handelsvertreter, der in einem an der gleichen Straße gelegenen Ort B wohnt, besucht täglich alle zehn Orte derart, daß er nach dem Besuch eines Ortes zunächst wieder nach B zurückkehrt und dann erst den nächsten Ort besucht. B liegt zwischen A_1 und A_{10} und hat von A_1 die Entfernung $b = 30$ km. Wieviel km legt der Handelsvertreter täglich zurück?

Ü 2.11.3 Gegeben seien die der Größe nach geordneten Zahlen a_1, a_2, ..., a_i, ..., a_n. Gib die Summe der absoluten Abweichungen dieser Zahlen von der Zahl a_i

a) unter Verwendung der absoluten Beträge,

b) ohne Verwendung der absoluten Beträge,

an.

3. Grundbegriffe der Logik

Die in Kapitel 1 der "Elementaren Grundlagen ..." enthaltenen Symbole und Begriffe werden hier nur noch kurz wiederholt und durch einige zusätzliche Bemerkungen ergänzt. (In Klammern sind die Definitions- und Regelnummern aus den "Elementaren Grundlagen ..." aufgeführt.)

3.1 Aussagen und Aussageformen

In einer Sprache, mit der sich Menschen miteinander verständigen, treten verschiedene Formen von Sätzen auf: z.B. Fragesätze (Welches Buch liest Du?), Wunschsätze (Ich möchte gern zum Mond fliegen.), Aussagesätze (Es regnet.), Befehlssätze (Gehe nach Hause!).

D 3.1.1 (1.1.2)

> Eine **Aussage** ist ein Satz, der entweder **wahr** (w) oder **falsch** (f) ist.

Die **Negation** $\bar{A}$ der Aussage A ist wahr, wenn A falsch ist, und sie ist falsch, wenn A wahr ist.

Die Definition der Aussage besagt, daß Aussagen nur den **Wahrheitswert** wahr oder falsch haben können (**Prinzip vom ausgeschlossenen Dritten**) und daß keine Aussage sowohl wahr als auch falsch sein kann (**Prinzip vom ausgeschlossenen Widerspruch**).
Aussagen werden allgemein mit großen lateinischen Buchstaben bezeichnet.

D 3.1.2 (1.1.8)

> Eine **Aussageform** A(x) ist ein Satz mit wenigstens einer Leerstelle oder **Variablen,** der durch Einsetzen in die Leerstelle bzw. für die Variable zu einer Aussage wird.

Die Elemente, die sinnvoll in die Aussageform eingesetzt werden können, ergeben die **Grundmenge** oder **Definitionsmenge.** Die Elemente der Grundmenge, für die die Aussage wahr wird, ergeben die **Lösungsmenge** $\mathbb{L}$.

Aufgaben

Ü 3.1.1 Welche der folgenden Sätze sind Aussagen?

- * a) Prost!
- * b) Wieviel Uhr ist es?
- * c) Gustav liebt Hilda.
- * d) Morgen ist Sonntag.
- g) Gute Nacht, Freunde!
- h) Es gibt keine gerade Primzahl.
- i) Wie spät ist es?
- j) Das Auto ist 3 Jahre alt.

e) Mach doch bitte die Tür hinter Dir zu.
f) Mein Name ist Hase.
k) Alle Menschen sind verheiratet.
l) $5 + 4 = 9$
m) Das Regal wiegt 80 kg.

Ü 3.1.2 Welche der folgenden Aussagen sind wahr und welche falsch?

a) Paris ist eine Hauptstadt.
b) Alle Primzahlen sind gerade.
c) 1970 ist eine ganze Zahl.
d) $10 > 100$
e) $6 \leq 7 \leq 5$
f) $\sqrt{7}$ ist eine rationale Zahl.
g) Die Bundeshauptstadt heißt Berlin.
h) Braunschweig liegt an der Weser.
i) Alle Menschen sind gesund.
j) Die Quadratur des Kreises ist mit Zirkel und Lineal durchführbar.
k) Alle Rechtecke sind Parallelogramme.

Ü 3.1.3 Bestimme zu den folgenden Aussageformen A(x) mit den Definitionsmengen D die Lösungsmengen $\mathbb{L}$.

a) A(x) = "x ist eine Primzahl"; $D = \{2,3,4,5,6\}$.
b) A(x) = "x ist kleiner als 12"; $D = \mathbb{N}$.
c) A(x) = "x + 10 = -20"; $D = \mathbb{N}$.
d) A(x) = "10 ist ganzzahlig durch x teilbar"; $D = \{1,2,4,5\}$.
e) A(x) = "x ist ein Metall"; D = {Butter, Eisen}.

3.2 Verknüpfungen von Aussagen

Aussagen können zu **zusammengesetzten** Aussagen verknüpft werden.

D 3.2.1 (1.2.1)

> Die **Konjunktion** $A \wedge B$ (lies: A und B) ist wahr, wenn **sowohl** A **als auch** B wahr ist. Sie ist falsch, wenn wenigstens eine der beiden Aussagen falsch ist.

Das logische "und" ($\wedge$) ist also als "sowohl ... als auch ..." zu verstehen.

D 3.2.2 (1.2.3)

> Die **Disjunktion** $A \vee B$ (lies: A oder B) ist wahr, wenn wenigstens eine der beiden Aussagen wahr ist. Sie ist falsch, wenn beide falsch sind.

Das logische "oder" ($\vee$) ist als "entweder A oder B oder beides" zu verstehen und **nicht** im Sinne des umgangssprachlichen "entweder A (dann aber nicht B) oder B (dann aber nicht A)". Es wird das logische "oder" ($\vee$) deshalb auch als "inklusiv-oder" bezeichnet im Gegensatz zum "exklusiv-oder", welches hier als "entweder ... oder ..." geschrieben wird.

Durch $\wedge$ und $\vee$ können auch mehr als zwei Aussagen miteinander verknüpft werden: "Franz studiert Mathematik und Physik oder hat einen Bruder und eine Schwester." Diese Aussage ist von der allgemeinen Form $(A \wedge B) \vee (C \wedge D)$. Auf Einzelheiten zu solchen mehrfach zusammengesetzten Aussagen soll hier nicht eingegangen werden.

Ebenso wie für einfache Aussagen gibt es auch für durch Konjunktion bzw. Disjunktion verknüpfte Aussagen Negationen.

Aus "Franz studiert Mathematik und Physik" wird durch Negation "Franz studiert nicht Mathematik und Physik". Während "$A \wedge B$" nur wahr ist, wenn beide Teilaussagen wahr sind, ist die Negation "$\overline{A \wedge B}$" wahr, wenn wenigstens eine der beiden Teilaussagen falsch ist bzw. wenigstens die Negation einer der beiden Teilaussagen wahr ist. $\overline{A \wedge B}$ hat also den gleichen Wahrheitswert wie $\bar{A} \vee \bar{B}$, d.h. es gilt $\overline{A \wedge B} = \bar{A} \vee \bar{B}$. Für die Disjunktion "$A \vee B$" gilt, daß sie wahr ist, wenn eine der beiden Aussagen A, B oder beide wahr sind, und falsch, wenn sowohl A als auch B falsch sind. Die Negation $\overline{A \vee B}$ ist wahr, wenn sowohl A als auch B falsch sind, und sie ist falsch, wenn eine der Aussagen A, B oder beide zugleich wahr sind. Es ist also $\overline{A \vee B} = \bar{A} \wedge \bar{B}$.

Die Disjunktion der Aussage "Mein Auto hat Scheibenbremsen" und "Mein Auto hat Trommelbremsen" ist wahr, wenn das Auto nur Scheibenbremsen oder nur Trommelbremsen hat, aber auch dann, wenn das Auto z.B. vorn mit Scheibenbremsen und hinten mit Trommelbremsen ausgerüstet ist, also beide Aussagen wahr sind. Die Verneinung dieser Disjunktion ist nur wahr, wenn beide Aussagen falsch sind, d.h. wenn das Auto weder über Scheibenbremsen noch über Trommelbremsen verfügt.

D 3.2.3 (1.2.7)

Die **Implikation** oder Folgerung $A \Longrightarrow B$ ist falsch, wenn A wahr und B falsch ist. In allen anderen Fällen ist sie wahr. A heißt **hinreichende** Bedingung für B und B **notwendige** Bedingung für A.

Die Aussage A heißt auch **Prämisse** oder **Voraussetzung** für B. B wird auch als **Konklusion** oder **Folgerung** bezeichnet. Eine Implikation ist nur dann falsch, wenn aus einer wahren Prämisse eine falsche Folgerung gezogen wird.

Die Implikation kann auch auf Aussageformen angewendet werden: "Wenn x durch 4 teilbar ist, dann ist x auch durch 2 teilbar". Allgemein ergibt sich dafür $A(x) \Longrightarrow B(x)$. Die Lösungsmenge von $A(x)$ ist dann in der Lösungsmenge von $B(x)$ enthalten.

Zur Veranschaulichung der Implikation kann folgendes Beispiel dienen.

B 3.2.4 Es sei $A(x)$ = "x ist durch 4 teilbar" und $B(x)$ = "x ist durch 2 teilbar". $A(x) \Longrightarrow B(x)$ bedeutet dann: wenn A wahr ist, so auch B, d.h. A ist "hinreichend" für B. **Jede** durch 4 teilbare Zahl ist auch durch 2 teilbar.

Wenn B falsch ist, so auch A. Damit A wahr sein kann, muß auch B wahr sein. B ist "notwendig" für A. Nur gerade (durch 2 teilbare) Zahlen können durch 4 teilbar sein. Ist eine Zahl ungerade, kann sie nicht durch 4 teilbar sein. Daß B wahr ist, reicht aber für "A ist wahr" nicht aus. Es gibt gerade Zahlen, die nicht durch 4 teilbar sind.

D 3.2.5 (1.2.9)

> Gilt $A \Longrightarrow B$ und $B \Longrightarrow A$, so heißen A und B **äquivalent:** $A \Longleftrightarrow B$.

Der Wahrheitsgehalt der Verknüpfung von Aussagen kann mit Hilfe sogenannter Wahrheitstafeln übersichtlich dargestellt werden.

A	B	$A \wedge B$	$A \vee B$	Entweder A oder B	$A \Longrightarrow B$	$A \Longleftrightarrow B$
w	w	w	w	f	w	w
w	f	f	w	w	f	f
f	w	f	w	w	w	f
f	f	f	f	f	w	w

Aufgaben

Ü 3.2.1 Sind die folgenden verknüpften Aussagen wahr oder falsch?

a) 5 ist eine natürliche Zahl und 10 ist ganzzahlig durch 6 teilbar.

b) 17 ist eine Primzahl und $1000 = 10^3$.

c) $3 = 5 \vee 3 < 5$.

d) $2 > 7 \vee$ 2 ist eine ungerade Zahl.

Ü 3.2.2 Bestimme die Lösungsmengen der folgenden Aussageformen. Die Definitionsmenge sei in allen Fällen $\mathbb{N}$.

a) $(x < 2) \wedge (x = 7)$; b) $(x > 3) \wedge (x = 5)$; c) $(x < 10) \vee (x = 5)$.

Ü 3.2.3 Zeige anhand einer Wahrheitstafel $\overline{A \wedge B} = \bar{A} \vee \bar{B}$.

Ü 3.2.4 Zeige anhand einer Wahrheitstafel $\overline{A \vee B} = \bar{A} \wedge \bar{B}$.

Ü 3.2.5 Sind die folgenden verknüpften Aussagen bzw. Aussageformen wahr oder falsch?

a) 18 ist ganzzahlig durch 6 teilbar $\Longrightarrow$ 18 ist ganzzahlig durch 16 teilbar.

b) 18 ist ganzzahlig durch 7 teilbar $\Longrightarrow$ 18 ist ganzzahlig durch 3 teilbar.

c) 18 ist ganzzahlig durch 6 teilbar $\Longrightarrow$ 18 ist ganzzahlig durch 3 teilbar.

d) 18 ist ganzzahlig durch 4 teilbar $\Longrightarrow$ 18 ist ganzzahlig durch 12 teilbar.

e) $5 = 6 \Longleftrightarrow 0 = 1$.

f) $x > 5 \Longleftrightarrow 5 < x$.

g) x ist eine natürliche Zahl $\Longleftrightarrow$ x ist eine reelle Zahl.

Ü 3.2.6 Gegeben sind folgende Aussageformen mit den natürlichen Zahlen als Definitionsmenge.

A(x): x ist eine gerade Zahl.
B(x): x ist durch 2 teilbar.
C(x): x ist durch 6 teilbar.

In welcher Weise können je zwei der Aussageformen zur Implikation bzw. Äquivalenz verknüpft werden?

Ü 3.2.7 Zeige mit Hilfe einer Wahrheitstafel, daß die folgende Aussage immer wahr ist: $(A \Longrightarrow B) \Longleftrightarrow (\bar{B} \Longrightarrow \bar{A})$.

Ü 3.2.8 Gegeben sei das beliebige Viereck V und die Aussagen:

X: V besitzt vier gleichlange Seiten und mindestens einen rechten Winkel.
Y: V ist ein Quadrat.
Z: V hat vier rechte Winkel.

Für jede der drei Aussagen ist anzugeben, ob und wenn, welche der verbleibenden zwei Aussagen für sie notwendig, hinreichend oder notwendig und hinreichend sind.

3.3 Beweisführungen

In diesem Abschnitt werden einige Grundbegriffe mathematischer Beweisführungen behandelt. Dabei wird grundsätzlich immer von den Wahrheitswerten verknüpfter Aussageformen Gebrauch gemacht. Die zu beweisenden Sachverhalte oder Zusammenhänge bezeichnet man in der Mathematik als **Satz** bzw. **Lehrsatz.**

In einem mathematischen Satz werden wahre oder als wahr angenommene Aussagen zu einer neuen Aussage verknüpft.

B 3.3.1 (f(x) ist zweimal differenzierbar) $\wedge$ ($f'(x_0) = 0$) $\wedge$ ($f''(x_0) < 0$) $\Longrightarrow$ (f(x) hat an der Stelle x_0 ein Maximum).

In einem Beweis wird mit Hilfe bereits als wahr bekannter Aussagen gezeigt, daß die Aussage des zu beweisenden Satzes wahr ist. Dabei ist streng auf die Allgemeingültigkeit der Beweisführung zu achten.

B 3.3.2 Jeder Leser kennt den als einen der binomischen Lehrsätze an der Schule gelehrten Zusammenhang (Äquivalenz zweier Aussageformen in einer Gleichung)

$(a + b)^2 = a^2 + 2ab + b^2$.

Um diesen **Satz** zu beweisen, könnte man geneigt sein, die Richtigkeit der Aussage an einem Zahlenbeispiel zu zeigen, etwa für $a = 3$ und $b = 5$. Es ergibt sich dann

$a^2 + 2ab + b^2 = 3^2 + 2 \cdot 3 \cdot 5 + 5^2 = 9 + 30 + 25 = 64$

und

$(a + b)^2 = (3 + 5)^2 = 8^2 = 64$,

also ist

$(3 + 5)^2 = 3^2 + 2 \cdot 3 \cdot 5 + 5^2$.

Der Satz ist damit jedoch keinesfalls bewiesen, seine Gültigkeit ist nur für das spezielle Zahlenbeispiel gezeigt.

R 3.3.3 Die allgemeine Gültigkeit eines mathematischen Satzes kann niemals nur durch ein Beispiel bewiesen werden.

Das folgende Beispiel zeigt, welche Unsinnigkeiten sonst beweisbar wären.

B 3.3.4 $2a = a^2 = a^a$ ist richtig für $a = 2$: $2 \cdot 2 = 4$, $2^2 = 4$ und $2^2 = 4$. Für $a = 3$ ergeben aber alle drei Ausdrücke verschiedene Werte.

Für einen Beweis ist es erforderlich, die Richtigkeit der Aussage in ihrer allgemeinen Form zu zeigen.

B 3.3.5 Für den Binomischen Lehrsatz aus B 3.3.2 kann man z.B. unter Verwendung der bekannten Regeln

$c(a + b) = ca + cb$, $ba = ab$ und $a^2 = aa$

so vorgehen:

$$(a + b)^2 = (a + b)(a + b) = a(a + b) + b(a + b)$$
$$= a^2 + ab + ba + b^2 = a^2 + 2ab + b^2.$$

Damit ist die Richtigkeit des Binomischen Lehrsatzes bewiesen.

Es ist üblich, Beweise mit w.z.b.w. (= was zu beweisen war) oder q.e.d. (quod erat demonstrandum) abzuschließen.

Beweise mathematischer Sätze können auf unterschiedliche Art geführt werden. Dabei werden aus als wahr oder falsch erkannten Aussagen oder Aussageformen durch "logische Schlüsse", bei denen die im vorhergehenden Abschnitt behandelten Verknüpfungen benutzt werden, neue Erkenntnisse über andere Aussagen gewonnen.

Direkter Beweis

Ein direkter Beweis ist in B 3.3.5 geführt worden. Dabei wird von folgender Regel Gebrauch gemacht.

R 3.3.6 $[A \wedge (A \Rightarrow B)] \Rightarrow B$ ist immer **wahr.**

Das läßt sich an einer Wahrheitstafel zeigen:

A	B	$A \Rightarrow B$	$A \wedge (A \Rightarrow B)$	$[A \wedge (A \Rightarrow B)] \Rightarrow B$
w	w	w	w	w
w	f	f	f	w
f	w	w	f	w
f	f	w	f	w

Aus R 3.3.6 ergibt sich somit

R 3.3.7 Wenn A wahr ist und A $\Longrightarrow$ B wahr ist, so ist auch B wahr.

Auf B 3.3.5 angewendet ergibt sich

B 3.3.8 A_1: $c(a + b) = ca + cb$; A_2: $ba = ab$; A_3: $a^2 = aa$.
$A = A_1 \wedge A_2 \wedge A_3$ ist wahr, da die entsprechenden Regeln als bekannt vorausgesetzt wurden. Es sei ferner B : $(a + b)^2 = a^2 + 2ab + b^2$.
In B 3.3.5 wurde gezeigt, daß A $\Longrightarrow$ B wahr ist. Da A wahr ist, ist nach R 3.3.7 auch B wahr.

Beim direkten Beweis geht man also von einer als wahr bekannten Aussage A aus. Dann zeigt man, daß die Implikation A $\Longrightarrow$ B wahr ist. Daraus ergibt sich dann, daß auch B wahr ist.

Eine andere Möglichkeit des direkten Beweises ergibt sich aus:

R 3.3.9 Wenn A $\Longrightarrow$ B und B $\Longrightarrow$ C wahr sind, so ist auch A $\Longrightarrow$ C wahr.

Diese Regel wird auch als **Kettenschlußregel** bezeichnet.

B 3.3.10 Es sei A(x) : "x ist durch 4 teilbar", B(x) : "x ist eine gerade Zahl" und C(x) : "x ist durch 2 teilbar". Dann gilt A(x) $\Longrightarrow$ B(x) und B(x) $\Longrightarrow$ C(x).
Nach R 3.3.9 gilt dann auch A(x) $\Longrightarrow$ C(x), d.h. "wenn x durch 4 teilbar ist, so ist x auch durch 2 teilbar".

Indirekter Beweis
Bei einem **indirekten Beweis** geht man von der Negation der zu beweisenden Aussage aus und zeigt, daß diese falsch ist. Daraus folgt dann die Richtigkeit der ursprünglichen Aussage.
Dem indirekten Beweis liegt folgende Regel des logischen Schließens zugrunde:

R 3.3.11 $[A \wedge (\bar{B} \Longrightarrow \bar{A})] \Longrightarrow B$ ist immer wahr.

Das läßt sich ebenfalls an einer Wahrheitstafel zeigen:

A	B	$\bar{A}$	$\bar{B}$	$\bar{B} \Longrightarrow \bar{A}$	$A \wedge (\bar{B} \Longrightarrow \bar{A})$	$[A \wedge (\bar{B} \Longrightarrow \bar{A})] \Longrightarrow B$
w	w	f	f	w	w	w
w	f	f	w	f	f	w
f	w	w	f	w	f	w
f	f	w	w	w	f	w

Damit ergibt sich:

R 3.3.12

Wenn A wahr ist und auch $\overline{B} \Longrightarrow \overline{A}$ wahr ist, so ist auch B wahr.

Beim indirekten Beweis geht man folgendermaßen vor. Es soll bewiesen werden, daß B wahr ist. Man weiß, daß die Aussage A wahr ist. Wenn man zeigen kann, daß aus der falschen Aussage B (also $\overline{B}$) folgt, daß A falsch ist (d.h. $\overline{A}$ gilt), also $\overline{B} \Longrightarrow \overline{A}$ gezeigt wird, so muß B wahr sein. Damit ist gezeigt, daß B wahr ist.

B 3.3.13 Es soll die Aussage "$\sqrt{2}$ ist irrational" bewiesen werden. Die Negation dieser Aussage ist: "$\sqrt{2}$ ist rational". Jede rationale Zahl kann aber als nicht mehr zu kürzender Bruch zweier ganzer Zahlen a und b geschrieben werden. Es ist dann $\sqrt{2} = \frac{a}{b}$, wobei a und b teilerfremde ganze Zahlen sind (gekürzter Bruch) und $b \neq 0$ ist. Wird $\sqrt{2} = \frac{a}{b}$ auf beiden Seiten quadriert, so ergibt sich $2 = \frac{a^2}{b^2}$ oder $2b^2 = a^2$. Das heißt: a^2 und damit auch a ist durch 2 teilbar. ($(2n + 1)^2 = 4n^2 + 4n + 1$ ist ungerade, d.h. das Quadrat einer ungeraden Zahl ist immer ungerade.) Setzt man nun $a = 2c$, weil a ja durch 2 teilbar ist, so folgt $2b^2 = a^2 = (2c)^2 = 4c^2$ oder $b^2 = 2c^2$. Damit wäre auch b^2 und damit auch b durch 2 teilbar.

Daraus folgt: a und b sind nicht teilerfremd. Das ist ein Widerspruch aufgrund der Annahme: $\sqrt{2}$ ist rational und in $\sqrt{2} = \frac{a}{b}$ sind a und b teilerfremd. Damit ergibt sich: $\sqrt{2}$ ist irrational.

In der Symbolik von R 3.3.12 ergibt sich

A : $(\frac{a}{b} \in \mathbb{Q}) \wedge$ (a und b sind teilerfremd),

B : $\sqrt{2}$ ist irrational,

$\overline{A}$: $(\frac{a}{b} \notin \mathbb{Q}) \vee$ (a und b sind nicht teilerfremd),

$\overline{B}$: $\sqrt{2}$ ist rational, d.h. $\sqrt{2} \in \mathbb{Q}$.

Da jede rationale Zahl als Bruch zweier teilerfremder ganzer Zahlen darstellbar ist, ist A wahr.

Gezeigt wurde: $\overline{B} \Longrightarrow \overline{A}$ ist wahr. Somit gilt $A \wedge (\overline{B} \Longrightarrow \overline{A})$ ist wahr. Also ist B wahr.

Beweis durch vollständige Induktion

Ein spezielles, häufig vorkommendes Beweisverfahren ist der **Beweis durch vollständige Induktion.** Mit der vollständigen Induktion werden Wahrheitswerte von Aussageformen A(n) mit $n \in \mathbb{N}$ bestimmt.

R 3.3.14

> **Beweis durch vollständige Induktion.**
> Gegeben sei eine Aussageform A(n) mit $n \in \mathbb{N}$ und den Eigenschaften
> (1) Für ein bestimmtes $n = k \in \mathbb{N}$ ist A(n) wahr.
> (2) Falls A(n) für $n = m \geq k$ wahr ist, so ist auch A(m+1) wahr.
> Dann gilt: A(n) ist für alle $n \in \mathbb{N}$ mit $n \geq k$ wahr.

Bei der Anwendung der vollständigen Induktion geht man folgendermaßen vor:

Im ersten Schritt, dem **Induktionsanfang,** wird die Richtigkeit der Aussage für $n = k$, meistens $n = 1$, gezeigt.

Im zweiten Schritt, der **Induktionsvoraussetzung,** wird die Richtigkeit der Aussage für beliebiges $n = m$, $m \geq k$, angenommen.

Im dritten Schritt, dem **Induktionsschluß** (Schluß von n auf n + 1), wird die Richtigkeit der Aussage für $n = m + 1$ mit Hilfe der Induktionsvoraussetzung gezeigt.

B 3.3.15 Es soll die Formel $1 + 2 + 3 + \ldots + n = \sum_{i=1}^{n} i = \frac{1}{2} n(n + 1)$ durch vollständige Induktion bewiesen werden.

Induktionsanfang: $n = 1$

$$1 = \frac{1}{2} \cdot 1 \cdot (1 + 1) = 1$$

Induktionsvoraussetzung: Die Formel ist richtig für $n = m$.

$$\sum_{i=1}^{m} i = \frac{1}{2} m(m + 1)$$

Induktionsschluß:

$$\sum_{i=1}^{m+1} i = \sum_{i=1}^{m} i + (m + 1) = \frac{1}{2} m(m + 1) + (m + 1) = (\frac{1}{2} m + 1)(m + 1)$$
$$= \frac{1}{2}(m + 1)(m + 2).$$

Ist die Formel richtig für $n = m$, so ist sie also auch richtig für $n = m + 1$, womit bewiesen ist, daß die Aussageform der Formel für jede natürliche Zahl n wahr, die Formel also richtig ist.

Will man die Allgemeingültigkeit einer **mathematischen Aussage widerlegen,** dann reicht es aus, ihre Unrichtigkeit an einem sogenannten **Gegenbeispiel** zu zeigen.

B 3.3.16 Soll gezeigt werden, daß $(a + b)(a - b) = a^2 + b^2$ falsch ist, so kann man das durch Einsetzen geeigneter reeller Zahlen zeigen, etwa $a = 3$, $b = 2$:

$(a + b)(a - b) = (3 + 2)(3 - 2) = 5 \cdot 1 = 5$

$a^2 + b^2 = 3^2 + 2^2 = 9 + 4 = 13.$

Da $5 \neq 13$, ist somit $(a + b)(a - b) = a^2 + b^2$ falsch.

Es ist aber zu beachten (s.o.):

Mit einem Beispiel kann man eine mathematische Aussage nur widerlegen, jedoch nicht ihre Allgemeingültigkeit zeigen.

Aufgaben

Ü 3.3.1 Beweise durch vollständige Induktion, daß für alle natürlichen Zahlen $n > 2$ die Aussage $n + \sqrt{n} < n\sqrt{n}$ wahr ist.

Ü 3.3.2 Beweise $2ab \leqq a^2 + b^2$, $a \in \mathbb{R}$ und $b \in \mathbb{R}$.

Ü 3.3.3 Zeige, daß für $0 < a < 1$ und jede natürliche Zahl n gilt:
$1 + a + a^2 + a^3 + \dots + a^n < \frac{1}{1-a}$.

Ü 3.3.4 Beweise die Richtigkeit der Formel $\sum_{k=1}^{n} k^2 = \frac{n(n+1)(2n+1)}{6}$, $n \in \mathbb{N}$,
a) direkt
b) durch vollständige Induktion!

Anleitung zu a): Gehe von dem Ausdruck $\sum_{k=1}^{n} (k+1)^3$ aus. Zerlege das Binom und spalte den Ausdruck in einzelne Summen auf. Gehe dann noch einmal von dem ursprünglichen Ausdruck aus und versuche, ihn durch eine geeignete Indextransformation auf die Form $\sum_{j=1}^{n} j^3$ + Rest zu bringen.

3.4 Schaltalgebra

Für die in den vorhergehenden Abschnitten in den Grundzügen dargestellte Aussagenlogik ergibt sich eine der wichtigsten Anwendungen in der Beschreibung und Analyse elektrischer oder elektronischer Schaltungen, in denen binäre Signale verarbeitet werden. Derartige Schaltungen erhalten Eingangssignale, die nur zwei Werte annehmen können (z.B. "Ein", "Aus" oder "Strom fließt", "Strom fließt nicht") und verarbeiten diese zu ausgehenden Signalen, die ebenfalls nur die beiden Zustände annehmen können. Das folgende Beispiel veranschaulicht das Problem.

B 3.4.1 In Figur 3.4.2 sind zwei elektrische Leitungssysteme dargestellt. Die Rechteckte sind Schalter, die "Ein" oder "Aus" sein können. In dem System I kann ein Strom zwischen X und Y fließen, wenn Schalter A

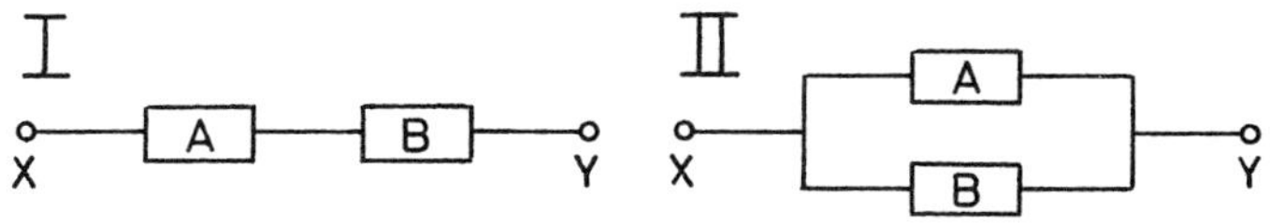

F 3.4.2 zwei einfache Schaltsysteme

und Schalter B "Ein" sind. Im System II kann der Strom zwischen X und Y fließen, wenn A **oder** B "Ein" sind.
Bezeichnen A bzw. B Schalter "Ein", $\bar{A}$ und $\bar{B}$ Schalter "Aus", S Strom fließt von X nach Y und $\bar{S}$ Strom fließt nicht, so gilt für das System I
$S = A \wedge B$; $\bar{S} = \bar{A} \vee \bar{B}$
und für das System II
$S = A \vee B$; $\bar{S} = \bar{A} \wedge \bar{B}$.

Das Beispiel zeigt, daß ein System mit in Serie oder Reihe geschalteten Schaltern bzw. Elementen nur funktioniert, wenn alle Elemente funktionieren bzw. alle Schalter "Ein" sind. Das entspricht der Verknüpfung über das logische "und" ($\wedge$).

Bei einem Parallelsystem reicht die Funktionsfähigkeit eines Elements oder "Ein" bei einem Schalter aus. Das entspricht der Verknüpfung über das logische "oder" ($\vee$).

Die Funktionsfähigkeit komplexer Systeme kann auf dieser Basis mit der Aussagenlogik untersucht werden.

B 3.4.3 In Figur 3.4.4 ist ein Schaltsystem dargestellt. Durch A,B,C,D sei

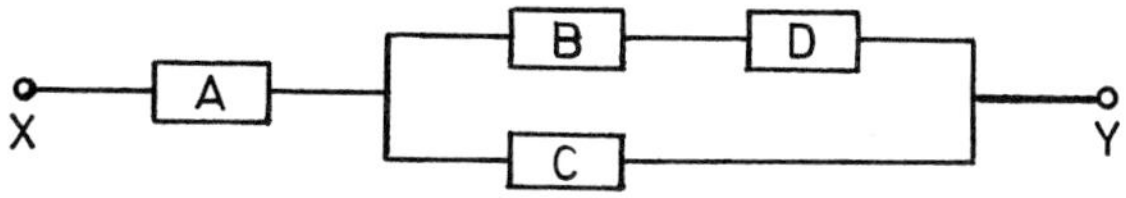

F 3.4.4

Schalter "Ein" bezeichnet. Von X nach Y kann Strom fließen (S), wenn folgendes gilt:
$S = A \wedge ((B \wedge D) \vee C) = (A \wedge C) \vee (A \wedge B \wedge D)$.

Aufgaben

Ü 3.4.1 Beschreibe die Funktionsfähigkeit der folgenden Systeme durch logische Verknüpfungen der Systemelemente:

a.)

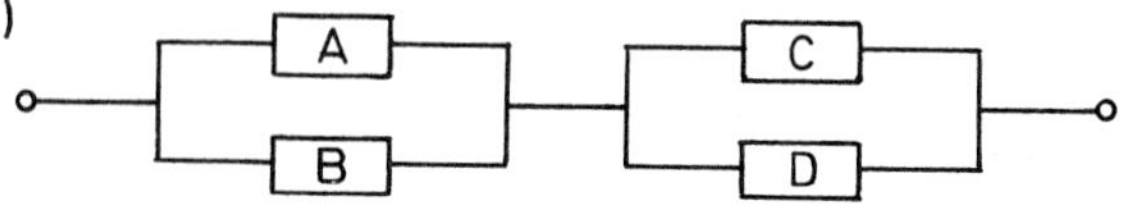

b.)

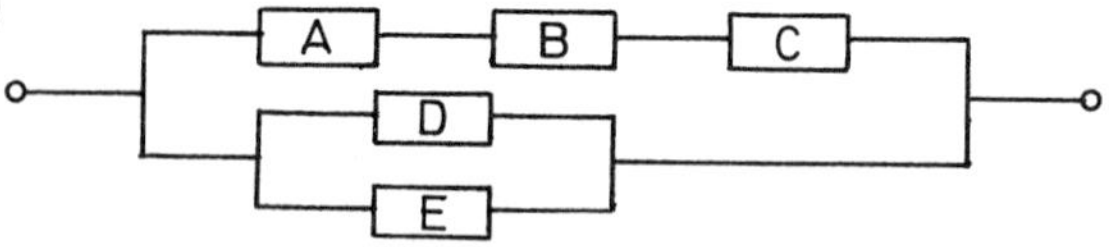

c.)

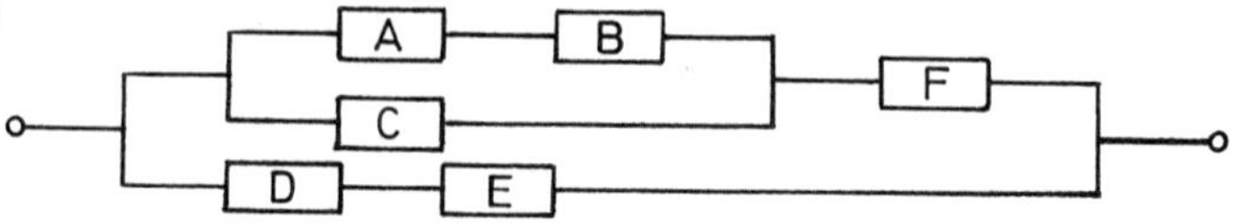

4. Grundzüge der Mengenlehre

Die Bereiche, die in den "Elementaren Grundlagen ..." (Kapitel 3) bereits ausführlich dargestellt wurden, werden hier nur noch kurz angesprochen. Nummern in Klammern verweisen auf Definitions- und Regelnummern in den "Elementaren Grundlagen ...".

4.1 Begriff der Menge

Der heutige Mengenbegriff geht auf den Mathematiker CANTOR zurück und ist wie folgt definiert:

D 4.1.1 (3.1.1)

Eine **Menge** ist eine Zusammenfassung bestimmter, wohlunterschiedener Objekte unserer Anschauung oder unseres Denkens, wobei von jedem dieser Objekte eindeutig feststeht, ob es zur Menge gehört oder nicht. Die Objekte heißen **Elemente** der Menge.

Es ist zu beachten, daß die Elemente einer Menge **wohlunterschieden** sein müssen.

B 4.1.2 Die Menge der Buchstaben des Wortes "Mengenlehre" enthält also die Elemente e,g,h,l,M,n,r.

Auf der obigen Definition von CANTOR baut die sogenannte **naive** Mengenlehre auf. Die gegebene Definition hat den Nachteil, daß sie zu Problemen führen kann, wie in dem folgenden Beispiel.

B 4.1.3 Die Menge aller Männer eines Dorfes wird in zwei Teile aufgespalten, in die Menge S derer, die sich selbst rasieren, und die Menge B jener, die vom Barbier rasiert werden. Der Barbier rasiert genau die Männer, die sich nicht selbst rasieren. Zu welcher Menge ist aber der Barbier selbst zu rechnen?
Rasiert er sich selbst, so müßte er zu S, aber auch zu B gehören. Rasiert er sich nicht selbst, so müßte er zu B gehören, also von sich selbst rasiert werden. Eine eindeutige bzw. widerspruchsfreie Zuordnung ist nicht möglich.

Widersprüche bzw. Probleme wie in dem Beispiel sind durch die Schaffung eines Axiomensystems in der **axiomatischen Mengenlehre** behoben worden. Auf das Axiomensystem der Mengenlehre kann hier nicht eingegangen werden.

Mengen werden meistens mit großen und ihre Elemente mit kleinen lateinischen Buchstaben bezeichnet.

Ist ein Objekt a Element der Menge A, so schreibt man

$a \in A$ oder $A \ni a$

(lies: "a ist Elemente von A", oder kurz: "a Element A").

Ist b nicht als Element in der Menge A enthalten, so schreibt man

$b \notin A$ oder $A \not\ni b$

(lies: "b ist nicht Element von A", oder kurz: "b nicht Element A").

Für die Beschreibung von Mengen gibt es zwei Möglichkeiten.

Beschreibung einer Menge durch Aufzählung der Elemente.

Sämtliche Elemente, die zu der Menge gehören, werden angegeben. Die Reihenfolge dabei ist beliebig. Sofern die Elemente geordnet werden können, werden sie meistens in geordneter Folge hingeschrieben, zwischen geschweifte Klammern gesetzt und durch Kommata getrennt.

B 4.1.4 Für die Menge V der Vokale des lateinischen Alphabets schreibt man dann
$V = \{a, e, i, o, u\}$.

Häufig begnügt man sich mit dem Aufzählen der ersten Elemente einer Menge, wobei darauf zu achten ist, daß Mißverständnisse ausgeschlossen sind.

B 4.1.5 Für die Menge der Buchstaben des lateinischen Alphabets kann man z.B. schreiben
$A = \{a, b, c, d, e, f, ...\}$,
und für die Menge der natürlichen Zahlen
$\mathbb{N} = \{1, 2, 3, 4, 5, 6, ...\}$.

Beschreibung einer Menge durch eine Variable und Angabe einer die Elemente charakterisierenden Eigenschaft.

Bei dieser Beschreibungsform wird eine Variable (meist x oder y) für die Elemente verwendet und angegeben, welche Werte diese Variable annehmen kann.

B 4.1.6 Für die Menge der Vokale des lateinischen Alphabets kann man dann schreiben
$V = \{x \mid x$ ist ein Vokal des lateinischen Aphabets$\}$
(lies: "V ist die Menge aller x mit der Eigenschaft, x ist ein Vokal des lateinischen Alphabets")
oder, wenn A die Menge der Buchstaben des lateinischen Alphabets bezeichnet,
$V = \{x \mid x \in A \wedge x$ ist ein Vokal$\}$ oder $V = \{x \in A \mid x$ ist ein Vokal$\}$
(die letzte Schreibweise lies: "V ist die Menge aller x aus A mit der Eigenschaft x ist ein Vokal".)

Bei dieser Schreibweise wird vor dem senkrechten Strich die Variable zur Beschreibung der Elemente angegeben. Nach dem senkrechten Strich steht die die Elemente charakterisierende Eigenschaft.

B 4.1.7 a) Die Gleichung $x^2-5x+6 = 0$ hat die Lösungen $x_1 = 2$ und $x_2 = 3$. Die Menge $\mathbb{L}$ der Lösungen wird als Lösungsmenge bezeichnet und kann in der Symbolik der Mengenlehre folgendermaßen geschrieben werden:
$\mathbb{L} = \{2,3\} = \{x \mid x^2-5x+6 = 0\}$.
b) Ist S die Menge aller Studenten der Technischen Universität Braunschweig, dann kann die Menge der Studenten im Fach Betriebswirtschaftslehre an der TU folgendermaßen beschrieben werden:
$B = \{x \mid x \text{ ist Student der BWL} \wedge x \in S\} = \{x \in S \mid x \text{ ist Student der BWL}\}$.
c) Für die Menge C der Zahlen 1,2,3,4,5 kann man schreiben
$C = \{1,2,3,4,5\}$ oder $C = \{x \mid x \in \mathbb{N} \wedge x < 6\} = \{x \in \mathbb{N} \mid x < 6\}$.

D 4.1.8 (3.1.8)

> Eine Menge, die kein Element enthält, heißt **leere Menge** oder **Nullmenge** und wird mit $\emptyset$ oder { } bezeichnet.

Es ist zu beachten, daß $\{\emptyset\}$ **nicht** die leere Menge ist, sondern eine Menge mit einem Element, der leeren Menge.

D 4.1.9

> Die Anzahl n(A) der Elemente einer Menge A heißt ihre **Mächtigkeit.**

B 4.1.10 Die Menge V der Vokale des lateinischen Alphabets hat die Mächtigkeit n(V) = 5.

Je nach Anzahl der Elemente wird zwischen **endlichen** und **unendlichen** Mengen unterschieden.

Man beachte, daß Mengen Elemente anderer Mengen sein können.

B 4.1.11 Es sei V die Menge der Vokale und K die Menge der Konsonanten des lateinischen Alphabets. Die Menge M = {V,K} hat diese beiden Mengen als Elemente.

Aufgaben

Ü 4.1.1 Schreibe mit Hilfe der Symbolik der Mengenlehre die folgenden Mengen:
a) Die Menge A der ersten fünf Buchstaben des lateinischen Alphabets.
b) Die Menge B aller Studenten an der TU Braunschweig, die Wirtschaftswissenschaften studieren und die Übung zur Mathematik für Wirtschaftswissenschaften belegt haben. W sei die Menge aller Studenten der TU, die Wirtschaftswissenschaften studieren.
c) Die Menge C aller reellen Zahlen zwischen +1 und -1 (+1 und -1 eingeschlossen) ohne die 0.
d) Die Menge D aller natürlichen Zahlen kleiner als 0.
e) Die Menge E aller natürlichen Zahlen zwischen 8 und 24.

Ü 4.1.2 * Gegeben seien $\emptyset$, $\{0\}$, $\{\emptyset\}$, 0. Erläutere die Unterschiede.

4.2 Beziehungen zwischen Mengen

D 4.2.1 (3.2.1)

Zwei Mengen A und B sind einander **gleich**, d.h. $A = B$, wenn jedes Element aus A auch Element aus B ist und zugleich jedes Element aus B auch in A enthalten ist, wenn also beide Mengen die gleichen Elemente besitzen.

D 4.2.2 (3.2.2)

Ist jedes Element der Menge A auch in der Menge B enthalten, so ist A **Teilmenge** oder **Untermenge** von B. Man sagt auch A ist in B enthalten und schreibt:
$A \subset B$ oder $B \supset A$
(lies: A ist Teilmenge bzw. Untermenge von B oder: A ist in B enthalten). Ist dabei $A \neq B$, so heißt A auch **echte Teilmenge** bzw. **Untermenge** von B. Ist $A = B$, so ist A **unechte Teilmenge** bzw. **Untermenge** von B. Ist A Teilmenge von B, so heißt B auch **Obermenge** von A.

Ist A **nicht** Teilmenge von B, so schreibt man $A \not\subset B$.

B 4.2.3 a) Ist A die Menge der Buchstaben des lateinischen Alphabets und V die Menge der Vokale, dann gilt $V \subset A$.
b) Die Menge $C = \{3,4,8,10\}$ ist Teilmenge der natürlichen Zahlen: $C \subset \mathbb{N}$.
c) Die Menge $D = \{-2,1,2,3\}$ ist nicht in $\mathbb{N}$ enthalten, da -2 keine natürliche Zahl ist: $D \not\subset \mathbb{N}$.
d) Für die im Abschnitt über die verschiedenen Zahlbegriffe angegebenen Mengen $\mathbb{N}$, $\mathbb{Z}$, $\mathbb{Q}$, $\mathbb{R}$ gilt : $\mathbb{N} \subset \mathbb{Z} \subset \mathbb{Q} \subset \mathbb{R}$.

Oft ist es in der Literatur üblich, bei der Bezeichnung $A \subset B$ die Gleichheit der Mengen A und B auszuschließen. Soll die Möglichkeit $A = B$ nicht ausgeschlossen sein (d.h. soll A auch unechte Teilmenge von B sein können), schreibt man $A \subseteq B$ (lies: "enthalten in oder gleich"). Diese Unterscheidung kann mit der Unterscheidung von $<$ und $\leqq$ bei Ungleichungen verglichen werden.

Im folgenden sollen hier aber nur die Zeichen $\subset$ und $\supset$ verwendet werden, die dann auch die mögliche Gleichheit einschließen. Es folgt damit unmittelbar: $A \subset B \wedge B \subset A \Longleftrightarrow A = B$.

R 4.2.4 (3.2.5)

a) Jede Menge A ist Teilmenge von sich selbst: $A \subset A$,
b) Für **alle** Mengen A gilt: $\emptyset \subset A$.

D 4.2.5

> Die Menge aller Teilmengen einer Menge A heißt **Potenzmenge** von A und wird mit $\mathcal{P}(A)$ bezeichnet:
> $\mathcal{P}(A) = \{x \mid x \subset A\}$.

Nach R 4.2.4 gehören auch A und $\emptyset$ zu den Elementen von $\mathcal{P}(A)$.

B 4.2.6 a) Für die Menge $A = \{1,2\}$ ergibt sich als Potenzmenge $\mathcal{P}(A) = \{\emptyset, \{1\}, \{2\}, \{1,2\}\}$.
b) Die Potenzmenge der Menge $B = \{a,b,c\}$ lautet $\mathcal{P}(B) = \{\emptyset, \{a\}, \{b\}, \{c\}, \{a,b\}, \{a,c\}, \{b,c\}, \{a,b,c\}\}$.

R 4.2.7

> Die Potenzmenge $\mathcal{P}(A)$ einer Menge A enthält $2^{n(A)}$ Elemente.

D 4.2.8

> Eine Menge A* von nichtleeren Teilmengen einer Menge A heißt **Klasseneinteilung** oder **Zerlegung** von A, wenn A* folgende Bedingung erfüllt: Jedes $a \in A$ liegt in genau einer der Teilmengen.
> Die Elemente von A* heißen **Klassen.**

B 4.2.9 Die Menge $A^* = \{V,K\}$ mit den Elementen $V = \{x \mid x$ ist ein Vokal des lateinischen Alphabets$\}$ und $K = \{x \mid x$ ist Konsonant des lateinischen Alphabets$\}$ ist eine Zerlegung der Menge $A = \{x \mid x$ ist ein Buchstabe des lateinischen Alphabets$\}$.

Aufgaben

Ü 4.2.1 Gegeben sei die Menge $A = \{3, \{5,6\}, \emptyset\}$.
Welche der folgenden Aussagen sind wahr und welche falsch?
a) $6 \in A$; b) $\{5,6\} \subset A$; c) $\{3\} \in A$; d) $\{3\} \subset A$;
e) $3 \in A$; f) $3 \subset A$; g) $\emptyset \subset A$; h) $\{\emptyset\} \subset A$;
i) $\emptyset \in A$; j) $\{\emptyset\} \in A$

Ü 4.2.2 Definiere die Gleichheit zweier Mengen A und B unter Verwendung von Teilmengenbeziehungen.

Ü 4.2.3 Gegeben sei die Menge $A = \{x \mid x \in \mathbb{R} \wedge 1 < x < 10\}$. Welche der folgenden Mengen sind in der Menge A als Teilmenge enthalten?
a) $B = \{x \mid x \in \mathbb{R} \wedge 1 < x \leq 10\}$,
b) $C = \{x \mid x \in \mathbb{R} \wedge x^3 = 8\}$,
c) $D = \{x \mid x \in \mathbb{R} \wedge x^2 = 4\}$,
d) $E = \{x \mid x \in \mathbb{R} \wedge x^2 - 7x + 12 = 0\}$.

Ü 4.2.4 Bestimme die Potenzmenge der Mengen $A = \{1,2\}$; $B = \{x,y,z\}$ und $C = \{a,b,c,d\}$.

Ü 4.2.5 Welche Aussagen über die Potenzmenge $\mathcal{P}(A)$ einer Menge A sind wahr? a) $A \in \mathcal{P}(A)$; b) $A \subset \mathcal{P}(A)$; c) $\emptyset \in \mathcal{P}(A)$; d) $\emptyset \subset \mathcal{P}(A)$; e) $\{A\} \in \mathcal{P}(A)$; f) $\{A\} \subset \mathcal{P}(A)$; g) $\{\emptyset\} \in \mathcal{P}(A)$; h) $\{\emptyset\} \subset \mathcal{P}(A)$.

Ü 4.2.6 Welche der folgenden Teilmengensysteme sind Klasseneinteilungen der Menge $A = \{a,b,\xi, \{2, \xi\}\}$?
a) $\{\{a\}, \{b\}, \{\xi\}, \{2, \xi\}\}$; b) $\{\{a,b,\xi\}, \{\{2,\xi\}\}\}$;
c) $\{\{a,b\}, \{\xi, \{2,\xi\}\}\}$; d) $\{\{a\}, \{b\}, \{\xi\}, \{\{2,\xi\}\}\}$;
e) $\{\{a,b\}, \{\{2, \xi\}\}\}$.

Ü 4.2.7 Gegeben sei die Menge $M = \{\emptyset, a, \{1,3\}, 5, \{5\}\}$.
Welche der folgenden Teilmengensysteme sind Zerlegungen von M?
a) $\{\{a\}, \{1,3\}, \{\emptyset\}, \{5\}\}$; b) $\{\{a\}, \{1,3\}, \emptyset, \{5, \{5\}\}\}$;
c) $\{\{a, \{1,3\}\}, \{\emptyset\}, \{5, \{5\}\}\}$;
d) $\{\{a\}, \{\{1,3\}\}, \{\emptyset\}, \{5\}, \{\{5\}\}\}$; e) $\{\{5,a,\{1,3\}\}, \emptyset\}$.

Ü 4.2.8 Gegeben seien die Mengen $A = \{a,b\}$, $B = \{a,b,c\}$, $C = \{1,2,3,4\}$. Bestimme für diese Mengen alle möglichen Zerlegungen.

4.3 Mengenoperationen

Für die Verknüpfung von Mengen sind verschiedene Rechenoperationen definiert.

B 4.3.1 Es seien $A = \{a,e,i\}$ und $B = \{e,i,o,u\}$ zwei Mengen. Die Vokale e und i (und nur diese) gehören sowohl zur Menge A als auch zur Menge B. Die Menge $\{e,i\}$ dieser Elemente, die zu beiden Mengen gehören, bezeichnet man als den Durchschnitt der Mengen A und B und schreibt dafür $A \cap B$.

D 4.3.2 (3.3.1)

> Als **Durchschnitt** oder **Schnittmenge** $A \cap B$ der Mengen A und B wird die Menge aller Elemente bezeichnet, die sowohl in A als auch in B enthalten sind:
> $A \cap B = \{x \mid (x \in A) \wedge (x \in B)\}$.

($A \cap B$ lies: "A geschnitten B", "A durchschnitten B" oder "Durchschnitt von A und B").

B 4.3.3 a) Ist $C = \{1,2,3,4,5,6\}$ und $D = \{2,4,6,8,10\}$, so gilt $C \cap D = \{2,4,6\}$.
b) Ist $E = \{a,b,c\}$ und $F = \{e\}$, so ergibt sich als Durchschnitt die leere Menge: $E \cap F = \emptyset$.

D 4.3.4

> Ist der Durchschnitt zweier Mengen A und B leer, d.h. gilt $A \cap B = \emptyset$, so heißen A und B **punktfremd, elementfremd** oder **disjunkt**.

Häufig ist der gemeinsame Durchschnitt mehrerer Mengen A_1, A_2, $A_3,\dots,A_n$ zu bestimmen, also $A_1 \cap A_2 \cap A_3 \cap \dots \cap A_n$. Man schreibt dafür

$$\bigcap_{i=1}^{n} A_i = \{ x \mid x \in A_1 \wedge x \in A_2 \wedge \dots \wedge x \in A_n \}$$

und liest: "Durchschnitt aller A_i für i von 1 bis n". Die Menge $\bigcap_{i=1}^{n} A_i$ enthält sämtliche Elemente, die in A_1 und A_2 und A_3 und ... und A_n, d.h. in allen A_i $(i = 1,\dots,n)$ enthalten sind. Ist $N = \{1,2,\dots,n\}$, so kann man auch schreiben $\bigcap_{i \in N} A_i$. N wird als **Indexmenge** bezeichnet.

Operationen auf Mengen lassen sich leicht graphisch veranschaulichen. Man benutzt dazu sogenannte **VENNsche Diagramme, in denen Mengen graphisch durch Flächen in der Ebene dargestellt werden.** Für eine Menge Ω mit den Teilmengen A und B ergeben sich dann für den Durchschnitt bzw. für disjunkte Mengen graphische Veranschaulichungen wie in Figur 4.3.5.

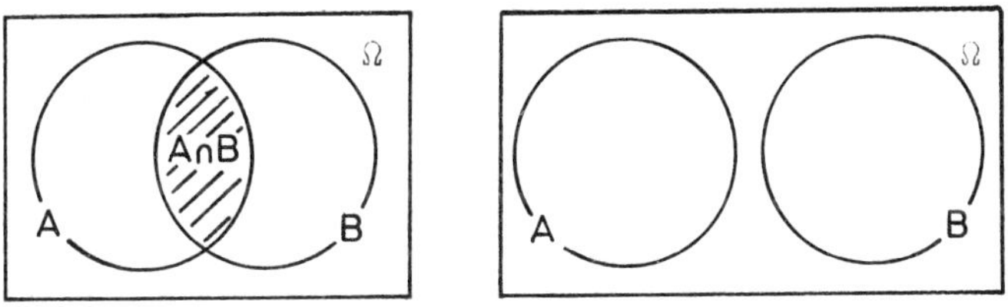

F 4.3.5 Durchschnitt von Mengen und disjunkte Mengen

Die Form der Flächen zur Veranschaulichung von Mengen in Venn-Diagrammen muß nicht immer so regelmäßig sein, wie in Figur 4.3.5.

B 4.3.6 Es seien wieder die Mengen $A = \{a,e,i\}$ und $B = \{e,i,o,u\}$ gegeben. Die Menge $\{a,e,i,o,u\}$ enthält alle Elemente, die in wenigstens einer der beiden Mengen A oder B liegen. Man nennt sie die Vereinigung von A und B und schreibt $A \cup B$.

D 4.3.7 (3.3.6)

> Als **Vereinigung** oder **Vereinigungsmenge** $A \cup B$ der Mengen A und B wird die Menge aller Elemente bezeichnet, die in A oder in B oder in beiden Mengen enthalten sind:
> $A \cup B = \{x \mid (x \in A) \vee (x \in B)\}$.

($A \cup B$ lies:" A vereinigt B" oder "Vereinigung von A und B").

B 4.3.8 a) Aus $C = \{1,2,3\}$ und $D = \{2,3,4\}$ erhält man $C \cup D = \{1,2,3,4\}$.
b) Für $E = \{a,b,c\}$ und $F = \{c,e,f\}$ ergibt sich $E \cup F = \{a,b,c,e,f\}$.

Für die gemeinsame Vereinigung mehrerer Mengen $A_1, A_2, A_3, \ldots, A_n$, also für $A_1 \cup A_2 \cup A_3 \cup \ldots \cup A_n$ schreibt man

$$\bigcup_{i=1}^{n} A_1 = \{ x \mid x \in A_1 \vee x \in A_2 \vee \ldots \vee x \in A_n \} .$$

Man liest: "Vereinigung aller A_i für i von 1 bis n" und schreibt manchmal auch $\bigcup_{i \in N} A_i$ ($N = \{1,\ldots,n\}$). In der Menge $\bigcup_{i=1}^{n} A_i$ sind also alle Elemente enthalten, die entweder in A_1 oder in A_2 oder ... oder in A_n, d.h. wenigstens in einer der Mengen A_i $(i = 1,\ldots,n)$ enthalten sind.

B 4.3.9 Es werden wieder die Mengen $A = \{a,e,i\}$ und $B = \{e,i,o,u\}$ betrachtet. Die Menge $\{a\}$ besteht aus allen Elementen von A, die nicht in B enthalten sind. Diese Menge wird als Differenz der Mengen A und B bezeichnet und man schreibt dafür $A \setminus B$.

D 4.3.10 (3.3.9)

> Als **Differenz** $A \setminus B$ der Mengen A und B wird die Menge aller Elemente von A bezeichnet, die nicht in B enthalten sind
> $A \setminus B = \{x \mid (x \in A) \wedge (x \notin B)\}$.

($A \setminus B$ lies: "A minus B" oder "Differenz von A und B").

B 4.3.11 a) $C = \{a,b,c,d,e\}$ und $D = \{e,f\}$:
$C \setminus D = \{a,b,c,d\}$ und $D \setminus C = \{f\}$.
b) $A = \{1,2,3,4,5\}$ und $B = \{3,4,5\}$. $A \setminus B = \{1,2\}$ und $B \setminus A = \emptyset$.

Vereinigung und Differenz sind in der folgenden Figur 4.3.12 veranschaulicht.

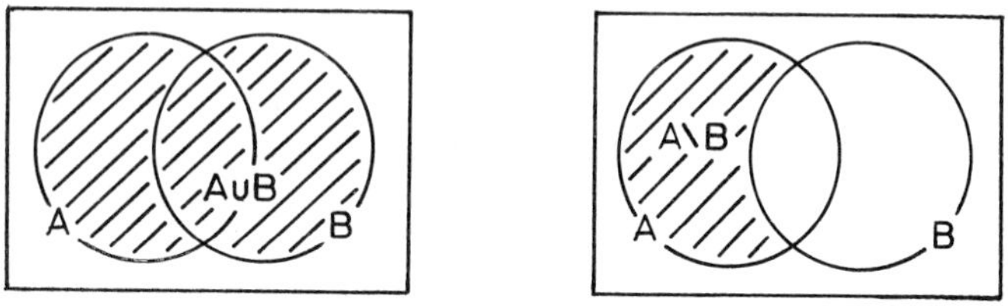

F 4.3.12 Vereinigung und Differenz von Mengen

D 4.3.13 (3.3.13)

> Es sei A eine Teilmenge von B ($A \subset B$). Als **Komplement** oder **Komplementärmenge** $\bar{A}$ von A bezüglich B wird die Menge aller Elemente aus B bezeichnet, die nicht in A enthalten sind
> $\bar{A} = B \setminus A$ für $A \subset B$.

Das Komplement ist also eine spezielle Differenz. Sofern Zweifel bestehen können, auf welche Menge (man sagt auch "Obermenge") sich das Komplement bezieht, ist diese Menge anzugeben: $\bar{A}_B$. Manchmal wird für das Komplement auch $\complement A$ oder $\complement_B A$ geschrieben.
Figur 4.3.14 zeigt eine graphische Veranschaulichung.

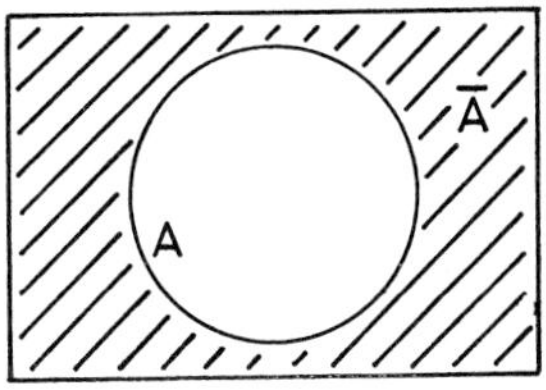

F 4.3.14 Komplement einer Menge

Aufgaben

Ü 4.3.1 Gegeben seien die folgenden Mengen $A = \{1,2,3,4\}$; $B = \{x \mid x \in \mathbb{N} \wedge x > 5\}$; $D = \{3,4,5,6\}$.
Bestimme: a) $A \cap B$; b) $D \setminus A$; c) $B \cup D$; d) $\bar{B}_{\mathbb{N}}$; e) $(A \cup B) \cap D$; f) $A \cap D$.

Ü 4.3.2 Gegeben seien die Mengen $A = \{x \mid x \in \mathbb{R} \wedge 1 \leq x \leqq 6\}$;
$B = \{x \mid x \in \mathbb{N} \wedge x < 6\}$;
$C = \{x \mid x \in \mathbb{N} \wedge x \geqq 2\}$; $D = \{x \mid x \in \mathbb{R} \wedge x < 6\}$.
Bestimme die folgenden Mengen: a) $A \cap B$; b) $A \setminus D$; c) $A \cap C$; d) $C \setminus A$; e) $B \cap C$; f) $B \cup C$; g) $A \cap \mathbb{N}$; h) $\bar{A}_{\mathbb{R}}$; j) $\bar{B}_{\mathbb{N}}$.

Ü 4.3.3 Gegeben sind die Mengen $A = \{1,10\}$; $B = \{x \in \mathbb{N} \mid 1 \leqq x \leqq 10\}$ und $C = \{x \in \mathbb{N} \mid 1 < x < 10\}$.
Bestimme: a) $A \setminus C$; b) $B \setminus (A \cup C)$; c) $B \cup C$; d) $B \cap C$.

4.4 Mengenalgebra

Für die Operationen auf Mengen gelten verschiedene Gesetze, die im folgenden zusammengestellt sind. Dabei sind A, B und D Teilmengen der Menge Ω.

Identitätsgesetze

R 4.4.1

a) $A \cup \emptyset = A$; b) $A \cap \emptyset = \emptyset$;
c) $A \cup \Omega = \Omega$; d) $A \cap \Omega = A$.

Idempotenzgesetze

R 4.4.2

a) $A \cup A = A$; b) $A \cap A = A$.

Komplementgesetze ($\bar{A} = \complement_{\Omega} A$)

R 4.4.3

a) $A \cup \bar{A} = \Omega$; b) $A \cap \bar{A} = \emptyset$; c) $\overline{(A \cup B)} = \bar{A} \cap \bar{B}$;
d) $\overline{(A \cap B)} = \bar{A} \cup \bar{B}$; e) $\bar{\Omega} = \emptyset$; f) $\bar{\emptyset} = \Omega$; g) $\bar{\bar{A}} = A$.

Kommutativgesetze

R 4.4.4

a) $A \cup B = B \cup A$; b) $A \cap B = B \cap A$.

Assoziativgesetze

R 4.4.5

a) $A \cup (B \cup D) = (A \cup B) \cup D$;
b) $A \cap (B \cap D) = (A \cap B) \cap D$

Aus den Assoziativgesetzen folgt, daß man bei mehrfacher Vereinigungs- bzw. Durchschnittsbildung auf Klammern verzichten kann. Davon wurde bereits im vorhergehenden Abschnitt Gebrauch gemacht.

Distributivgesetze

R 4.4.6

a) $A \cup (B \cap D) = (A \cup B) \cap (A \cup D)$;
b) $A \cap (B \cup D) = (A \cap B) \cup (A \cap D)$.

Inklusionsgesetze

R 4.4.7

a) $A \subset (A \cup B)$; b) $A \supset (A \cap B)$.
Die folgenden Aussagen sind gleichwertig (äquivalent), d.h. jede Aussage folgt aus jeder der drei anderen:
$A \subset B$, $A \cup B = B$, $A \cap B = A$, $\bar{B} \subset \bar{A}$.

In den obigen Gesetzen kommen nur die Operationen "Vereinigung" ($\cup$) und "Durchschnitt" ($\cap$) vor. Ähnliche Gesetze existieren auch bei Hinzunahme der Operation "Differenz" ($\setminus$), wie aus der folgenden Zusammenstellung hervorgeht.

R 4.4.8

a) $A \setminus B = A \cap \bar{B}$;	b) $\Omega \setminus \bar{A} = A$;	c) $A \setminus \Omega = \emptyset$;
d) $A \setminus \emptyset = A$;	e) $\emptyset \setminus A = \emptyset$;	f) $A \setminus A = \emptyset$;
g) $(A \setminus B) \setminus D = A \setminus (B \cup D)$;		
h) $A \setminus (B \setminus D) = (A \setminus B) \cup (A \cap D)$;		
j) $A \cup (B \setminus D) = (A \cup B) \setminus (D \setminus A)$;		
k) $A \cap (B \setminus D) = (A \cap B) \setminus (A \cap D)$.		

Aufgaben

Ü 4.4.1 Zeige anhand eines VENNschen Diagramms, daß folgende Bezie-
* hung gilt: $A \cap (B \cup C) = (A \cap B) \cup (A \cap C)$.

Ü 4.4.2 Gegeben ist folgendes VENNsche Diagramm zur Beschreibung der Mengen A, B, D, E. Die einzelnen Flächenstücke sind numeriert. Gib an, welche Flächenstücke zu den folgenden Mengen gehören

a) $A \cup D$; b) $A \setminus (D \cup B)$;

c) $\complement_A B$; d) $(A \cap D) \cup (B \cap D)$;

e) $(A \cup B) \setminus D$.

Welche Mengen entsprechen den folgenden Flächenstücken?

f) 7; g) 6; h) 8.

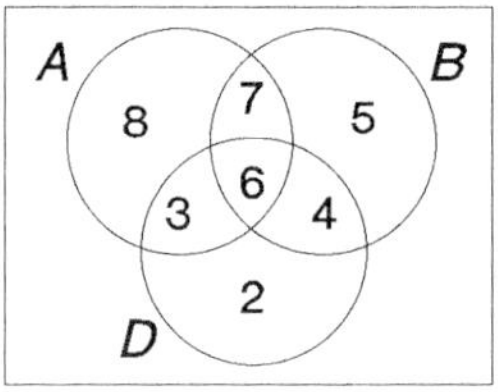

Ü 4.4.3 Eine Unternehmung hat drei Maschinen A, B und C, auf denen die von der Unternehmung produzierten 8 Produkte $a_1,\ldots,a_8$ bearbeitet werden. Die Menge der auf Maschine A bearbeiteten Produkte ist $A = \{a_1,a_2,a_3,a_4,a_5\}$. Für B und C sind die Mengen der auf diesen Maschinen zu bearbeitenden Produkte $B = \{a_1,a_3,a_4,a_6,a_7\}$ und $C = \{a_1,a_4,a_6,a_7,a_8\}$.

Im folgenden sind aus den Produkten der Unternehmung gebildete Mengen angegeben, die durch Aufzählung ihrer Elemente und unter Zuhilfenahme der vorgegebenen Mengen A, B, C und mengentheoretischen Verknüpfungszeichen ($\cup$, $\cap$, $\setminus$) zu beschreiben sind. Es handelt sich um die Mengen aller Produkte, die

a) auf allen drei Maschinen bearbeitet werden müssen

b) nur auf der Maschine A bearbeitet werden,

c) nur auf der Maschine B bearbeitet werden,

d) nur auf der Maschine C bearbeitet werden,

e) auf der Maschine A oder auf der Maschine C bearbeitet werden,

f) auf der Maschine B oder auf der Maschine C bearbeitet werden.

Ü 4.4.4 Gegeben sei das folgende VENNsche Diagramm. Kennzeichne jedes der acht Flächenstücke des Diagramms als mengentheoretischen Ausdruck von A, B, D, Ω.

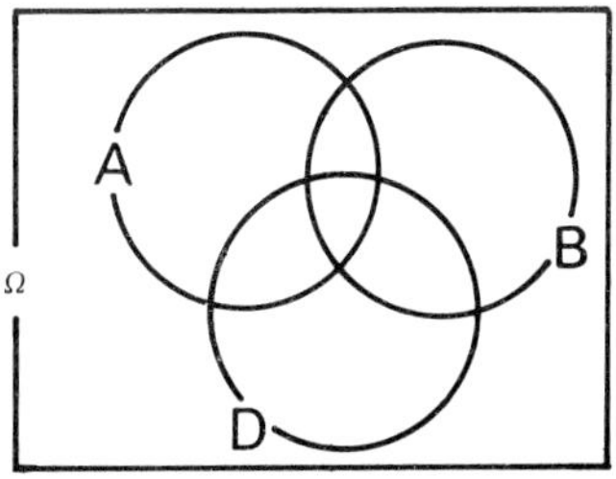

Ü 4.4.5 Vereinfache $\overline{(\bar{A} \cap \bar{B})} \cap (\bar{A} \cap \bar{B})$.

4.5 Produkte von Mengen

Mengen sind ungeordnete Zusammenfassungen der Elemente, d.h. die Reihenfolge der Elemente ist beliebig.

B 4.5.1 Es ist $\{a,b\} = \{b,a\}$ oder $\{a,b,c\} = \{a,c,b\} = \{b,a,c\} = \{b,c,a\} = \{c,a,b\} = \{c,b,a\}$.

Geordnete Zusammenfassungen von Elementen, bei denen also die Reihenfolge eine Rolle spielt, führen zum Begriff des n-Tupels.

D 4.5.2

> Es sei n eine natürliche Zahl und $a_1,\dots,a_n$ seien nicht notwendig verschiedene Elemente gewisser Mengen. $(a_1,\dots,a_n)$ heißt ein aus diesen Elementen gebildetes **n-Tupel** und a_i $(i = 1,\dots,n)$ seine **i-te Koordinate.**

Für n = 2, 3, 4 spricht man von einem (geordneten) **Paar, Tripel** bzw. **Quadrupel** von Elementen.

R 4.5.3

> Zwei **n-Tupel** $(a_1,\dots,a_n)$ und $(b_1,\dots,b_n)$ heißen einander **gleich,** wenn sie in **allen** Koordinaten übereinstimmen: $(a_1,\dots,a_n) = (b_1,\dots,b_n)$ genau dann, wenn $a_i = b_i$ für $i = 1,2,\dots,n$.

Ist $a \neq b$, so sind zwar die Mengen $\{a,b\}$ und $\{b,a\}$ einander gleich: $\{a,b\} = \{b,a\}$, nicht aber die (geordneten) Paare (a,b) und (b,a): $(a,b) \neq (b,a)$.

D 4.5.4

> Es sei $n \in \mathbb{N}$ und $A_1,\dots,A_n$ seien Mengen. Unter dem **kartesischen Produkt** $A_1 x A_2 x \dots x A_n$ dieser Mengen versteht man die Menge **aller** n-Tupel, deren i-te Koordinate ein Element der Menge A_i $(i = 1,2,\dots,n)$ ist, d.h.
> $A_1 \times A_2 \times \dots \times A_n := \{(x_1,\dots,x_n) \mid x_i \in A_i \text{ für } i = 1,2,\dots,n\}$.

($A_1 \times A_2$ lies: "A_1 kreuz A_2", seltener auch "A_1 mal A_2").
Statt vom kartesischen Produkt spricht man auch von der **Produktmenge,** der **Kreuzmenge** oder dem **Kreuzprodukt.**
Manchmal schreibt man auch $A_1 \times A_2 \times \dots \times A_n = \mathop{\times}\limits_{i=1}^{n} A_i$.

B 4.5.5 Ist $A = \{1,2\}$ und $B = \{a,b\}$, so ergibt sich $A \times B = \{(1,a),(2,a),(1,b),(2,b)\}$ und $B \times A = \{(a,1),(b,1),(a,2),(b,2)\}$.

Aus dem Beispiel ergibt sich

R 4.5.6 Für das kartesische Produkt gilt das **Kommutativgesetz nicht,** d.h. allgemein gilt $A \times B \neq B \times A$.

B 4.5.7 Produktmengen kommen sehr häufig in der Wahrscheinlichkeitstheorie vor, und zwar immer dann, wenn man ein Zufallsexperiment endlich viele Male wiederholt. Wirft man beispielsweise 8-mal mit einem Würfel und interessiert sich für die Augenzahl jedes Würfels, so ist $A_i = \{1,2,3,4,5,6\}$ $(i = 1,2,\ldots,8)$ die Menge der möglichen Ausgänge des i-ten Wurfs. Als Menge der möglichen Ausgänge aller 8 Würfe erhält man dann
$A_1 x \ldots x A_8 = \{(x_1,\ldots,x_8) \mid x_i \in A_i \text{ für } i = 1,2,\ldots,8\}$.

B 4.5.8 Die Menge aller Punkte der Ebene verkörpert bekanntlich alle Paare reeller Zahlen.
Es gilt also für die Ebene $\mathbb{R} \times \mathbb{R} = \{(x,y) \mid x \in \mathbb{R} \wedge y \in \mathbb{R}\}$. Statt $\mathbb{R} \times \mathbb{R}$ schreibt man meistens $\mathbb{R}^2$ und liest "R zwei".
Die Menge aller Punkte im Raum kann über das dreifache kartesische Produkt der reellen Zahlen mit sich selbst dargestellt werden:
$\mathbb{R} \times \mathbb{R} \times \mathbb{R} = \{(x,y,z) \mid x \in \mathbb{R} \wedge y \in \mathbb{R} \wedge z \in \mathbb{R}\}$. Meist wird $\mathbb{R}^3$ anstelle von $\mathbb{R} \times \mathbb{R} \times \mathbb{R}$ geschrieben (lies: "R drei"). Allgemein ergibt sich auf diese Weise der $\mathbb{R}^n$.
Bei der graphischen Darstellung von Funktionen führt diese Betrachtungsweise zu den kartesischen Koordinaten.

Aufgaben

Ü 4.5.1 Gegeben seien die Mengen $A = \{a,b,c\}$ und $B = \{1,2\}$.
Bestimme AxB und BxA

Ü 4.5.2 In einem Straßenbahndepot gebe es 3 Zugwagen $\{Z_1,Z_2,Z_3\}$ und 2 Anhänger $\{A_1,A_2\}$, die miteinander zu Straßenbahnzügen verkoppelt werden können.
a) Zeige an folgendem Diagramm durch Einzeichnen von Verbindungslinien, welche Straßenbahnzüge mit den vorhandenen Zug- und Beiwagen gebildet werden können.

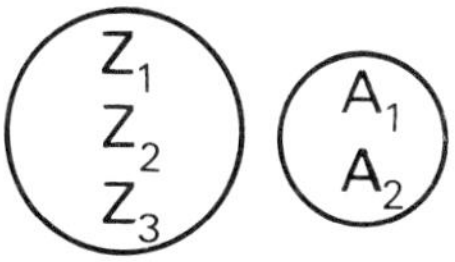

b) Gib die Straßenbahnzüge in der Form von geordneten Paaren von Zug- und Beiwagen an.

Ü 4.5.3 Gegeben seien die Mengen $A = \{1,2\}$, $B = \{a,b\}$ und $C = \{b,c\}$.
Bestimme die folgenden Mengen:
a) $A \times (B \cup C)$; b) $(A \times B) \cup (A \times C)$; c) $A \times (B \cap C)$; d) $(A \times B) \cap (A \times C)$.

4.6 Relationen und Abbildungen

Zwischen Mengen (bzw. den Elementen einer Menge) bestehen manchmal bestimmte Beziehungen oder **Relationen**.

B 4.6.1 Betrachtet man die Menge der erwachsenen Männer M und die Menge der erwachsenen Frauen F eines Dorfes, so kann eine Relation zwischen diesen Mengen dadurch definiert sein, daß man für jedes Paar aus Elementen der beiden Mengen feststellt, ob ein Verwandtschaftsverhältnis besteht oder nicht. Die Relation umfaßt alle Paare (m,f) mit $m \in M$ und $f \in F$, bei denen eine verwandtschaftliche Beziehung zwischen m und f besteht. Die Relation ist also eine Teilmenge des kartesischen Produktes MxF.

D 4.6.2

> Gegeben seien zwei Mengen X und Y. Jede Teilmenge des kartesischen Produktes XxY heißt **Relation R zwischen X und Y.** Ist X = Y, so spricht man von einer **Relation in X.** Es gilt also $R \subset X \times Y$. Man schreibt xRy für $(x,y) \in R$.

Relationen werden im allgemeinen dadurch definiert, daß die zu einer Relation gehörigen Paare eine bestimmte, die Relation charakterisierende Eigenschaft aufweisen. Im Beispiel 4.6.1 ist diese Eigenschaft das Bestehen einer verwandtschaftlichen Beziehung.

B 4.6.3 a) Es sei X die Menge aller Mathematiker und Y die Menge aller Wirtschaftswissenschaftler. Die Aussage: "Der Mathematiker x ist jünger als der Wirtschaftswissenschaftler y" stellt eine Relation her. Für jedes gebildete Paar von einem Mathematiker und einem Wirtschaftswissenschaftler kann entschieden werden, ob $(x,y) \in R$ oder $(x,y) \notin R$ gilt.
b) Es sei $X = Y = \mathbb{R}$. Durch die Aussage: "Die Differenz zwischen x und y ist eine ganze Zahl" wird eine Relation definiert, in der z.B. die Paare $(1,2),(\pi,3+\pi),(0{,}5;1{,}5)$ enthalten sind, dagegen die Paare $(1,\frac{1}{8}),(\pi,\sqrt{\pi})$ nicht.

Zu den Relationen zählt man auch die **Nullrelation** $R = \emptyset$, bei der kein (x,y) die Relation erfüllt und die **Allrelation** $R = X \times Y$, bei der alle Paare (x,y) in der Relation stehen. Es sind auch Relationen zwischen mehr als zwei Mengen möglich. Relationen zwischen zwei Mengen werden deshalb auch als **zweistellige** Relationen bezeichnet.

Relationen **in einer** Menge können bestimmte Eigenschaften aufweisen. Die wichtigsten enthält die folgende Definition.

D 4.6.4

> Es sei R eine Relation in der Menge X. R heißt
> a) **reflexiv,** wenn für alle $x \in X$ gilt $(x,x) \in R$.
> b) **symmetrisch,** wenn für alle $x,y \in X$ gilt
> $(x,y) \in R \implies (y,x) \in R$.

c) **transitiv**, wenn für alle $x,y,z \in X$ gilt
$((x,y) \in R) \wedge ((y,z) \in R) \implies (x,z) \in R$.

B 4.6.5 a) Es sei R die "Kleinerbeziehung" (<) zwischen natürlichen Zahlen: $x < y$ für $x,y \in \mathbb{N}$. Die Relation ist transitiv, denn aus $x < y$ und $y < z$ folgt $x < z$, aber nicht reflexiv (es gilt nicht $x < x$) und symmetrisch (aus $x < y$ folgt **nicht** $y < x$).
b) Die Relation R in $\mathbb{N}$ sei definiert durch $x:y \in \mathbb{N}$, d.h. $x \in \mathbb{N}$ ist durch $y \in \mathbb{N}$ teilbar und der Quotient ergibt wieder eine natürliche Zahl. Die Relation ist reflexiv und transitiv, denn $x:x = 1 \in \mathbb{N}$ und aus $x:y \in \mathbb{N}$ und $y:z \in \mathbb{N}$ folgt $(x:y)\cdot(y:z) = x:z \in \mathbb{N}$. Die Relation ist aber nicht symmetrisch.

Besitzt eine Relation in einer Menge alle in D 4.6.4 angegebenen Eigenschaften, so handelt es sich um eine **Äquivalenzrelation,** die man oft statt durch xRy mit $x \sim y$ beschreibt.

D 4.6.6 Eine Relation R in einer Menge X heißt **Äquivalenzrelation,** wenn R reflexiv, symmetrisch und transitiv ist.

B 4.6.7 Es sei X die Menge der natürlichen Zahlen. Die Aussage für alle Paare (x,y) "Beim Teilen durch 3 lassen x und y den gleichen Rest" definiert eine Äquivalenzrelation.
Man erhält hier eine Einteilung der natürlichen Zahlen in sogenannte Restklassen (Äquivalenzklassen), nämlich: $\{1,4,7,10...\}$, $\{2,5,8,11,...\}$, $\{3,6,9,12,...\}$. Die Zahlen einer Klasse sind paarweise äquivalent.

B 4.6.8 Die "Gleichheit" ist eine Äquivalenzrelation. Die Aussage "Die beiden Personen x und y haben die gleiche Staatsangehörigkeit" ist eine Äquivalenzrelation, denn sie erfüllt die in D 4.6.6 angegebenen Eigenschaften in der Menge aller Menschen, die nur eine einzige Staatsangehörigkeit haben.

An dem Beispiel 4.6.7 sieht man, daß einem Element x sehr viele Elemente y durch eine Relation R zugeordnet werden können. Hier wären z.B. die Paare (1,4);(1,7);(1,10) etc. möglich.
Von besonderem Interesse sind Relationen R zwischen X und Y, bei denen jedem Element aus X höchstens ein Element aus Y zugeordnet wird.

D 4.6.9 Eine Relation R zwischen zwei Mengen X und Y, die nicht notwendig verschieden sein müssen, heißt eindeutig oder auch **Abbildung aus X nach Y,** wenn jedem $x \in X$ höchstens ein $y \in Y$ durch die Relation R zugeordnet wird, d.h.: Aus $(x,y_1) \in R$ und $(x,y_2) \in R$ folgt stets $y_1 = y_2$.

Um den besonderen Charakter der Abbildung hervorzuheben, schreibt man statt $(x,y) \in R$ nun $(x,y) \in f$ oder $y = f(x)$ oder $f: X \to Y$.

B 4.6.10 Sei X die Menge aller Studenten und Y die Menge der natürlichen Zahlen versehen mit der Maßeinheit "Liter". Jedem Studenten kann nun sein jährlicher Bierkonsum zugeordnet werden (auf volle Liter gerundet). Diese Relation ist sicher eindeutig, also eine Abbildung. Diese Abbildung ist allerdings noch recht einfach beschaffen. So kann man z.B. aus der Kenntnis des Bierverbrauchs noch nicht auf die zugehörige Person schließen, da bestimmt viele Studenten gleiche Mengen konsumieren. Sicher wird auch nicht die gesamte Menge der Studenten abgebildet, da einige gar kein Bier trinken. Auch kann die Abbildung nur auf eine Teilmenge der natürlichen Zahlen führen, da sehr hohe Verbrauchsmengen (wie 10000 l) nicht erreicht werden.

Um die in dem Beispiel angesprochenen Unterscheidungen klarer und knapper beschreiben zu können, werden die folgenden Begriffe unterschieden:

D 4.6.11 In $(x,y) \in f$ bzw. $y = f(x)$ bezeichnet man das Element y als **Bild,** Bildelement oder Bildpunkt **von x bezüglich f** und das Element x als **Urbild**, Urbildelement oder Urbildpunkt **von y bezüglich f.**

D 4.6.12 Die Menge aller $x \in X$, denen überhaupt ein Bild zugeordnet wird, bezeichnet man als **Definitionsbereich oder Definitionsmenge D(f)** der Abbildung. Die Menge aller $y \in Y$, die mindestens ein Urbild haben, bezeichnet man als **Wertebereich oder Wertemenge W(f)** der Abbildung.

Ist M oder N der Definitionsbereich der Abbildung f, dann schreibt man manchmal für den Wertebereich auch f(M) oder f(N).
Der Definitionsbereich ist also die Menge der Urbilder und der Wertebereich die Menge der Bilder einer Abbildung.
In den nächsten Definitionen ist eine Einteilung der Abbildungen gegeben. Es handelt sich immer um **Spezialisierungen** der in D 4.6.9 eingeführten **Abbildung f aus X nach Y.**

D 4.6.13 f heißt Abbildung **von** X **nach** Y, wenn **jedes** Element $x \in X$ Urbild eines Elementes $y \in Y$ ist, d.h. $D(f) = X$. f heißt Abbildung von X **in** Y, wenn Y Elemente enthält, die kein Urbild besitzen.

B 4.6.14 In islamischen Ländern kann durch die Ehe, wenn die Vorschriften des Koran eingehalten werden, im Extremfalle vier Frauen ein Mann zugeordnet werden. Es gibt also eine Abbildung von der Menge der verheirateten Frauen in die Menge der Männer (verheiratete und unverheiratete).

D 4.6.15

> f heißt **surjektive Abbildung** oder Abbildung **auf**, wenn alle Elemente $y \in Y$ Bildelemente sind, d.h. wenn gilt $W(f) = Y$.

B 4.6.16 Betrachtet man im Beispiel 4.6.14 nur die Menge der verheirateten Männer, so ergibt sich eine surjektive Abbildung von der Menge der verheirateten Frauen auf die Menge der verheirateten Männer.

D 4.6.17

> f heißt umkehrbar, **eineindeutig** oder **injektiv**, wenn aus $f(x_1) = f(x_2)$ folgt $x_1 = x_2$, d.h. wenn es zu jedem Bild **nur ein** Urbild gibt.

B 4.6.18 Überträgt man Beispiel 4.6.14 in die Bundesrepublik Deutschland, in ein Land also, in dem die Einehe die Regel ist, so erhält man eine injektive Abbildung. Die Abbildung der Menge der verheirateten Frauen in die Menge der Männer (sowohl verheiratete als auch unverheiratete) in der Bundesrepublik Deutschland ist, wenn man von Bigamie und Polygamie absieht, injektiv.

D 4.6.19

> Gegeben sei eine injektive Abbildung $f: X \to Y$. Die Abbildung, die jedem Bild $y = f(x) \in Y$ sein Urbild $x \in X$ zuordnet, heißt **Umkehrabbildung** von f und wird mit f^{-1} bezeichnet ($f^{-1}: Y \to X$).

B 4.6.20 Die injektive Abbildung der Menge der verheirateten Frauen in die Menge aller Männer, durch die jeder Frau ihr Ehemann zugeordnet wird, ist umkehrbar. Durch die Umkehrabbildung wird jedem verheirateten Mann seine Ehefrau zugeordnet.

D 4.6.21

> f heißt **bijektiv**, wenn f injektiv ist und wenn f und f^{-1} surjektiv sind.

B 4.6.22 Die Abbildung der Menge der verheirateten Frauen der Bundesrepublik Deutschland auf die Menge der verheirateten Männer ist bijektiv.

D 4.6.23

> Es sei f eine Abbildung aus der Menge X in die Menge Y und g eine Abbildung aus Y in Z und $W(f) = D(g)$. Durch f und g wird eindeutig eine Abbildung aus X in Z definiert, wenn jedem $x \in D(f)$ ein $h(x) \in W(g)$ nach der Vorschrift $h(x) = g(f(x))$ zugeordnet wird: h heißt die aus f und g **zusammengesetzte Abbildung** und wird mit $g \circ f$ bezeichnet (lies: "g Kreis f").

B 4.6.24 Es sei f die Abbildung von der Menge M der verheirateten Männer in die Menge F der Frauen, die jedem verheirateten Mann seine Ehefrau zuordnet. g sei die Abbildung der Menge F in sich selbst, die jeder Frau die Mutter zuordnet. Die zusammengesetzte Abbildung g o f von der Menge M in die Menge F ordnet dann jedem Mann seine Schwiegermutter zu.

Relationen und die unterschiedlichen Typen von Abbildungen können durch Pfeildiagramme, wie in der folgenden Figur 4.6.25 dargestellt, abgebildet werden. In den Pfeildiagrammen wird jeweils eine Relation zwischen den Mengen X und Y veranschaulicht und angegeben, ob es sich um eine Abbildung handelt und welchen Typs die Abbildung ist.

a)

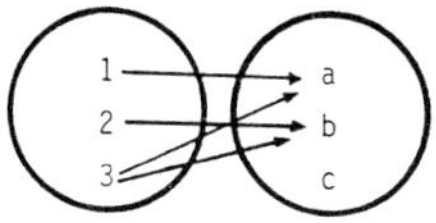

Keine Abbildung, denn 3 hat zwei Bilder.

b)

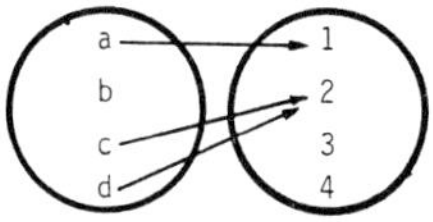

Abbildung aus in

b hat kein Bild, 3 und 4 haben kein Urbild.

c)

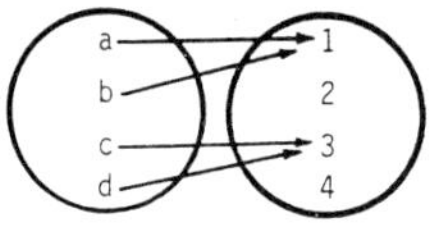

Abbildung von in

Jedes Element von X hat genau ein Bild.
2 und 4 haben kein Urbild.

d)

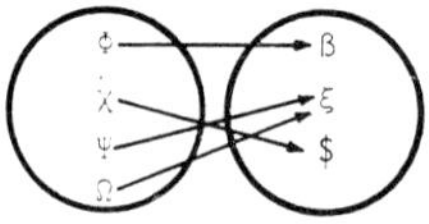

Abbildung von auf

Jedes Element von X hat genau ein Bild (von).
Jedes Element von Y hat ein Urbild (auf).

e)

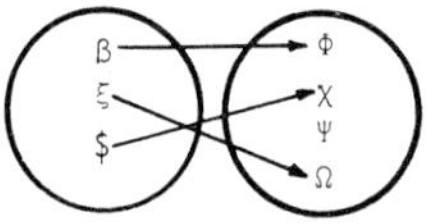

Injektive Abbildung von in

Jedes Urbild von X hat genau ein Bild.
Jedes Bild hat genau ein Urbild.

f)

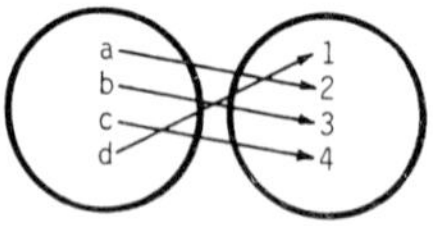

Bijektive Abbildung von auf

Jedes Element von X hat genau ein Bild.
Jedes Element von Y hat genau ein Urbild.

F 4.6.25 Relationen und Abbildungen

Aufgaben

Ü 4.6.1 Welche der folgenden Relationen sind Äquivalenzrelationen? Welche Relationen sind Abbildungen?

a) X ist die Menge aller Menschen
$R = \{(x,y) \mid x,y \in X;$ x und y haben am selben Tag Geburtstag $\}$;

b) X ist die Menge der natürlichen Zahlen $\mathbb{N}$
$R = \{(x,y) \mid x,y \in X; x + y = 10\}$;

c) $X = \mathbb{Z}$
$R = \{(x,y) \mid x,y \in X;$ x - y ist ohne Rest durch 5 teilbar $\}$;

d) X ist die Menge aller Braunschweiger Studierenden
$R = \{(x,y) \mid x,y \in X;$ x hat das gleiche Geschlecht wie y $\}$;

e) X ist die Menge aller Kirchtürme
$R = \{(x,y) \mid x,y \in X;$ x ist höher als y $\}$;

f) X ist die Menge aller Menschen
$R = \{(x,y) \mid x,y \in X;$ x hat y als Vater$\}$.

Ü 4.6.2 Gib an, in welchen der folgenden Diagramme Abbildungen dargestellt sind und welchem Typ sie angehören. Begründung!

a

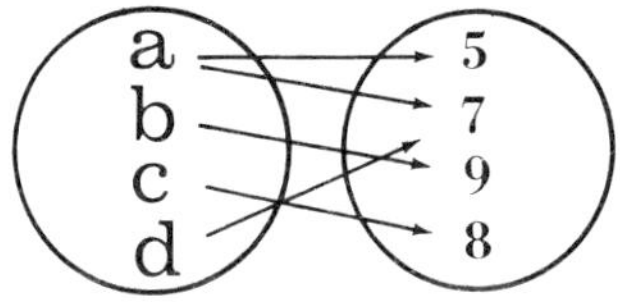

b

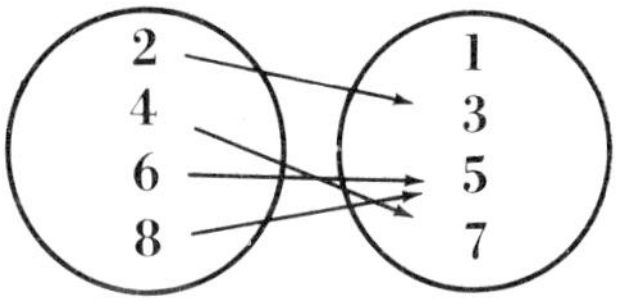

c

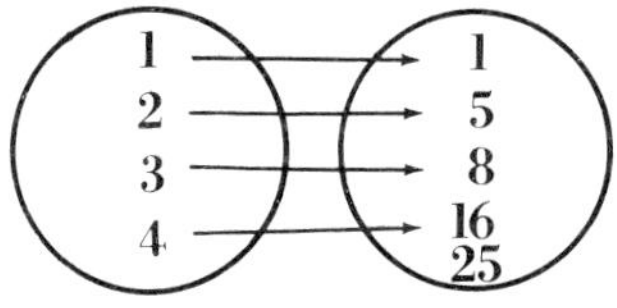

d

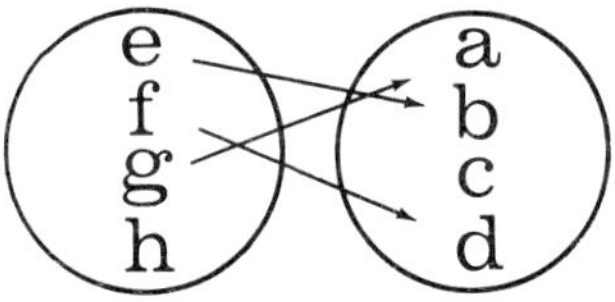

e

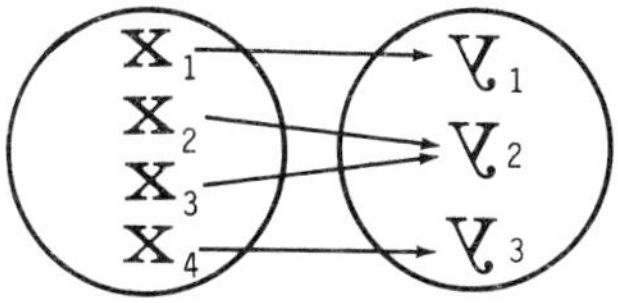

f

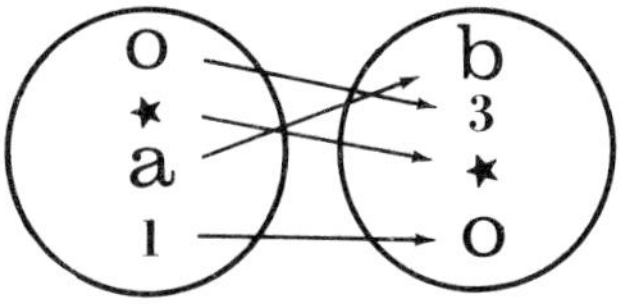

Ü 4.6.3 Prüfe, zu welchen Abbildungen in Aufgabe 4.6.2 die Bildung der inversen Abbildung definiert ist und gib die inversen Abbildungen an.

Ü 4.6.4 Gegeben sind die Mengen
M = {1,2,3,4,5} und N = { a b,c,d,e,f,g} sowie die folgenden Relationen R c M x N:
a) R = {(1,a),(1,b),(2,c),(3,d),(4,e),(5,f)} ;
b) R = {(1,a),(2,g),(3,a),(4,b),(5,b)} ;
c) R = {(3,a),(4,g) } ;
d) R = {(2,c),(2,g),(5,f) } ;
e) R = {(1,b),(2,g),(3,f),(4,a),(5,c)}

Welche Relationen sind Abbildungen r: M → N?
Welche Abbildungen sind injektiv?

Ü 4.6.5 Es wird mit zwei Würfeln gewürfelt. Gewonnen wird, wenn die Augensumme wenigstens 10 beträgt. Gib alle Spielergebnisse, die zu einem Gewinn führen, als Relation R in der Menge
E = {1 2,3,4,5,6 } an.

Ü 4.6.6 Für die Mengen A = B = { 1,2,3} und C = { 2,3} seien Abbildungen f: A → B und g: C → A wie folgt definiert:
f(1) = 3; f(2) = 2; f(3) = 1;
g(2) = 1; g(3) = 2.
a) Stelle die Abbildungen f, g, f o g und g o f wenn möglich in Pfeildiagrammen dar.
b) Gib an, um welche Typen von Abbildungen es sich in den einzelnen Fällen handelt.

Ü 4.6.7 Gib zu den folgenden Zuordnungen an, ob es sich dabei um Abbildungen handelt und welche Eigenschaften diese Abbildungen besitzen!

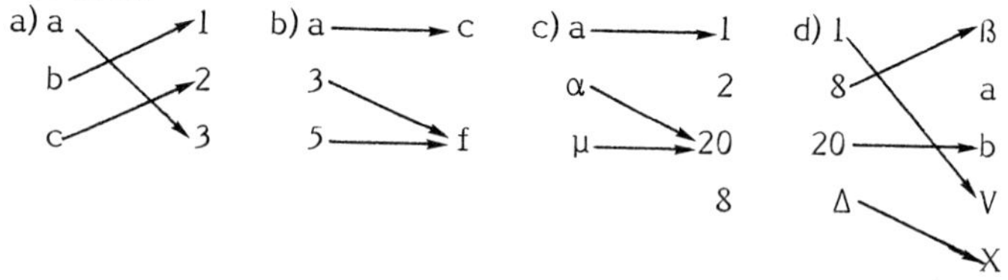

Ü 4.6.8 Für die Mengen A ={ a,b,c} , B = { x,y,z} und C = { r,s,t} seien Abbildungen f: A → B und g: B → C wie folgt definiert:
f(a) = y, f(b) = x, f(c) = y
g(x) = s, g(y) = t, g(z) = r
Stelle die Abbildungen in einem Pfeildiagramm dar und bestimme die zusammengesetzte Abbildung g o f: A → C!

5. Kombinatorik

5.1 Vorbemerkungen

Zur Vorbereitung von Entscheidungen, bei der Planung wirtschaftlicher Aktivitäten, aber auch in zahlreichen anderen Bereichen, ist oftmals die Frage zu beantworten, wieviel Möglichkeiten es gibt

- aus einer Menge von n Elementen k Elemente auszuwählen oder
- für die Reihenfolge oder Anordnung von n Elementen.

B 5.1.1 a) Ein Vertreter soll nacheinander 8 Kunden in verschiedenen Städten besuchen. Wieviel Möglichkeiten in bezug auf die Reihenfolge der Kunden hat der Vertreter, um seine Kundenbesuche auszuführen.
b) Ein Großhändler will an einem Tag 6 von 10 Kunden beliefern. Wieviel Möglichkeiten hat er, wenn die Reihenfolge der Lieferungen (wegen der Fahrtstrecke) eine Rolle spielt?
c) Beim Zahlenlotto werden 6 aus 49 (samstags) Zahlen ausgelost. Wieviel verschiedene Möglichkeiten zum Ankreuzen der Zahlen gibt es?
d) Wieviel verschiedene amtliche Kennzeichen für Kraftfahrzeuge mit 2 Buchstaben und einer maximal 3-stelligen Zahl können aus den 26 Buchstaben des lateinischen Alphabets und den 10 Ziffern 0,1,2,...,9 zusammengestellt werden?

Allen Beispielen ist gemeinsam, daß nach der Anzahl der möglichen Anordnungen oder Zusammenstellungen der Elemente einer Menge gefragt ist. Die Bedingungen für die Zusammenstellungen sind jedoch unterschiedlich:

- Es werden alle Elemente der Menge betrachtet oder nur ein Teil.
- Es werden Wiederholungen zugelassen oder nicht, d.h. ein bestimmtes Element kann in der Zusammenstellung mehrmals vorkommen oder nur einmal.
- Die Reihenfolge der Elemente in der Zusammenstellung muß beachtet werden oder nicht.

Die Behandlung von Aufgabenstellungen der skizzierten Art ist Gegenstand der Kombinatorik. Im folgenden Abschnitt werden zunächst einige Definitionen, Begriffe und Regeln eingeführt.

5.2 Fakultäten, Binomialkoeffizienten und Polynomialkoeffizienten

Bei der Lösung von Aufgabenstellungen aus der Kombinatorik ist häufig das Produkt der ersten n natürlichen Zahlen zu bestimmen. Zur Abkürzung verwendet man dafür die Schreibweise n!

D 5.2.1

$$n! := \prod_{i=1}^{n} i = 1 \cdot 2 \cdot 3 \cdot \ldots \cdot (n-1) \cdot n; \quad n \in \mathbb{N}$$

(lies: "n Fakultät")

"!" bzw. "Fakultät" ist also ein Rechenbefehl, der die Multiplikation der ersten n natürlichen Zahlen miteinander fordert.

Ergänzend zu D 5.2.1 definiert man auch 0!, da sonst bei der rechnerischen Behandlung kombinatorischer Probleme die Verwendung von n! Schwierigkeiten bereiten würde.

D 5.2.2

$$0! := 1$$

Für die Fakultäten der Zahlen von 1 bis 20 ergeben sich folgende Werte:

1! =	1	11! =	39 916 800
2! =	2	12! =	479 001 600
3! =	6	13! =	6 227 020 800
4! =	24	14! =	87 178 291 200
5! =	120	15! =	1 307 674 368 000
6! =	720	16! =	20 922 789 888 000
7! =	5 040	17! =	355 687 428 096 000
8! =	40 320	18! =	6 402 373 705 728 000
9! =	362 880	19! =	121 645 100 408 832 000
10! =	3 628 800	20! =	2 432 902 008 176 640 000

Wie aus der Tabelle hervorgeht, wachsen die Fakultäten sehr schnell mit zunehmendem n. Vor allem bei großem n ist die Möglichkeit, n! näherungsweise zu berechnen, wichtig.

R 5.2.3

Stirling'sche Formel zur näherungsweisen Berechnung von n!

$$n! \approx \sqrt{2\pi n}\left(\frac{n}{e}\right)^n$$

Für die Zahlen von 1 bis 20 sind nachfolgend die mit der Stirling'schen Formel berechneten Näherungswerte angegeben (auf ganze Zahlen (von 5 bis 13) bzw. auf 8 von Null verschiedene Stellen gerundet)

1! ≈	0,922	11! ≈	39 615 625
2! ≈	1,919	12! ≈	475 687 487
3! ≈	5,836	13! ≈	6 187 239 475
4! ≈	23,506	14! ≈	86 661 002 000
5! ≈	118	15! ≈	1 300 430 700 000
6! ≈	710	16! ≈	20 814 114 000 000
7! ≈	4 980	17! ≈	353 948 330 000 000
8! ≈	39 902	18! ≈	6 372 804 600 000 000
9! ≈	359 537	19! ≈	121 112 790 000 000 000
10! ≈	3 598 696	20! ≈	2 422 786 800 000 000 000

Häufig hat man es im Bereich der Kombinatorik mit Quotienten aus "Fakultäten" der folgenden Form zu tun:

$$\frac{n!}{(n-k)!k!} = \frac{1 \cdot 2 \cdot 3 \cdot \ldots \cdot (n-k) \cdot (n-k+1) \cdot \ldots \cdot (n-1) \cdot n}{1 \cdot 2 \cdot 3 \cdot \ldots \cdot (n-k) \cdot 1 \cdot 2 \cdot 3 \cdot \ldots \cdot (k-1) \cdot k} = \frac{n \cdot (n-1) \cdot \ldots \cdot (n-k+1)}{k!}$$

mit $n,k \in \mathbb{N} \cup \{0\}$ und $k \leqq n$.

Zur verkürzten bzw. einfacheren Schreibweise solcher Quotienten führt man ebenfalls ein neues Symbol ein.

D 5.2.4

$$\binom{n}{k} := \frac{n!}{(n-k)!k!} = \frac{n \cdot (n-1) \cdot \ldots \cdot (n-k+1)}{k!}$$ (lies: "n über k")

heißt **Binomialkoeffizient.**

Man beachte, daß bei dem letzten Bruch in D 5.2.4 sowohl im Zähler als auch im Nenner k Faktoren stehen.

Da 0! = 1 gilt (5.2.2), ergibt der Binomialkoeffizient für die Spezialfälle k = 0 und k = n:

R 5.2.5

$$\binom{n}{0} = \binom{n}{n} = \frac{n!}{(n-0)!0!} = 1$$

Binomialkoeffzienten können auch für negative und für nichtganze Zahlen definiert werden. Da diese Erweiterung der Definition hier nicht benötigt wird, wird darauf nicht weiter eingegangen.

Für das Rechnen mit Binomialkoeffizienten gibt es einige Regeln, die nachstehend ohne Beweise zusammengestellt sind.

R 5.2.6

$$\binom{n}{k} = \binom{n}{n-k}$$

R 5.2.6 bedeutet eine Art Symmetrie in den Binomialkoeffizienten: Bei gegebenem n ergibt sich für k und für n-k derselbe Wert für den Binomialkoeffizienten.

R 5.2.7

$$\binom{n}{k} + \binom{n}{k+1} = \binom{n+1}{k+1}$$

Ferner gelten die folgenden Regeln:

R 5.2.8

$$\sum_{i=0}^{n-k} \binom{k+i}{k} = \binom{n+1}{k+1}$$

R 5.2.9

$$\binom{m+n}{k} = \binom{m}{k}\binom{n}{0} + \binom{m}{k-1}\binom{n}{1} + \ldots + \binom{m}{1}\binom{n}{k-1} + \binom{m}{0}\binom{n}{k}$$

$$= \sum_{i=0}^{k} \binom{m}{k-i}\binom{n}{i} \qquad n,m,k \in \mathbb{N} \cup \{0\}$$

Eine spezielle Anwendung der Binomialkoeffizienten liegt beim Binomischen Lehrsatz oder Binomiallehrsatz. Die einfachste Form dieses Satzes ist die Binomische Formel (vgl. R 2.2.1).

R 5.2.10

$$(a+b)^2 = a^2+2ab+b^2$$

Es kann leicht überprüft werden, daß gilt

R 5.2.11

$$(a+b)^3 = a^3+3a^2b+3ab^2+b^3$$

Für höhere Potenzen (allgemein: n) erhält man Summen, bei denen die Summanden Produkte mit Ausdrücken der Form $a^{n-k}b^k$ $(0 \leq k \leq n)$ enthalten, die zusätzlich einen Faktor $\binom{n}{k}$ aufweisen. Allgemein ergibt sich

R 5.2.12

Binomischer Lehrsatz:

$$(a+b)^n = \binom{n}{0}a^n b^0 + \binom{n}{1}a^{n-1}b^1 + \binom{n}{2}a^{n-2}b^2 + \ldots$$

$$+ \binom{n}{n-1}a^1 b^{n-1} + \binom{n}{n}a^0 b^n$$

$$= \sum_{k=0}^{n} \binom{n}{k}a^{n-k}b^k \quad \text{für } n \in \mathbb{N}.$$

Für a=b=1 erhält man daraus die spezielle Regel

R 5.2.13

$$2^n = (1+1)^n = \sum_{k=0}^{n} \binom{n}{k}1^{n-k}1^k = \sum_{k=0}^{n} \binom{n}{k} \text{ oder kurz}$$

$$\sum_{k=0}^{n} \binom{n}{k} = 2^n$$

Binomialkoeffizienten findet man häufig tabelliert und zwar meistens in Form des sogenannten **PASCAL'schen Zahlendreiecks.**

n \ k:	0	1	2	3	4	5	6
0	1						
1	1	1					
2	1	2	1				
3	1	3	3	1			
4	1	4	6	4	1		
5	1	5	10	10	5	1	
6	1	6	15	20	15	6	1

$\binom{n}{k}$ steht in diesem Zahlendreieck in der n-ten Zeile an der k-ten Stelle, wobei zu beachten ist, daß mit der 0-ten Zeile und der 0-ten Stelle begonnen wird. Aus Regel 5.2.6 ergibt sich der folgende Zusammenhang:

Jedes Element des PASCAL'schen Zahlendreiecks ist die Summe der beiden links und rechts über ihm stehenden Elemente.

Für Ausdrücke der Form $\frac{n!}{k_1!k_2!\ldots k_r!}$ mit $\sum_{i=1}^{r} k_i = n$, die ebenfalls in der Kombinatorik vorkommen, führt man in Analogie zum Binomialkoeffizienten ebenfalls eine verkürzte Schreibweise ein.

D 5.2.14

$$\binom{n}{k_1,k_2,\ldots,k_r} := \frac{n!}{k_1!k_2!\ldots k_r!} \quad \text{mit} \sum_{i=1}^{r} k_i = n; \; k_i \in \mathbb{N} \cup \{0\}$$

heißt: **Polynomialkoeffizient.** (lies: "n über k_1 bis k_r".)

Polynomialkoeffizienten finden u.a. Anwendung im sogenannten Polynomialsatz oder Polynomischen Lehrsatz.

R 5.2.15

Polynomischer Lehrsatz:
Für m beliebige Zahlen $a_1,\ldots,a_m$ und $n \in \mathbb{N}$ gilt:

$$(a_1+a_2+\ldots+a_m)^n = \sum_{k_1,\ldots,k_m} \binom{n}{k_1,k_2,\ldots,k_m} a_1^{k_1} a_2^{k_2} \ldots a_m^{k_m}$$

mit $k_1,k_2,\ldots,k_m \in \mathbb{N} \cup \{0\}$ und $\sum_{i=1}^{m} k_i = n$.

In R 5.2.15 gibt die rechte Seite der Gleichung die Summe aller Ausdrücke an, die aus dem allgemeinen Summanden gebildet werden, wenn man für $k_1,k_2,\ldots,k_m$ nacheinander alle möglichen Zusammenstellungen ganzzahliger, nicht negativer Werte einsetzt, so daß die Bedingung $\sum_{i=1}^{m} k_i = n$ erfüllt ist.

B 5.2.16 Für $(x_1+x_2+x_3)^3$ ergibt sich mit $k_1,k_2,k_3 \in \mathbb{N} \cup \{0\}$ und $k_1+k_2+k_3=3$

$$(x_1+x_2+x_3)^3 = \sum_{k_1,k_2,k_3} \binom{3}{k_1,k_2,k_3} x_1^{k_1} x_2^{k_2} x_3^{k_3}$$

$$= \sum_{k_1,k_2,k_3} \frac{3!}{k_1!k_2!k_3!} x_1^{k_1} x_2^{k_2} x_3^{k_3}$$

$$= \frac{3!}{3!0!0!}x_1^3 + \frac{3!}{0!3!0!}x_2^3 + \frac{3!}{0!0!3!}x_3^3 + \frac{3!}{2!1!0!}x_1^2x_2^1 + \frac{3!}{2!0!1!}x_1^2x_3^1$$

$$= \frac{3!}{1!2!0!}x_1^1x_2^2 + \frac{3!}{0!2!1!}x_2^2x_3^1 + \frac{3!}{1!0!2!}x_1^1x_3^2 + \frac{3!}{0!1!2!}x_2^1x_3^2 + \frac{3!}{1!1!1!}x_1^1x_2^1x_3^1$$

$$= x_1^3+x_2^3+x_3^3+3x_1^2x_2+3x_1^2x_3+3x_1x_2^2+3x_2^2x_3+3x_1x_3^2+3x_2x_3^2+6x_1x_2x_3.$$

Aufgaben

Ü 5.2.1 * Berechne: a) $\binom{5}{3}$; b) $\binom{20}{18}$; c) $\binom{10}{4}$; d) $\binom{49}{6}$; e) $\binom{38}{7}$.

Ü 5.2.2 * Berechne mit Hilfe der Stirling'schen Formel 21!.

Ü 5.2.3 ******** Berechne: a) $\binom{4}{2}+\binom{4}{3}$; b) $\binom{0}{0}$; c) $\binom{10}{4}+\binom{10}{5}$; d) $\binom{27}{5}+\binom{27}{21}$;
e) $\sum_{i=0}^{7}\binom{3+i}{3}$.

Ü 5.2.4 ** Zeige mit Hilfe der Definition des Binomialkoeffizienten die Richtigkeit von R 5.2.6 und R 5.2.7.

Ü 5.2.5 *** Entwickele mittels des Binomialsatzes folgende Ausdrücke:
a) $(x+y)^4$; b) $(x+y)^6$; c) $(x+y)^{10}$; d) $(3x+2y)^{4m}$.

Ü 5.2.6 ****** Es ist eine allgemeine Formel für folgende Summe zu entwickeln:

$$\binom{n}{0}^2 + \binom{n}{1}^2 + \binom{n}{2}^2 + \ldots + \binom{n}{n}^2 = \sum_{k=0}^{n}\binom{n}{k}^2.$$

Ü 5.2.7 ******* Zeige die Richtigkeit der folgenden Gleichung:

$$\binom{n}{n_1,n_2,n_3} = \binom{n}{n_1}\binom{n-n_1}{n_2}\binom{n-n_1-n_2}{n_3} \text{ mit } n = n_1 + n_2 + n_3.$$

5.3 Permutationen

Es wird zunächst folgendes Beispiel betrachtet:

B 5.3.1 Der Student Paul möchte gerne an einem Abend vier Feste (A,B,C und D) besuchen. Da er nicht weiß, in welcher Reihenfolge er zu den Festen gehen soll, versucht er zunächst festzustellen, wieviel Möglichkeiten er überhaupt hat. Dazu schreibt er sich alle möglichen Reihenfolgen auf und erhält:

A,B,C,D	B,A,C,D	C,A,B,D	D,A,B,C
A,B,D,C	B,A,D,C	C,A,D,B	D,A,C,B
A,C,B,D	B,C,A,D	C,B,A,D	D,B,A,C
A,C,D,B	B,C,D,A	C,B,D,A	D,B,C,A
A,D,B,C	B,D,A,C	C,D,A,B	D,C,A,B
A,D,C,B	B,D,C,A	C,D,B,A	D,C,B,A

Es gibt also insgesamt 24 verschiedene Möglichkeiten, die Feste zu besuchen. Diese verschiedenen Möglichkeiten entsprechen hier den verschiedenen Anordnungen der Buchstaben A,B,C und D. Jede dieser Anordnungen ist eine Permutation der vier Buchstaben.

Allgemein gilt:

D 5.3.2

> Gegeben ist eine Menge mit n Elementen. Jede Anordnung der Elemente heißt **Permutation** dieser Elemente.
> Sind alle Elemente verschieden, handelt es sich um Permutationen **ohne Wiederholung.** Sind nicht alle Elemente verschieden, hat man Permutationen **mit Wiederholung.**

Verschiedene Permutationen unterscheiden sich durch eine unterschiedliche Reihenfolge der Elemente in der Anordnung (B 5.3.1). Das in B 5.3.1 behandelte Problem besteht vor allem in der Bestimmung der Anzahl der Permutationen von n verschiedenen Elementen. Die dort geübte Vorgehensweise ist sehr aufwendig und führt leicht zu Fehlern, insbesondere bei großem n. Diese Nachteile umgeht man, wenn die Anzahl der Permutationen durch folgende Überlegungen bestimmt wird.

B 5.3.3 Es gibt vier Feste, die Paul zuerst besuchen kann. Hat er sich für ein Fest entschieden, dann bleiben für den zweiten Besuch noch drei Möglichkeiten. Jede der vier Möglichkeiten für das erste Fest kann er mit jeder der drei Möglichkeiten für das zweite Fest kombinieren. Für die ersten beiden Feste hat er also $4 \cdot 3 = 12$ Möglichkeiten. Als drittes Fest kann er eins der beiden verbleibenden Feste besuchen. Er hat also dafür 2 Möglichkeiten. Diese kann er mit den $4 \cdot 3 = 12$ Möglichkeiten für die ersten beiden Feste kombinieren. Damit ergeben sich $4 \cdot 3 \cdot 2 = 24$ Möglichkeiten. Zum Schluß hat er keine Wahlmöglichkeiten mehr, er besucht das letzte Fest. Paul hat also $4 \cdot 3 \cdot 2 \cdot 1 = 4! = 24$ verschiedene Möglichkeiten, die Feste nacheinander zu besuchen.

Ist allgemein die Anzahl der Permutationen von n verschiedenen Elementen zu bestimmen, so hat man für die Besetzung des ersten Platzes in der Anordnung n Möglichkeiten. Für den zweiten Platz kann man nur noch zwischen den n-1 verbleibenden Elementen wählen, für den dritten Platz unter n-2 übrig bleibenden usw. Für den letzten Platz der Anordnung bleibt dann gerade ein Element übrig. Alle n Möglichkeiten für die Besetzung des ersten Platzes können mit den n-1 Möglichkeiten für die Besetzung des zweiten Platzes kombiniert werden. Die sich dann ergebenden n(n-1) Möglichkeiten werden mit den n-2 Möglichkeiten für die Besetzung des dritten Platzes kombiniert usw. Es gibt also $n \cdot (n-1) \cdot (n-2) \cdot \ldots \cdot 3 \cdot 2 \cdot 1$ Möglichkeiten zur Anordnung der Elemente. Somit gilt:

R 5.3.4

> Die Anzahl P(n) der **Permutationen ohne Wiederholung** von n (verschiedenen) Elementen beträgt
> $P(n) = n \cdot (n-1) \cdot (n-2) \cdot \ldots \cdot 3 \cdot 2 \cdot 1 = n!$

B 5.3.5 a) In Beispiel 5.1.1a) hat der Vertreter $8! = 1 \cdot 2 \cdot 3 \cdot 4 \cdot 5 \cdot 6 \cdot 7 \cdot 8 = 40320$ verschiedene Möglichkeiten, die 8 Kunden nacheinander zu besuchen.

b) Will der Student Paul an einem Abend 6 Feste besuchen, dann hat er $6! = 1 \cdot 2 \cdot 3 \cdot 4 \cdot 5 \cdot 6 = 720$ Möglichkeiten.

c) Die Anzahl der Tischordnungen von 8 Personen an einem runden Tisch beträgt $7! = 5040$. (An einem runden Tisch kann man einer Person einen festen Platz zuweisen und dann die Anzahl der Permutationen der übrigen Personen bestimmen, um alle Tischordnungen zu bekommen.)

Eine Familie von 8 Personen, die bei 3 Mahlzeiten am Tag zu jeder Mahlzeit eine andere Tischordnung einnimmt, würde also 4 Jahre und 220 Tage benötigen, um alle Tischordnungen einmal zu praktizieren.

Bei Permutationen mit Wiederholung geht man davon aus, daß sich gleiche Elemente nicht unterscheiden und es damit auf ihre Reihenfolge in der Anordnung nicht ankommt.

B 5.3.6 Für die Elemente A_1, A_2, B_1 und B_2 gibt es die folgenden 24 Permutationen

A_1, A_2, B_1, B_2	A_2, A_1, B_1, B_2	B_1, A_1, A_2, B_2	B_2, A_1, A_2, B_1
A_1, A_2, B_2, B_1	A_2, A_1, B_2, B_1	B_1, A_2, A_1, B_2	B_2, A_2, A_1, B_1
A_1, B_1, A_2, B_2	A_2, B_1, A_1, B_2	B_1, A_1, B_2, A_2	B_2, A_1, B_1, A_2
A_1, B_2, A_2, B_1	A_2, B_2, A_1, B_1	B_1, A_2, B_2, A_1	B_2, A_2, B_1, A_1
$A_1, B_1\ B_2, A_2$	A_2, B_1, B_2, A_1	B_1, B_2, A_1, A_2	B_2, B_1, A_1, A_2
A_1, B_2, B_1, A_2	A_2, B_2, B_1, A_1	B_1, B_2, A_2, A_1	B_2, B_1, A_2, A_1

Setzt man $A_1 = A_2 = A$ und $B_1 = B_2 = B$, dann befinden sich in jedem

Kasten 4 identische Anordnungen der Elemente. Für die Elemente A,A,B,B gibt es also 6 mögliche Anordnungen. Diese Anzahl erhält man, wenn man die Anzahl 4! = 24 der Permutationen ohne Wiederholungen durch die 2! möglichen Anordnungen der zwei A's und die 2! möglichen Anordnungen der 2 B's dividiert: $\frac{4!}{2!2!} = \frac{24}{4} = 6$

Allgemein ergeben die übereinstimmenden Elemente jeweils eine **Klasse** von (identischen) Elementen. Können die insgesamt n Elemente in r Klassen identischer Elemente zerlegt werden und sind in der j-ten Klasse k_j Elemente enthalten ($\sum_{j=1}^{r} k_j = n$), so gilt allgemein folgendes:

Für die n Elemente gibt es n! Anordnungen.

Für die k_j Elemente der j-ten Klasse gibt es $k_j!$ Anordnungen (j=1,...,r).

Von den n! Anordnungen aller Elemente ist nur der $(k_1!k_2!\dots k_r!)$-te Teil verschieden, da sich die übrigen nur in der Anordnung der identischen Elemente innerhalb der Klassen unterscheiden. Es gibt also $\frac{n!}{k_1!k_2!\dots k_r!} = \binom{n}{k_1,k_2,\dots,k_r}$ verschiedene Anordnungen von n Elementen mit r Klassen zu k_j (j=1,...,r) identischen Elementen.

R 5.3.7

> Die Anzahl PW(n,r) der **Permutationen mit Wiederholung** von n Elementen mit r Klassen und k_j identischen Elementen in der j-ten Klasse (j=1,...,r) beträgt
>
> $$PW(n,r) = \frac{n!}{k_1!k_2!\dots k_r!} = \binom{n}{k_1,k_2,\dots,k_r}$$

B 5.3.8 a) Zu einem Round-Table-Gespräch sind drei Studenten der Volkswirtschaftslehre, 3 der Betriebswirtschaftslehre, 4 Studenten der Soziologie und 5 Studenten der Rechtswissenschaften eingeladen. Wieviel Möglichkeiten gibt es, diese Studenten an einem Tisch zu plazieren, wenn es nur auf die Fachrichtungen ankommt?

Es gibt $\binom{15}{3,3,4,5} = \frac{15!}{3!3!4!5!} = \frac{1\,307\,674\,368\,000}{6 \cdot 6 \cdot 24 \cdot 120} = 12\,612\,600$ Möglichkeiten.

b) Der Student Paul hat für seine Hausbar 3 Flaschen Whisky, 2 Flaschen Aquavit und 3 Flaschen Weinbrand gekauft. Zum Aufstellen der Flaschen hat er

$\binom{8}{2,3,3} = \frac{8!}{2!3!3!} = \frac{40\,320}{2 \cdot 6 \cdot 6} = 560$ Möglichkeiten.

R 5.3.4 und R 5.3.7 behandeln die ersten beiden Grundaufgaben der Kombinatorik.

Aufgaben

Ü 5.3.1 Zur Vorbereitung auf eine Prüfung stehen dem Studenten Paul 5 Bücher zur Verfügung, die er alle nacheinander durcharbeiten möchte. Wieviel Möglichkeiten in Bezug auf die Reihenfolge der durchzuarbeitenden Bücher hat er?

Ü 5.3.2 Wieviel vierstellige Zahlen kann man aus den Ziffern 1,2,3,4 bilden, wenn in einer Zahl jede Ziffer nur genau einmal vorkommen darf?

Ü 5.3.3 Berechne die Summe aller vierstelligen Zahlen, die aus den Ziffern 2,3,5,8 gebildet werden können, falls jede Ziffer in jeder Darstellung nur einmal vorkommen darf.

Ü 5.3.4 In einem Regal einer Bibliothek sollen 5 Lehrbücher der BWL, 6 der VWL, 7 der Unternehmensforschung und 2 der Statistik untergebracht werden. Wieviel Ordnungsmöglichkeiten gibt es für diese Bücher,

a) insgesamt;

b) wenn die Bücher eines Fachgebietes jeweils in beliebiger Reihenfolge zusammenstehen und es nur auf die Reihenfolge der Fachgebiete ankommt;

c) wenn die Bücher nur nach Fachgebieten unterschieden werden?

Ü 5.3.5 In wievielen Permutationen ohne Wiederholung der Ziffern 1 bis 9 stehen die Ziffern 1,2,3 nebeneinander, und zwar

a) in der Anordnung 3 1 2?

b) in beliebiger Anordnung?

Ü 5.3.6 Wieviel Permutationen ohne Wiederholung aus sämtlichen Buchstaben des Alphabets beginnen mit

a) Manuskript?

b) Statistik?

Ü 5.3.7 Auf wieviel Möglichkeiten kann man einen Ausschuß, bestehend aus 4 Studenten, 3 Assistenten und 5 Professoren so an einem runden Tisch plazieren, daß jede Gruppe zusammensitzt?

Ü 5.3.8 Wieviel Möglichkeiten gibt es, 3 Hosen, 4 Hemden und 6 Pyjamas auf einer Wäscheleine aufzuhängen, wenn alle Hosen, alle Hemden und alle Pyjamas jeweils gleich aussehen?

Ü 5.3.9 Der Professor S aus W (in der Nähe von BS) hat zwei Kinder (Melanie und Stephan) und vier Haustiere (den Dackel Butzi, das Pferd Rosine, die Ziege Luise und den Ziegenbock Paul). Wenn er abends nach Hause kommt, möchte jeder zuerst begrüßt werden. Er beschließt deshalb, jeden Abend eine andere Begrüßungsreihenfolge zu praktizieren.

a) Wie lange braucht er für alle Reihenfolgen?

b) Wie lange braucht er, wenn er auch seine Frau Margot (die über die

Nichtberücksichtigung bei der ersten Lösung verärgert war) einbezieht?

5.4 Kombinationen

Im vorhergehenden Abschnitt wurde die Anzahl der Anordnungen bzw. Reihenfolgen für n Elemente betrachtet. Bei den meisten Aufgabenstellungen der Kombinatorik wird nach der Anzahl der Möglichkeiten gefragt, aus n Elementen k Elemente ($k \leqq n$) auszuwählen (vgl. dazu z.B. B 5.1.1b) bis e)). Damit beschäftigen sich dieser und die beiden folgenden Abschnitte.

D 5.4.1

> Jede Zusammenstellung von k Elementen aus n Elementen heißt **Kombination k-ter Klasse oder k-ter Ordnung**

Bei Kombinationen wird unterschieden, ob die Reihenfolge der Elemente eine Rolle spielt oder nicht.

B 5.4.2 Werden Zusammenstellungen von 3 Buchstaben des lateinischen Alphabets betrachtet, dann unterscheiden sich abf, afb, baf, bfa, fab und fba nur durch die Reihenfolge der Elemente.

D 5.4.3

> Kombinationen, die auch nach der Reihenfolge der Elemente unterschieden werden, heißen **Kombinationen mit Berücksichtigung der Anordnung.**
> Spielt die Reihenfolge keine Rolle, hat man es mit **Kombinationen ohne Berücksichtigung der Anordnung** zu tun.

Bei Kombinationen mit Berücksichtigung der Anordnung und bei Kombinationen ohne Berücksichtigung der Anordnung ist jeweils zwischen zwei Fällen zu unterscheiden.
Es kann verlangt werden, daß alle Elemente einer Kombination voneinander verschieden sind. Ein Element darf in einer Kombination nicht mehrmals vorkommen, d.h. Wiederholungen sind nicht zugelassen. Es kann aber auch zugelassen werden, daß Elemente mehrmals vorkommen, d.h. es sind Wiederholungen möglich.

B 5.4.4 Die Zusammenstellungen a,a,b,c; b,b,b,a oder c,a,c,a sind Kombinationen 4. Ordnung mit Wiederholung.

D 5.4.5

> Dürfen in einer Kombination Elemente mehrfach vorkommen, handelt es sich um eine **Kombination mit Wiederholung**, andernfalls um eine **Kombination ohne Wiederholung.**

Die folgende Tabelle zeigt eine Übersicht über die verschiedenen Kombinationen k-ter Ordnung aus n Elementen und die für die Anzahl der jeweiligen Möglichkeiten unterschiedlicher Kombinationen verwendeten Symbole.

		Kombinationen	
		mit Berücksichtigung der Anordnung	ohne Berücksichtigung der Anordnung
Komb.	mit Wiederholung	KAW(n,k)	KW(n,k)
	ohne Wiederholung	KA(n,k)	K(n,k)

Aufgaben

Ü 5.4.1 Gib zu den Beispielen 5.1.1b) bis e) an, ob es sich um Kombinationen mit oder ohne Berücksichtigung der Anordnung und mit oder ohne Wiederholung handelt.

Ü 5.4.2 Um welchen Typ von Kombinationen handelt es sich in den folgenden Fällen?

a) Aus den Studenten der 9 Fachbereiche soll eine Delegation von 5 Studenten gebildet werden. Dazu werden die Studenten nur nach der Fachbereichszugehörigkeit unterschieden.

b) Eine Lochkarte hat 84 Spalten zu je 12 Lochstellen. Wieviel Möglichkeiten der Lochung gibt es, wenn in jeder Spalte genau ein Loch sein soll?

c) Aus 5 mit 1 bis 5 numerierten Kugeln werden 3 gezogen

5.5 Kombinationen mit Berücksichtigung der Anordnung (Variationen)

Für die Bestimmung der Anzahl der Kombinationen mit Berücksichtigung der Anordnung und ohne Wiederholungen sei zunächst das folgende Beispiel betrachtet.

B 5.5.1 Der Student Paul entdeckt auf dem von ihm besuchten Fest, dem Semesterball der Universität, fünf seiner Freundinnen. Er entschließt sich, drei davon nacheinander nach Hause zu bringen (Kombination 3. Ordnung), wobei ihm jede verschiedene Reihenfolge auch andere Perspektiven eröffnet (mit Berücksichtigung der Anordnung) und er natürlich keine Freundin mehrmals nach Hause bringen kann (ohne Wiederholung). Die Anzahl seiner Möglichkeiten ergibt sich aus folgenden Überlegungen: Für den ersten "Heimweg" kann er zwischen 5 Freundinnen wählen. Für den zweiten Gang hat er dann noch 4 Möglichkeiten und zum Schluß hat er die Auswahl zwischen 3 Freundinnen. Das ergibt $5 \cdot 4 \cdot 3 = 60$ Möglichkeiten.

In Anlehnung an die Ausführungen zu den Permutationen ohne Wiederholung (vgl. dazu B 5.3.3 und den nachfolgenden Text) können die Überlegungen des Beispiels wie folgt verallgemeinert werden:

Aus n verschiedenen Elementen sind k auszuwählen. Für das erste Element gibt es n Möglichkeiten. Für das zweite Element verbleiben dann noch n-1 Möglichkeiten. Jede davon kann mit den n Möglichkeiten für das erste Element kombiniert werden, so daß für die Auswahl der ersten beiden Elemente n(n-1) Möglichkeiten bestehen.
Für das dritte Element gibt es noch n-2 Möglichkeiten, die sämtlich mit den n(n-1) Möglichkeiten für die Auswahl der ersten beiden Elemente kombiniert werden können. Für die Auswahl der ersten drei Elemente gibt es somit n(n-1) (n-2) Möglichkeiten.
Für das k-te Element verbleiben dann schließlich noch n-k+1 Möglichkeiten der Auswahl und es gibt n(n-1) (n-2) ... (n-k+2) (n-k+1) Möglichkeiten, k Elemente aus n Elementen ohne Wiederholung und mit Berücksichtigung der Anordnung auszuwählen.

R 5.5.2

Die Anzahl der **Kombinationen k-ter Ordnung mit Berücksichtigung der Anordnung und ohne Wiederholung** beträgt

$$KA(n,k) = n(n-1)(n-2) \dots (n-k+1) = \frac{n!}{(n-k)!} = \binom{n}{k} k!.$$

B 5.5.3 a) Bei dem Beispiel 5.5.1b) handelt es sich um Kombinationen mit Berücksichtigung der Anordnung und ohne Wiederholung. Der Großhändler hat also $10 \cdot 9 \cdot 8 \cdot 7 \cdot 6 \cdot 5 = 151200$ Möglichkeiten.
b) An einem Pferderennen nehmen 8 Pferde teil. Es soll die Reihenfolge der ersten drei Pferde des Rennens getippt werden. Um zu wissen, wieviel Möglichkeiten es gibt, ist die Anzahl der Kombinationen mit Berücksichtigung der Anordnung und ohne Wiederholung zu bestimmen: $KA(8,3) = 8 \cdot 7 \cdot 6 = 336$.

Es ist zu beachten, daß für k = n die Kombinationen mit Berücksichtigung der Anordnung und ohne Wiederholung gerade den Permutationen entsprechen: $KA(n,n) = n(n-1) \dots 2 \cdot 1 = n! = P(n)$.

In dem folgenden Beispiel werden Wiederholungen zugelassen.

B 5.5.4 Der Student Paul entschließt sich, vor dem Verlassen des Festes noch dreimal zu tanzen, wobei er auch bereit ist, mehrmals mit derselben Freundin zu tanzen. Die Reihenfolge ist ihm dagegen nicht gleichgültig. Bei den verschiedenen Möglichkeiten handelt es sich demnach um Kombinationen mit Berücksichtigung der Anordnung und mit Wiederholung. Ihre Anzahl ergibt sich bei 5 Freundinnen wie folgt: Bei jedem Tanz kann er, da Wiederholungen zugelassen sind, zwischen 5 Freundinnen wählen. Die 5 Möglichkeiten beim ersten Tanz können mit den 5 Möglichkeiten des zweiten Tanzes kombiniert werden. Die sich für den ersten und zweiten Tanz ergebenden $5 \cdot 5 = 25$ Möglichkeiten können mit allen 5 Wahlmöglichkeiten des dritten Tanzes kombiniert werden. Paul hat also $5 \cdot 5 \cdot 5 = 5^3 = 125$ Möglichkeiten.

Allgemein gilt folgendes, wenn aus n Elementen k Elemente mit Berücksichtigung der Anordnung und mit Wiederholung ausgewählt werden sollen:
Bei der Auswahl jedes der k Elemente gibt es n Möglichkeiten, da Wiederholungen zugelassen sind. Die n Möglichkeiten bei der Auswahl des ersten Elements können mit allen n Möglichkeiten bei der Wahl des zweiten Elements kombiniert werden. Die $n \cdot n = n^2$ Möglichkeiten für die Auswahl der ersten beiden Elemente können mit allen n Möglichkeiten für das dritte Element kombiniert werden usw. Insgesamt gibt es dann $n \cdot n \cdot n \cdot \ldots \cdot n = n^k$ Möglichkeiten.

Es gilt also

R 5.5.5 Die Anzahl der **Kombinationen k-ter Ordnung mit Berücksichtigung der Anordnung und mit Wiederholung** beträgt
$KAW(n,k) = n^k$.

B 5.5.6 a) Werden Autokennzeichen aus 3 Buchstaben des lateinischen Alphabets zusammengesetzt, dann sind $26^3 = 17576$ verschiedene Kennzeichen möglich.
b) Das binäre Zahlensystem verwendet nur die Ziffern 0 und 1. Bei maximal 8 Stellen sind $2^8 = 256$ verschiedene Zahlen möglich.

Aufgaben

Ü 5.5.1 Bei einem Preisausschreiben gehen 55 richtige Lösungen ein. Aus diesen sind die vier Preise auszuwählen (1.,2.,3. und 4. Preis). Wieviel Möglichkeiten gibt es?

Ü 5.5.2 Wieviel verschiedene Tips sind bei der Elferwette (Fußballtoto) möglich? (Möglichkeiten: 0 = Unentschieden; 1 = Heimsieg; 2 = Auswärtssieg).

Ü 5.5.3 Wieviel verschiedene Zusammenstellungen von je 6 Buchstaben kann man aus den 26 Buchstaben des Alphabets bilden?

Ü 5.5.4 Ein Vertreter will an einem Tag 5 seiner 30 Kunden besuchen. Wegen der zu fahrenden Kilometer ist die Reihenfolge nicht beliebig. Wieviel Möglichkeiten hat er?

Ü 5.5.5 Eine Lochkarte bestehe aus 84 Lochspalten zu je 12 Lochstellen die mit 0 bis 11 beziffert seien. Wieviel verschiedene Lochkombinationen sind möglich, wenn jede Lochspalte nur einmal gelocht werden darf und nicht gelochte Spalten unzulässig sind?

Ü 5.5.6 In EDV-Anlagen (Digitalrechnern) werden die Buchstaben unseres

Alphabets derart verschlüsselt (codiert), daß jedem Buchstaben eine ganz bestimmte Folge aus Binärzeichen ("0" oder "1") bzw. Bit-Folge zugeordnet wird. Wieviel Bits sind mindestens erforderlich, um alle Buchstaben des Alphabets zu codieren?

5.6 Kombinationen ohne Berücksichtigung der Anordnung

Bei Kombinationen ohne Berücksichtigung der Anordnung spielt die Reihenfolge bzw. Anordnung der k Elemente in der Zusammenstellung keine Rolle. Man spricht hier manchmal auch nur kurz von Kombinationen, und zwar dann, wenn man die Kombinationen mit Berücksichtigung der Anordnung als Variationen bezeichnet.

B 5.6.1 Es sei zunächst wieder der Student Paul und sein Problem des "Nachhausebringens" betrachtet (B 5.5.1). Die Anzahl der Kombinationen mit Berücksichtigung der Anordnung ist so groß, daß Paul keine Entscheidung fällen kann. Er entschließt sich daher, die Anordnung außer acht zu lassen, die Reihenfolge, in der er die drei auserwählten Freundinnen nach Hause bringt, ist ihm gleichgültig. Es handelt sich nunmehr um Kombinationen ohne Berücksichtigung der Anordnung und ohne Wiederholungen. Mit Berücksichtigung der Anordnung hatte Paul 60 Möglichkeiten. Jeweils 3! = 6 Möglichkeiten davon haben jeweils die gleichen Elemente und unterscheiden sich nur durch die Anordnung (Anzahl der Permutationen von 3 Elementen). Ohne Berücksichtigung der Anordnung ergeben sich für Paul also
$\frac{5 \cdot 4 \cdot 3}{1 \cdot 2 \cdot 3} = \frac{60}{6} = 10$ Möglichkeiten. Für den ersten Quotienten kann man auch schreiben $\frac{5 \cdot 4 \cdot 3}{1 \cdot 2 \cdot 3} = \frac{5 \cdot 4 \cdot 3 \cdot 2 \cdot 1}{1 \cdot 2 \cdot 3 \cdot 1 \cdot 2} = \binom{5}{3}$.

Für die Anzahl der Kombinationen ohne Berücksichtigung der Anordnung und ohne Wiederholung gilt allgemein:
Mit Berücksichtigung der Anordnung ergeben sich bei k aus n Elementen $KA(n,k) = n(n-1) \dots (n-k+1)$ Möglichkeiten. Diese können in Gruppen zu je k! Möglichkeiten eingeteilt werden, so daß alle Möglichkeiten einer Gruppe dieselben Elemente enthalten und sich nur noch durch die Anordnung dieser Elemente unterscheiden. Läßt man die Anordnung außer acht, dann gibt es also noch

$$\frac{n(n-1)\dots(n-k+1)}{k!} = \frac{n(n-1)\dots(n-k+1)\,(n-k)!}{k!\,(n-k)!} = \frac{n!}{k!\,(n-k)!} = \binom{n}{k} \text{ Möglichkeiten.}$$

R 5.6.2

> Die Anzahl der **Kombinationen k-ter Ordnung ohne Berücksichtigung der Anordnung und ohne Wiederholung** beträgt
> $K(n,k) = \frac{n!}{(n-k)!k!} = \binom{n}{k}$.

B 5.6.3 a) Im Zahlenlotto werden samstags 6 aus 49 Zahlen gezogen. Es handelt sich um Kombinationen ohne Berücksichtigung der Anordnung und ohne Wiederholung (siehe Beispiel 5.1.1c)). Dafür gibt es

$\binom{49}{6} = \frac{49!}{43!6!} = \frac{49 \cdot 48 \cdot 47 \cdot 46 \cdot 45 \cdot 44}{1 \cdot 2 \cdot 3 \cdot 4 \cdot 5 \cdot 6} = 13\,983\,816$ Möglichkeiten.

b) Aus einem Kartenspiel, welches 32 Karten enthält, bekommt ein Spieler 10 Karten zugeteilt. Wieviel voneinander verschiedene Zusammenstellungen von je 10 Karten gibt es?

Es kommt nicht auf die Reihenfolge (Anordnung) der Karten an. Wiederholungen sind nicht zugelassen. Es handelt sich somit um Kombinationen 10. Ordnung aus 32 Elementen ohne Berücksichtigung der Anordnung und ohne Wiederholung. Die Anzahl der möglichen Kartenzusammenstellungen beträgt somit

$K(32,10) = \binom{32}{10} = \frac{32!}{10!22!} = 64\,512\,240.$

Die Bestimmung der Anzahl der möglichen voneinander verschiedenen Teilmengen mit k Elementen aus einer Menge mit n Elementen ist identisch mit der Bestimmung der Anzahl der Kombinationen k-ter Ordnung ohne Berücksichtigung der Anordnung und ohne Wiederholung; denn jede Teilmenge mit k Elementen entspricht einer Kombination k-ter Ordnung aus n Elementen ohne Berücksichtigung der Anordnung und ohne Wiederholung. Zu einer Menge, die n Elemente enthält, gibt es somit $\binom{n}{k} = \frac{n!}{(n-k)!k!}$ verschiedene Teilmengen mit k Elementen. Die gesamte Anzahl der möglichen Teilmengen, das ist die Summe der Anzahlen der Teilmengen mit 0,1,2,...,n Elementen, beträgt dann

$$\sum_{k=0}^{n} \binom{n}{k} = 2^n.$$

Damit ist auch erklärt, warum die Potenzmenge einer Menge mit n Elementen gerade 2^n Elemente enthält (vgl. R 4.2.7).

Die Bestimmung der Anzahl von Kombinationen ohne Berücksichtigung der Anordnung und mit Wiederholung ist nicht in so anschaulicher Weise möglich wie bei den anderen Fällen.

B 5.6.4 Es wird an B 5.5.4 angeknüpft.

Dem Student Paul ist auch die Anzahl der Möglichkeiten beim Tanzen zu groß (Kombinationen mit Berücksichtigung der Anordnung und mit Wiederholungen), und er entschließt sich, auch hier auf die Reihenfolge (Anordnung) nicht weiter zu achten. Es stellt sich ihm somit die Aufgabe, die Anzahl von Kombinationen 3. Ordnung aus 5 Elementen ohne Berücksichtigung der Anordnung und mit Wiederholungen zu bestimmen. Das ist erheblich aufwendiger als bei den vorhergehenden Fällen, wie die folgenden Überlegungen zeigen: Es gibt $\binom{5}{3}$ Möglichkeiten, bei denen keine Wiederholungen vorkommen (s.o.). Die Anzahl der Fälle, bei denen er genau zweimal mit derselben Freundin tanzt, ist 20, nämlich Anzahl der Freundinnen, mit denen er zweimal tanzen kann

(5), multipliziert mit der Anzahl der Möglichkeiten, den dritten Tanz zu vergeben (4 = Anzahl der übrigen Freundinnen). 5 Möglichkeiten hat er, dreimal mit derselben Freundin zu tanzen. Insgesamt ergeben sich damit 10+20+5 = 35 Möglichkeiten. Das entspricht $\binom{7}{3}$ oder $\binom{5+3-1}{3}$ Möglichkeiten.

Allgemein kann man sich die Bestimmung der Anzahl wie folgt plausibel machen:
Bei der Zulassung von Wiederholungen kann ein Element bis zu k-mal ausgewählt werden. Einmal ist es unter den n gegebenen Elementen, aus denen ausgewählt wird. Diese n Elemente werden nun um k-1 fiktive Elemente ergänzt. Aus den n+k-1 Elementen wird nun ohne Wiederholung ausgewählt. Die Möglichkeit der Wiederholung wird durch die zusätzlichen k-1 fiktiven Elemente berücksichtigt. Es gibt $\binom{n+k-1}{k}$ Möglichkeiten, k Elemente auszuwählen.

R 5.6.5

> Die Anzahl der **Kombinationen k-ter Ordnung ohne Berücksichtigung der Anordnung und mit Wiederholung** beträgt
> $KW(n,k) = \binom{n+k-1}{k}$.

B 5.6.6 Aus den Studenten der 8 Fakultäten einer Universität soll eine Delegation von 5 Studenten gebildet werden. Unterscheidungsmerkmal für die Studenten ist nur die Fakultätszugehörigkeit. Wieviel Möglichkeiten zur Delegationsbildung gibt es? Es ist n = 8 und k = 5 und somit gibt es $\binom{8+5-1}{5} = \binom{12}{5} = \frac{12 \cdot 11 \cdot 10 \cdot 9 \cdot 8}{1 \cdot 2 \cdot 3 \cdot 4 \cdot 5} = 792$ Möglichkeiten.

Aufgaben

Ü 5.6.1 Bei einem Lotto werden 7 aus 38 Zahlen gezogen. Wieviel Möglichkeiten gibt es?

Ü 5.6.2 Für 4 Straßen eines Wohngebietes stehen insgesamt 7 Straßennamen zur Wahl. Wieviel Möglichkeiten für die Benennung gibt es?

Ü 5.6.3 In einem Zigarettenautomaten sind 10 Sorten Zigaretten. Wieviel Möglichkeiten gibt es, 4 Schachteln zu ziehen?

Ü 5.6.4 Der Student Paul will das Bestehen der Klausur "Mathematik für Wirtschaftswissenschaftler" feiern. Er hat 4 Kästen Bier verschiedener Sorten und will sich 10 Flaschen gönnen. Wieviel Wahlmöglichkeiten hat er?

Ü 5.6.5 Paul spielt Lotto "6 aus 49" mit System. Er kreuzt 2 Bankzahlen an, die in jedem Tip vorkommen, und 8 Systemzahlen, aus denen die übrigen 4 Zahlen jedes Tips stammen. Wieviel Tips ergeben sich für ihn?

5.7 Zusammengesetzte kombinatorische Probleme

In den vorhergehenden Abschnitten wurden die 6 Grundaufgaben der Kombinatorik behandelt. Permutationen mit und ohne Wiederholung und Kombinationen mit und ohne Berücksichtigung der Anordnung und mit und ohne Wiederholung. In der folgenden Tabelle sind für die verschiedenen Fälle noch einmal die Anzahlen der Möglichkeiten zusammengestellt.

	Permutationen	Kombinationen mit Berücksichtigung d. Anordnung	Kombinationen ohne Berücksichtigung d. Anordnung
mit Wiederhol.	$PW(n,r)=\binom{n}{k_1,k_2,\ldots k_r}$	$KAW(n,k)=n^k$	$KW(n,k)=\binom{n+k-1}{k}$
ohne Wiederhol.	$P(n)=n!$	$KA(n,k)=\frac{n!}{(n-k)!}$	$K(n,k)=\binom{n}{k}$

In vielen Anwendungsfällen kommen die Grundaufgaben der Kombinatorik nicht isoliert vor, sondern in zusammengesetzter Form. Die Bestimmung der Anzahl der Möglichkeiten ist dann nicht unmittelbar mit den angegebenen Formeln möglich. Die Formeln müssen miteinander verknüpft werden.
Für die Behandlung zusammengesetzter Aufgabenstellungen ist folgendes zu beachten:
Werden in zusammengesetzten Aufgaben der Kombinatorik die Fälle durch ein logisches **und** ($\wedge$) miteinander verknüpft, so sind die Anzahlen miteinander zu multiplizieren.

B 5.7.1 Aus 10 verschiedenen Spielkarten sollen 2 Spieler je 4 Karten erhalten. Für den ersten Spieler gibt es dann $\binom{10}{4} = 210$ Möglichkeiten. Für den zweiten Spieler verbleiben dann noch 6 Karten und es gibt $\binom{6}{4} = 15$ Möglichkeiten der Kartenzuteilung. Insgesamt gibt es dann 210 Möglichkeiten für den ersten Spieler **und** 15 Möglichkeiten für den zweiten Spieler. Jede der 210 Möglichkeiten für den ersten Spieler kann mit jeder der 15 Möglichkeiten für den zweiten Spieler kombiniert werden. Es gibt somit $210 \cdot 15 = 3150$ Möglichkeiten der Kartenausteilung.

Werden die Fälle durch ein logisches **"entweder-oder"** verknüpft, so sind die Anzahlen zu addieren.

B 5.7.2 Bücher sollen mit einer **oder** zwei aus fünf Farben signiert werden. Es gibt dann $\binom{5}{1} = 5$ Möglichkeiten für eine Farbe und $\binom{5}{2} = 10$ Möglichkeiten für zwei Farben, also insgesamt 5+10 Möglichkeiten für eine Signierung.

R 5.7.3

Für die Auswahl einer Menge A von Elementen gebe es p Möglichkeiten und für die Auswahl einer Menge B q Möglichkeiten. Dann gilt
a) **Produktregel**
A und B sind auf $p \cdot q$ Arten wählbar;
b) **Summenregel**
Entweder A oder B ist auf $p+q$ Arten wählbar.

B 5.7.4 a) Für das Problem aus Beispiel 5.1.1e) (Verteilung der Karten beim Skatspiel) gilt folgendes:
Von 32 Karten erhalten 3 Spieler je 10 Karten. Die zurückbleibenden 2 Karten bezeichnet man als "Skat". Der 1. Spieler hat die Auswahl aus 32 Karten, der 2. Spieler nur noch die Auswahl aus 22 Karten und der 3. Spieler die Auswahl aus 12 Karten. Insgesamt gibt es also
$K(32,10) \cdot K(22,10) \cdot K(12,10) = \binom{32}{10} \cdot \binom{22}{10} \cdot \binom{12}{10} = \binom{32}{10,10,10,2} =$
$= 2\,753\,294\,408\,504\,640$ verschiedene Kartenverteilungen.
b) Autokennzeichen sollen aus 2 Buchstaben des lateinischen Alphabets und 3 Ziffern (0,...,9) oder 3 Buchstaben und 2 Ziffern bestehen. Es handelt sich um Kombinationen mit Berücksichtigung der Anordnung und mit Wiederholung. Es gibt $26^2 \cdot 10^3$ Möglichkeiten für 2 Buchstaben und 3 Ziffern und $26^3 \cdot 10^2$ Möglichkeiten für 3 Buchstaben und 2 Ziffern, also insgesamt
$26^2 \cdot 10^3 + 26^3 \cdot 10^2 = 2\,433\,600$ Möglichkeiten.

In manchen Fällen ist R 5.7.3 noch zu modifizieren. Dazu wird zunächst ein Beispiel betrachtet.

B 5.7.5 Es gibt 12 Bücher, die auf 3 Schüler verteilt werden sollen, so daß ein Schüler 3, einer 4 und der dritte 5 Bücher bekommt. Ordnet man die Schüler den Büchern zu, so hat man Permutationen mit Wiederholung, also für die Aufteilung in 3, 4 und 5 Bücher $\binom{12}{3,4,5} = 27720$ Möglichkeiten. Da es nicht gleichgültig ist, welcher Schüler 3,4 oder 5 Bücher erhält, ist noch die Anzahl der Möglichkeiten der Verteilung der Anzahlen der Bücher auf die Schüler zu bestimmen: Permutationen ohne Wiederholung, da die Anzahlen verschieden sind: $3! = 6$. Es gibt also insgesamt $27720 \cdot 6 = 166320$ Möglichkeiten der Bücherverteilung.

R 5.7.6

Gibt es für die Auswahl der Menge A_i von Elementen p_i Möglichkeiten ($i=1,\ldots,q$), dann sind A_1 und A_2 und ... und A_q auf $p_1 \cdot p_2 \cdot \ldots \cdot p_q$ Möglichkeiten wählbar, wenn die Reihenfolge der A_i keine Rolle spielt. Andernfalls ist mit der Anzahl der Permutationen (ohne Wiederholungen, falls die p_i paarweise verschieden sind, sonst mit Wiederholungen) zu multiplizieren.

Aufgaben

Ü 5.7.1 In einer Bibliothek sollen Bücher nach Sachgebieten geordnet und jedes Sachgebiet durch eine oder mehrere Farben gekennzeichnet werden. Zur Verfügung stehen die Farben rot, grün, blau, gelb. Wieviel Sachgebiete lassen sich durch diese Farben bei Außerachtlassung der Farbanordnung codieren?

Ü 5.7.2 Gegeben seien die Ziffern 0,1,2,3,4,5,6.
a) Wieviel 4-stellige Zahlen können aus ihnen gebildet werden?
b) Bei wieviel dieser Zahlen kommt jede Ziffer nur einmal vor?
c) Bei wieviel Zahlen kommt die Ziffer 0 wenigstens einmal vor?

Ü 5.7.3 Es gibt vier Straßen zwischen den Orten A und B und 6 Straßen zwischen B und C, aber keine direkte Verbindung von A nach C. Auf wieviel verschiedenen Wegen kann man eine Rundreise von A nach C und zurück machen, wenn
a) Straßen auch mehrfach befahren werden dürfen und
b) jede Straße nur einmal befahren werden darf?

Ü 5.7.4 Autokennzeichen sollen aus 3 Buchstaben bestehen, denen 4 Ziffern folgen.
a) Wieviel verschiedene Autokennzeichen sind möglich, wenn Wiederholungen von Buchstaben und Ziffern erlaubt sind?
b) Wieviel sind möglich, wenn die Buchstaben, aber nicht die Ziffern wiederholt werden dürfen?
c) Wieviel sind möglich, wenn weder Ziffern noch Buchstaben wiederholt werden dürfen?

Ü 5.7.5 Gegeben seien die Ziffern 0,1,2,3,4,5,6,7,8,9.
a) Wieviel dreistellige Zahlen können aus ihnen gebildet werden? (Jede Ziffer steht nur einmal zur Verfügung!)
b) Wieviel der so gebildeten Zahlen sind ungerade?
c) Wieviel sind gerade?
d) Wieviel sind durch 5 teilbar?
e) Wieviel sind größer als 600?

Ü 5.7.6 In einer Gemeinde sollen fünf Ortschaften miteinander durch eine neue Straßenbahnlinie verbunden werden, die aus 4 Streckenabschnitten bestehen soll.
a) Wieviel mögliche Streckenabschnitte zwischen den einzelnen Orten gibt es überhaupt?
b) Wieviel mögliche Streckenführungen für die Straßenbahnlinie durch die 5 Orte ergeben sich?

Ü 5.7.7 Ein Warenhaus mit 6 Abteilungen hat 4 Schaufenster. Ein Schaufenster wird immer nur von einer Abteilung dekoriert. Wieviel Möglichkeiten der Zuteilung der Schaufenster zu den Abteilungen gibt es, wenn die Reihenfolge der Schaufenster keine Rolle spielt und
a) jede Abteilung höchstens 1 Fenster bekommen kann;
b) eine Abteilung auch mehr als 1 Fenster bekommen kann.

Ü 5.7.8 Ein Vertreter für Katzenfutter hat in einem ländlichen Gebiet 15 Kunden zu betreuen. An 3 aufeinanderfolgenden Tagen will er je Tag 5 Kunden besuchen. Wieviel Möglichkeiten hat er?

Ü 5.7.9 Der Student Paul steht vor einem großen Problem: Er möchte seine Vorlesungsmitschriften aus 4 Semestern so ordnen, daß er für jedes Semester eine bestimmte Farbe des Ordners und für jedes Fach eine bestimmte Farbe des Rückenschildes hat. Ihm stehen 4 verschiedene Ordnerfarben und für die Fächer BWL, VWL, Recht, Statistik und Mathematik 5 Farben von Rückenschildern zur Verfügung.
Wieviel verschiedene Möglichkeiten gibt es für Paul, Ordnung zu schaffen?

Ü 5.7.10 Als Produktionsleiter einer Werbefirma soll Paul einen Werbefilm über ein bestimmtes Waschmittel drehen. Dazu will er Wäsche auf einer Leine aufhängen. Paul hat von seiner Mutter 4 weiße Bettücher, 3 rote Kopfkissen, 2 bunte und 2 blaue Handtücher ausgeliehen. Da es sich um einen Werbefilm handelt, spielt vor allem die Farbkomposition der "Werbeleine" eine Rolle. Wieviel verschiedene Möglichkeiten hat Paul, die Wäsche auf der Leine anzuordnen?

Ü 5.7.11 Agathe hat in ihrem Kühlschrank 10 Eier, von denen 3 faul sind. Agathe will ihrem Freund Paul 3 Spiegeleier braten und greift 3 Eier.
a) Wieviel Möglichkeiten gibt es?
Bei wieviel Möglichkeiten ist b) kein faules Ei; c) genau ein faules Ei; sind d) genau zwei faule Eier?

Ü 5.7.12 Auf wieviel Arten können 6 Personen auf Büros verteilt werden, wenn
a) sechs Büros bestehen und in jedem Büro eine Person sitzen soll?
b) drei Büros vorhanden sind und in jedes Büro zwei Personen kommen sollen?
c) vier Büros vorhanden sind, von denen zwei für zwei Personen und zwei für eine Person gedacht sind?

Ü 5.7.13 In einem Raum befinden sich 27 Stühle, auf denen 25 Personen Platz nehmen sollen. Wieviel Möglichkeiten der Sitzordnung gibt es?

Ü 5.7.14 Eine Münze wird 6mal geworfen. Wieviel Möglichkeiten gibt es für a) 4mal Wappen und 2mal Zahl; b) 5mal Wappen und einmal Zahl; c) 6mal Wappen?

Ü 5.7.15 Wieviel Möglichkeiten gibt es a) 9 verschiedenfarbige Perlen; b) 6 rote, 3 schwarze, 5 weiße Perlen aneinanderzureihen?

Ü 5.7.16 Als Wahrscheinlichkeit sei definiert das Verhältnis aus

$$W = \frac{\text{Anzahl der günstigen Fälle}}{\text{Anzahl der möglichen Fälle}}$$

Sie tippen im Lotto 6 aus 49 diese Woche die Zahlen 3,12,18,29,30,45.

Wie groß ist die Wahrscheinlichkeit, daß
a) alle 6 Zahlen richtig sind;
b) genau 4 Zahlen richtig sind;
c) alle Zahlen falsch sind?

Ü 5.7.17 Wie groß ist die Wahrscheinlichkeit beim Skatspiel, daß wenigstens ein Bube im Skat liegt?

Ü 5.7.18 In einer Klausur werden 5 Aufgaben gestellt, wovon 2 (schwere) je 10 Punkte, 1 (mittlere) 7 Punkte und 2 (leichte) Aufgaben je 4 Punkte bei richtiger Lösung bringen. Zum Bestehen der Klausur sind mindestens 20 Punkte notwendig. Wieviel mögliche Aufgabenzusammenstellungen (mit richtiger Lösung) gibt es, um die Klausur zu bestehen? (Es ist davon auszugehen, daß jede Aufgabe nur entweder richtig gelöst werden kann oder falsch ist.)

Ü 5.7.19 Der Diplom-Kaufmann Günter S. aus H. hat vier Söhne: Rudolf, Robert, Richard und Reinhard. Eines Tages kommen 4 Briefe mit der Aufschrift "Herrn R. S.". Wieviel Möglichkeiten der Zuordnung der Briefe zu den Söhnen gibt es?

6. Funktionen mit einer unabhängigen Variablen

6.1 Funktionsbegriff

Wirtschaftswissenschaftliche Untersuchungen befassen sich zu einem großen Teil mit wirtschaftlichen Größen und der Analyse der zwischen ihnen bestehenden Zusammenhänge.

Eine Größe, die unterschiedliche Werte annehmen kann, heißt **Variable** oder **Veränderliche.** Variablen werden gewöhnlich mit den letzten Buchstaben des lateinischen Alphabets bezeichnet (x,y,z,u,v,...).

Eine Größe, die nur einen Wert annehmen kann bzw. für die nur ein Wert zugelassen wird, heißt **Konstante.** Konstanten werden gewöhnlich mit den ersten Buchstaben des lateinischen Alphabets bezeichnet (a,b,c,d,...). Will man besonders kennzeichnen, daß eine Größe a konstant ist, so schreibt man dafür auch

$$a = \text{const.} \text{ (a ist konstant).}$$

Von den in der Mathematik üblichen Bezeichnungsweisen gibt es in den Wirtschaftswissenschaften eine Reihe von Abweichungen, die dadurch entstehen, daß man als Symbol einer Größe den ersten Buchstaben des betreffenden Begriffs verwendet. So bezeichnet z.B. im allgemeinen p den Preis und c die Konsumausgaben (engl.: consumption).

Ein besonderes Problem stellt sich in der Frage der **Dimension ökonomischer Größen.** Die meisten ökonomischen Größen bekommen erst einen Sinn durch eine genaue Angabe ihrer Dimension.

B 6.1.1 Kosten haben zwar die Dimension "Geldeinheiten", aber diese muß präzisiert werden, da es verschiedene Kostengrößen gibt. Die Gesamtkosten eines Betriebes in einem Monat haben die Dimension "Geldeinheiten pro Zeiteinheit". Die bei der Herstellung einer Produktionseinheit entstehenden Stückkosten haben die Dimension "Geldeinheiten pro Stück". Erst durch Angabe der Dimension wird der ökonomische Inhalt der Größe "Kosten" genau beschrieben.
Beim Rechnen mit ökonomischen Größen werden auch die Dimensionen entsprechend umgeformt. Man erhält beispielsweise die Stückkosten als Quotient aus Gesamtkosten K und Produktionsmenge x:

$$\frac{\text{Gesamtkosten (K)}}{\text{Produktionsmenge (x)}} = \text{Stückkosten (k).}$$

Für die Dimension gilt dann

$$\frac{\text{Geldeinheiten/Zeiteinheit}}{\text{Stück/Zeiteinheit}} = \text{Geldeinheiten/Stück.}$$

Häufig bestehen zwischen variablen ökonomischen Größen Zusammenhänge derart, daß jedem Wert einer Größe eindeutig ein Wert einer anderen Größe zugeordnet wird. Es liegt eine Abbildung f von der Menge der Werte X einer Größe in die Menge der Werte Y einer anderen Größe vor:

$$f: X \to Y \text{ bzw. } X \overset{f}{\to} Y \quad \text{oder} \quad x \to f(x) \text{ mit } x \in X \text{ und } f(x) \in Y.$$

D 6.1.2 | Eine Abbildung heißt auch **Funktion.**

Sieht man von der Dimension ökonomischer Größen, deren Werte durch Funktionen einander zugeordnet werden, ab, dann handelt es sich bei Funktionen in den meisten Fällen um Abbildungen der reellen Zahlen in sich selbst. Es gilt also

$$f: \mathbb{R} \to \mathbb{R} \quad \text{bzw. } D(f) \subset \mathbb{R} \quad \text{und } W(f) \subset \mathbb{R}.$$

Solche Funktionen bezeichnet man auch als **reelle oder reellwertige Funktionen.**

Mit $x,y \in \mathbb{R}$ (aber auch für beliebige Abbildungen) schreibt man meistens für eine Funktion

$$y = f(x).$$

(lies: "y ist eine Funktion von x" oder kurz "y gleich f von x").

Das ist die traditionelle Bezeichnungsweise für Funktionen. Sie wird den folgenden Ausführungen zugrundegelegt, da in den Wirtschaftswissenschaften nahezu ausschließlich diese Schreibweise verwendet wird. Dabei ist jedoch auf eine Besonderheit zu achten: Das f für Funktion wird in den Wirtschaftswissenschaften oft durch das Symbol der abhängigen Variablen ersetzt. Anstelle von $y = f(x)$ schreibt man $y = y(x)$.

B 6.1.3 a) Bei einer Einproduktunternehmung läßt sich jedem Wert x aus der Menge der möglichen Produktionsmengen je Zeiteinheit ein Wert K aus der Menge der möglichen Gesamtkosten je Zeiteinheit zuordnen. Es ergibt sich dann eine Funktion $K = K(x)$, die als Kostenfunktion bezeichnet wird.

b) Wirtschaftssubjekte können in einem Monat ein unterschiedlich hohes Einkommen y haben. Ebenso können die monatlichen Konsumausgaben c variieren. Jedem möglichen Einkommensbetrag y kann nun ein Konsumausgabenbetrag c zugeordnet werden. Die Zuordnungsvorschrift gibt den Zusammenhang zwischen Einkommenshöhe und Höhe der Konsumausgaben wieder. Die sich ergebende Funktion heißt Konsumfunktion $c = c(y)$.

Es ist zu beachten, daß der Inhalt des Funktionsbegriffes **ausschließlich eine Zuordnungsvorschrift** ist. Eine Abhängigkeit im Sinne einer Kausalität, wie sie gerade in der Wirtschaftstheorie häufig unterstellt wird, gehört nicht zum Funktionsbegriff, was nicht ausschließt, daß kausale Abhängigkeiten durch Funktionen beschrieben werden können. Besonders der Anfänger sei jedoch gewarnt, in jede Funktion einen kausalen Zusammenhang zu interpretieren.

B 6.1.4 Die in B 6.1.3a) erwähnte Kostenfunktion drückt keine Kausalität aus, denn bei der Betrachtung des Zusammenhangs zwischen produzierter Menge und Kosten sind zwei Fälle denkbar:
- Es wird eine Produktionsmenge vorgegeben und nach den entstandenen Kosten gefragt.
- Es wird ein Kostenbetrag vorgegeben und nach der mit diesem Kosteneinsatz produzierbaren Menge gefragt.

Es ist also nicht möglich, eine Größe generell als "Ursache" für die andere anzusehen.

Die spezielle Form der Abhängigkeit zwischen zwei Variablen kann durch eine (theoretische) Definition festgelegt werden, oder, wenn die Variablen reale Umwelterscheinungen symbolisieren, empirisch begründet sein. Im letzten Fall beschreibt eine Funktion eine empirische Gesetzmäßigkeit. Formal gesehen ist es beliebig, welche Variable die abhängige ist und welche Variable(n) die unabhängige(n). Wird eine Funktion als empirische Gesetzmäßigkeit gedeutet, dann ist es jedoch zweckmäßig, die als verursachende Faktoren anzusehenden Größen als unabhängige Variable (erklärende, verursachende, exogene Variable, Einflußgröße) und die durch diese Faktoren als kausal determiniert anzusehende Größe als abhängige (zu erklärende, endogene) Variable zu interpretieren.

In dem hier verwendeten Sinn sind Funktionen eindeutig. Manchmal wird der Funktionsbegriff auch weiter gefaßt und es werden auch mehrdeutige Zuordnungen zugelassen, bei denen für $y = f(x)$ einem x auch mehr als ein y zugeordnet sein kann. Bei dieser weiten Fassung des Funktionsbegriffs bezeichnet man eine eindeutige Zuordnung als **eindeutige oder einwertige Funktion** im Gegensatz zur **mehrdeutigen oder mehrwertigen Funktion.** Eine mehrdeutige Funktion in diesem Sinne ist z.B. der Kreis oder die Ellipse, wie man sich anhand einer graphischen Darstellung sofort klar machen kann.

Bei der Funktion $y = f(x)$ bezeichnet man y als **abhängige Variable oder Veränderliche** oder auch als **Funktionswert** und x als **unabhängige Variable** oder **Veränderliche** oder als **Argument** der Funktion.

Die Gesamtheit der Werte, die für die unabhängige Variable x zugelassen werden, ist der **Definitionsbereich D(f) der Funktion.** Die Gesamtheit der Werte, die die abhängige Variable y annimmt, ist der **Wertebereich W(f) der Funktion.**

Während in der Mathematik bei reellwertigen Funktionen der Definitionsbereich im allgemeinen nicht explizit angegeben wird, da als generelle Verabredung $D(f) = \mathbb{R}$ gilt, ist für eine formal einwandfreie Beschreibung wirtschaftlicher Zusammenhänge durch Funktionen die Angabe des Definitionsbereiches unerläßlich, da ökonomische Größen (Preise, produzierte Mengen usw.) immer nur Werte aus einem beschränkten Bereich annehmen können.

B 6.1.5 Die monatliche Kapazität einer Automobilfabrik beträgt maximal 2000 PKW's. Pro Monat entstehen fixe Kosten von DM 10.000.000,- (diese sind unabhängig von der produzierten Menge). Pro PKW entstehen variable Kosten (vor allem Material und Löhne) von DM 11.000,-. Bei Produktion von x PKW betragen die gesamten variablen Kosten 11.000x. Die Gesamtkosten K ergeben sich als Summe aus fixen und variablen Kosten:

$$K = K(x) = 10.000.000 + 11.000x.$$

Diese Funktion hat den Definitionsbereich $D(K) = \{ x \mid 0 \leq x \leq 2000 \}$, da nur Mengen von 0 bis 2000 produziert werden können. Der Wertevorrat ist $W(K) = \{K \mid 10\,000\,000 \leq K \leq 32\,000\,000\}$.

Bestehen zwischen zwei Mengen Y und X mehrere funktionale Beziehungen, und will man das in der Symbolik zum Ausdruck bringen, so kann man

$$y = f(x); \quad y = g(x); \quad y = h(x) \quad \text{usw.}$$

oder

$$y = f_1(x); \quad y = f_2(x); \quad y = f_3(x) \quad \text{usw.}$$

schreiben, mit $x \in X$ und $y \in Y$.

6.2 Darstellung von Funktionen einer unabhängigen Variablen

Bei der Beschreibung funktionaler Abhängigkeiten zwischen zwei Variablen kann man sich verschiedener Darstellungsformen bedienen. Die einfachste Form ist die

Tabellarische Darstellung

D 6.2.1 Eine **Funktionstabelle** ist eine Tabelle, in der allen oder ausgewählten Elementen des Definitionsbereichs einer Funktion die zugehörigen Elemente des Wertebereichs zugeordnet werden.

B 6.2.2 In der folgenden Tabelle ist den möglichen Preisen p eines Gutes die zu dem jeweiligen Preis nachgefragte Menge x = x(p) zugeordnet. Es ist eine tabellarische Darstellung der Nachfragefunktion.

Preis p	12	13	14	15	16	17	18	19
Menge x	150	146	139	134	128	125	121	114

Funktionstabellen werden vor allem aus zwei Gründen zur Darstellung von Funktionen verwendet:

- Manchmal können Funktionen nicht allgemein durch Funktionsgleichungen (s.u.) beschrieben werden, sondern es können nur die Paare einander zugeordneter Elemente angegeben werden. Es gibt keine allgemeine Vorschrift, die für alle Zuordnungen gilt. In solchen Fällen greift man meistens zur tabellarischen Darstellung.

- Einige Funktionen, die in der angewandten Mathematik häufig benutzt werden, sind, um das Berechnen der Funktionswerte zu vorgegebenen Argumenten und damit numerische Rechnungen zu vereinfachen, für die wichtigsten Argumentwerte tabelliert. Man kann aus diesen Tabellen unmittelbar den gesuchten Funktionswert ablesen. Beispiele dafür sind die Tafeln der dekadischen Logarithmen (Funktion $y = \log x$), der Quadratwurzeln (Funktion $y = \sqrt{x}$), der zweiten und dritten Potenzen (Funktionen $y = x^2$, $y = x^3$). Hier dient die tabellarische Darstellung der rechentechnischen Vereinfachung.

Analytische Darstellung

Die häufigste Form der Beschreibung eines funktionalen Zusammenhangs ist die analytische Darstellung einer Funktion durch eine Funktionsgleichung.

D 6.2.3

> Eine **Funktionsgleichung** ist eine Gleichung, in der Werten der unabhängigen Variablen x ein aus x durch mathematische Operationen gewonnener Wert f(x) der abhängigen Variablen y zugeordnet wird: $y = f(x)$.

Bei der Aufstellung von Funktionsgleichungen werden die Größen in diesen Gleichungen in der Regel verschiedenen Rechenoperationen unterworfen (Addition, Subtraktion, Multiplikation, Division, Logarithmieren usw.).

B 6.2.4 Beispiele für Funktionsgleichungen sind:

a) $y=x^2+4x-5$; b) $y=\sqrt[x]{x}$; c) $y=\log(x^3+2x)$, $x^3+2x > 0$

Ist der Definitionsbereich einer Funktion beschränkt auf eine Teilmenge der reellen Zahlen, dann ist es erforderlich, diesen bei der analytischen Darstellung mit anzugeben.

B 6.2.5 Für die Kostenfunktion aus Beispiel 6.1.5 gilt:

$K = 10000000+11000x$ für $0 \leq x \leq 2000$.

Mitunter hat man es mit Funktionen zu tun, die nur durch mehrere Gleichungen beschrieben werden können, wobei jede Gleichung nur für ein bestimmtes Intervall des Definitionsbereichs gilt. Für die analytische Darstellung werden dann sämtliche Gleichungen mit den dazugehörigen Geltungsbereichen angeführt.

B 6.2.6 a)

$$y = \begin{cases} 80 & \text{für } 0 < x \leq 20 \\ 130 & \text{für } 20 < x \leq 50 \\ 190 & \text{für } 50 < x \leq 100 \\ 250 & \text{für } 100 < x \leq 250 \\ 310 & \text{für } 250 < x \leq 500 \\ 370 & \text{für } 500 < x \leq 1000 \end{cases}$$

(Diese Funktion beschreibt die Abhängigkeit des Inlandsbriefportos y in DPf vom Gewicht x des Briefes in g für die Bundesrepublik Deutschland nach dem Stand vom August 1983. Dabei wurde unterstellt, daß alle Briefe mit Gewichten von 0 bis 20g "Standardbriefsendungen" sind.)

b)

$$y = \begin{cases} x^2 & \text{für } -10 < x \leq 2 \\ x^3 - x & \text{für } 2 < x \leq 20 \\ 2x+8 & \text{für } 20 < x \end{cases}$$

c) $y = ax + ib$ für $x_{i-1} \leq x < x_i$ $(i=1,\dots,n)$

Hierbei handelt es sich um eine stückweise lineare Funktion.

Koordinatensysteme

Verwendet man für die Funktion $y = f(x)$ die in Abschnitt 4.6 eingeführte Schreibweise $(x,y) \in f$ (vgl. D 4.6.9 und den nachfolgenden Text), so erkennt man, daß durch eine Funktion eine Menge von Wertepaaren definiert wird. Diese Wertepaare lassen sich in Form von Punkten graphisch darstellen. Dabei verwendet man üblicherweise ein rechtwinkliges kartesisches Koordinatensystem.

Die reellen Zahlen lassen sich graphisch auf der sogenannten **Zahlengeraden** veranschaulichen (vgl. Figur 6.2.7). Jeder Zahl entspricht ein Punkt auf der Zahlengeraden und jedem Punkt entspricht eine reelle Zahl.

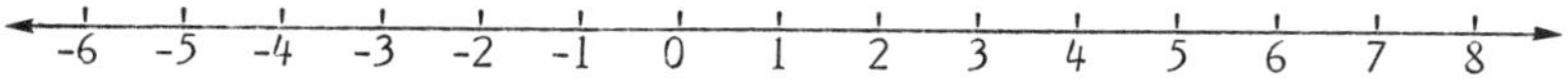

F 6.2.7

So wie die Zahlengerade die geometrische Darstellung aller reellen Zahlen ist, können **in der Ebene alle Paare reeller Zahlen (x,y) graphisch dargestellt** werden. Jedem Zahlenpaar (x,y) entspricht ein Punkt in der Ebene, und jedem Punkt in der Ebene entspricht ein Zahlenpaar (x,y). Man führt dazu in der Ebene einen **Nullpunkt** (geometrische Darstellung des reellen Zahlenpaares (0,0)) und zwei **Koordinatenachsen** ein. Der Nullpunkt heißt auch **Koordinatenursprung** oder **Koordinatenanfangspunkt.** Die Koordinatenachsen können als Zahlengeraden interpretiert werden. Die waagerechte Koordinatenachse (Zahlengerade) verkörpert den ersten Wert des reellen Zahlenpaares (x) und heißt **Abszisse.** Es ist die erste Koordinate oder auch x-Koordinate. Auf der zweiten Koordinatenachse, der **Ordinate,** sind die y-Werte dargestellt. Man spricht bei dieser Darstellungsart von einem **kartesischen** Koordinatensystem.
Schneiden sich die Koordinatenachsen rechtwinklig, dann spricht man von

einem rechtwinkligen Koordinatensystem. Die folgenden Ausführungen beziehen sich nur auf rechtwinklige Koordinatensysteme. Die Figur 6.2.8 zeigt ein rechtwinkliges Koordinatensystem.

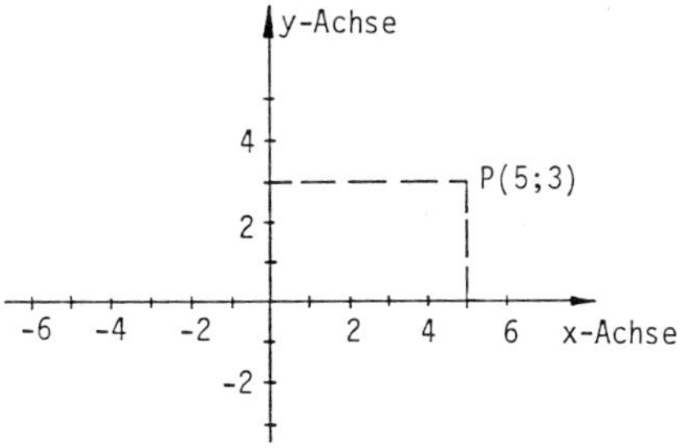

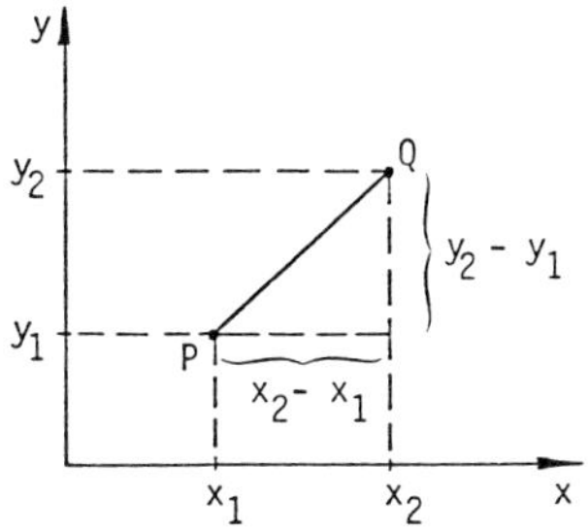

F 6.2.8 und F 6.2.9

Als Bezeichnung für einen Punkt in der Ebene verwendet man häufig nur die Koordinaten: (x,y), oder man kennzeichnet durch Hinzufügen eines P besonders, daß es sich um einen Punkt handelt: P(x,y).

In einem rechtwinkligen Koordinatensystem seien die Punkte P und Q mit den Koordinaten (x_1,y_1) und (x_2,y_2) gegeben (vgl. Figur 6.2.9). Der **Abstand** $|PQ| = d$ der beiden Punkte beträgt dann (Pythagoras)

R 6.2.10 $$d = \sqrt{(x_2-x_1)^2 + (y_2-y_1)^2}$$

Ist P der Nullpunkt (0,0) und hat Q die Koordinaten (x,y), dann gilt speziell

R 6.2.11 $$d = \sqrt{x^2+y^2}$$

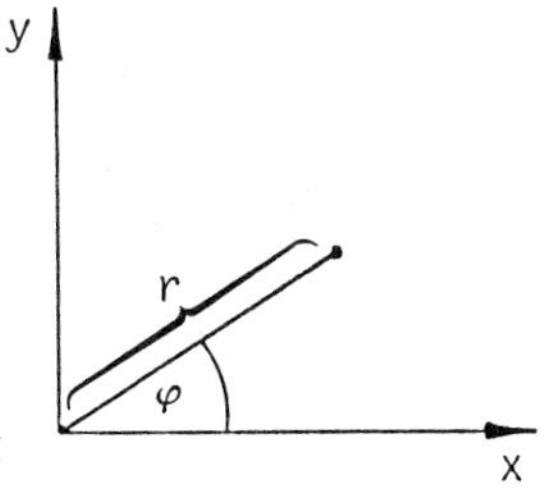

F 6.2.12

Man spricht von **Polarkoordinaten,** wenn man einen Punkt durch seinen Abstand vom Koordinatenursprung r und den Winkel φ, den die Verbindungslinie des Punktes mit dem Koordinatenursprung mit der x-Achse bildet, beschreibt. Anstelle der Kartesischen Koordinaten (x,y) hat man dann die Polarkoordinaten (r, φ). Vgl. dazu F 6.2.12.

Auf die Darstellung in Polarkoordinaten wird hier nicht weiter eingegangen.

Graphische Darstellung von Funktionen

D 6.2.13

> Die Darstellung aller Wertepaare (x,y) einer Funktion y = f(x) für den gesamten Definitionsbereich oder ein beschränktes Intervall des Definitionsbereichs in einem rechtwinkligen kartesischen Koordinatensystem heißt ihr **Bild, Schaubild** oder Graph.

Die neuerdings in der Mathematik verwendete Bezeichnung "Graph" für die graphische Darstellung einer Funktion erscheint wenig zweckmäßig, da dieser Begriff auch in einem ganz anderen Zusammenhang, nämlich der Graphentheorie, eine Rolle spielt.

Die folgende Figur 6.2.14 zeigt einige Beispiele graphischer Darstellungen von Funktionen.

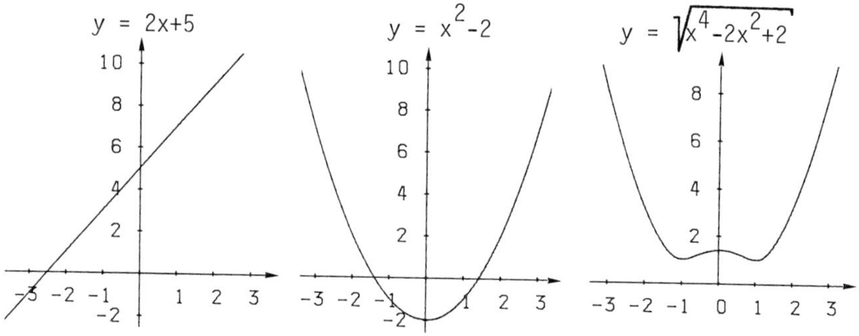

F 6.2.14

Bei einer graphischen Darstellung von Funktionen ist auf eine genaue Achsenbeschriftung zu achten, um Mißverständnissen vorzubeugen. Üblicherweise ordnet man die horizontale Achse (Abszisse) der unabhängigen Variablen und die vertikale Achse (Ordinate) der abhängigen Variablen zu. Davon gibt es in den Wirtschaftswissenschaften jedoch Ausnahmen.

B 6.2.15 Bei der graphischen Darstellung einer Nachfragefunktion x = x(p), die die Beziehungen zwischen dem Preis p eines Gutes und der zu diesem Preis nachgefragten Menge x beschreibt, wird p üblicherweise der Ordinate und x der Abszisse eines Koordinatensystems zugeordnet.

Aufgaben

Ü 6.2.1 Stelle die Funktionen

*** a) $y=2x+10$; b) $y=x^2+2$; c) $y=-3x+8$ graphisch dar.

Ü 6.2.2 Stelle die Funktion $y = \frac{1}{1+e^{-3x+2}}$ graphisch dar.
**

6.3 Eigenschaften von Funktionen

Im Zusammenhang mit Funktionen gibt es einige grundlegende Definitionen und Sätze, die im folgenden zusammengestellt sind.

R 6.3.1

> Haben zwei Funktionen $y = f(x)$ und $y = g(x)$ den gleichen Definitionsbereich, dann ist auch $f(x)+g(x)$; $f(x)-g(x)$; $f(x)g(x)$ und $f(x)/g(x)$ $(g(x)\neq 0)$ wieder eine Funktion, mit demselben Definitionsbereich.

B 6.3.2 Es sei $y=f(x)=2x^2+x-6$ und $y=g(x)=x+2$. Dann ist $f(x)+g(x)=2x^2+2x-4$; $f(x)-g(x)=2x^2-8$; $f(x)g(x)=2x^3+5x^2-4x-12$ und $f(x)/g(x)=2x-3$ (für $x\neq -2$).

In Anlehnung an D 4.6.17 wird definiert:

D 6.3.3

> Gibt es bei einer Funktion $y = f(x)$ zu jedem Wert der abhängigen Variablen y genau einen Wert der unabhängigen Variablen x, dann heißt f **eineindeutig.**

B 6.3.4 a) $y=3x+4$ ist eineindeutig, denn zu jedem y gibt es genau ein $x = \frac{y-4}{3}$.

b) $y=x^2$ ist nicht eineindeutig, denn zu jedem $y > 0$ gibt es zwei x-Werte $(x = \pm\sqrt{y})$.

D 6.3.5

> Es sei $y = f(x)$ eine **eineindeutige Funktion.** Die Funktion $x = g(y)$, die man daraus durch Umkehrung der Zuordnungsvorschrift ableiten kann, heißt **Umkehrfunktion, inverse Funktion** oder **Inverse** und wird mit $x = f^{-1}(y)$ bezeichnet.

R 6.3.6

> Es gilt für eine eineindeutige Funktion und ihre Umkehrfunktion: $D(f) = W(f^{-1})$ und $D(f^{-1}) = W(f)$.

Der Definitionsbereich (Wertebereich) der gegebenen Funktion ist also der Wertebereich (Definitionsbereich) der Umkehrfunktion. Eine eineindeutige Funktion bezeichnet man manchmal auch als **umkehrbar eindeutige Funktion.** Für die Bestimmung der Inversen einer Funktion löst man die Funktionsgleichung nach der unabhängigen Variablen auf.

B 6.3.7 a) Für $y=ax+b$, $a\neq 0$ mit $D(f)=W(f)=\mathbb{R}$ lautet die inverse Funktion $x = \frac{1}{a}y - \frac{b}{a}$.

b) Für $y = \log_a x$ mit $D(f) = \mathbb{R}^+$ lautet die inverse Funktion $x = a^y$.

Die Umkehrung der inversen Funktion, also die Inverse der Inversen, ergibt wieder die ursprüngliche Funktion.

In diesem Zusammenhang ist auf ein gefährliches Mißverständnis hinzuweisen. An den Schulen wird meistens gelehrt, daß für die Bestimmung der Umkehrfunktion außer der Auflösung der Funktionsgleichung nach der unabhängigen Variablen auch noch die Variablen auszutauschen sind. Zu $y=ax+b$ lautet dann die Umkehrfunktion $y = \frac{1}{a}x - \frac{b}{a}$. Dieser Schritt darf in den Wirtschaftswissenschaften **nicht** vollzogen werden. In den Wirtschaftswissenschaften verbergen sich hinter den Variablen ökonomische Größen, die man nicht austauschen kann.

Graphisch ist die Bestimmung der Umkehrfunktion einfach. In das Koordinatensystem, in dem die Funktion $y = f(x)$ dargestellt ist, zeichnet man die sogenannte 45°-Linie. Das ist die Gerade, die durch den Koordinatenursprung geht und mit der Abszisse einen Winkel von 45° bildet (F 6.3.8). An dieser 45°-Linie wird die Funktion $y = f(x)$ und das Koordinatensystem gespiegelt bzw. Funktion und Koordinatensystem werden um die 45°-Linie gedreht. Dadurch erhält man aus dem (x,y)-Koordinatensystem mit $y = f(x)$ ein (y,x)-Koordinatensystem mit $x = f^{-1}(y)$. Vgl. dazu F 6.3.8.

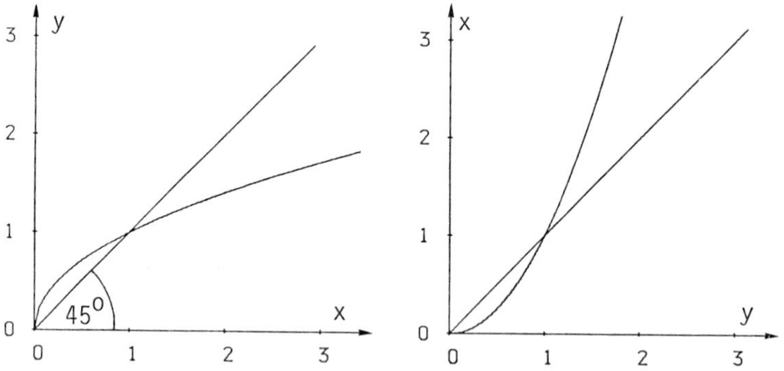

F 6.3.8 Funktion und Umkehrfunktion

Gegeben seien zwei Funktionen $y = f(x)$ und $y = g(x)$. Dann gibt es in vielen Fällen ein oder mehrere x, für die gilt: $f(x) = g(x)$.

B 6.3.9 Für die Funktionen $y = f(x) = x^2$ und $y = g(x) = 6x-5$ gilt $f(x) = g(x)$ für $x = 5$ und $x = 1$.

Mitunter sind zwei Funktionen für ein beschränktes Intervall aus dem Definitionsbereich oder für den gesamten Definitionsbereich einander gleich.

D 6.3.10

> Gegeben seien zwei Funktionen $y = f(x)$ und $y = g(x)$ und ein Intervall $I \subset D(f) \cap D(g)$. Gilt $f(x) = g(x)$ für alle $x \in I$, so heißen die Funktionen im Intervall I **identisch gleich:** $f(x) \equiv g(x)$.

$f(x) \equiv 0$ bedeutet, daß die Funktion für alle x den Wert 0 annimmt.

Anstelle der symbolischen Schreibweise $y = f(x)$ für eine Funktion kann man bisweilen auch $f(x,y) \equiv 0$ lesen. Beide Schreibweisen drücken einen funktionalen Zusammenhang zwischen den beiden Variablen y und x aus.

D 6.3.11

> Gegeben sei eine Funktion zwischen den Variablen x und y. $y = f(x)$ und $x = g(y)$ sind, sofern sie existieren, die beiden **expliziten** Formen der Funktion.
> $f(x,y) \equiv 0$ ist die **implizite** Form der Funktion.

Bei der impliziten Form kann man aus der Funktion $f(x,y) \equiv 0$ nicht erkennen, welches die unabhängige und welches die abhängige Variable ist. Eine implizite Funktion $f(x,y) \equiv 0$ kann oft in zwei explizite Formen $y = g(x)$ und $x = h(y)$ entwickelt werden. Eine solche Entwicklung ist jedoch nicht immer möglich.

B 6.3.12 a) Die implizite Funktion $ax+by+c \equiv 0$ kann in die beiden expliziten $x = -\frac{b}{a}y - \frac{c}{a}$ und $y = -\frac{a}{b}x - \frac{c}{b}$ entwickelt werden.

b) Eine Auflösung der impliziten Funktion $x-3y^2+4y-5 \equiv 0$ kann nur nach x erfolgen: $x = 3y^2-4y+5$.
Eine eindeutige Auflösung nach y ist nicht möglich.

In Anlehnung an die zusammengesetzte Abbildung wird definiert:

R 6.3.13

> Es sei z eine Funktion von y ($z=f(y)$) und y eine Funktion von x ($y=g(x)$), sowie $W(g) \subset D(f)$. Dann ist für $x \in D(g)$ auch die Funktion $z = f(g(x))$ erklärt. Sie heißt **mittelbare** oder **zusammengesetzte** Funktion und wird auch mit $f \circ g$ bezeichnet.

Die zusammengesetzte Funktion $z = f(g(x))$ erhält man aus $z = f(y)$ und $y = g(x)$ dadurch, daß man in $z = f(y)$ y durch $g(x)$ ersetzt oder **substituiert.**

B 6.3.14 a) Es sei $z=f(y)=y^2+4y-12$; $D(f)=\mathbb{R}$ und $y=g(x)=x+2$; $D(g)=\mathbb{R}$, $W(g)=\mathbb{R}$. Es ist $D(f) \subset W(g)$.
Dann ergibt sich $z=f \circ g(x)=f(g(x))=(x+2)^2+4(x+2)-12$

$$=x^2+4x+4+4x+8-12=x^2+8x$$

$D(f \circ g)=\mathbb{R}$, $W(f \circ g)=\{z \mid z \in \mathbb{R} \wedge z \geqq -16\}$.

b) Es sei $z=f(y)=\sqrt{y^2-20y+100}$; $D(f)=\{y \mid y \in \mathbb{R} \wedge y \geqq 10\}$
und $y=g(x)=x^2+10$; $D(g)=\mathbb{R}$; $W(g)=\{y \mid y \in \mathbb{R} \wedge y \geqq 10\}$.
Es ist $D(f)=W(g)$. Setzt man $y=g(x)$ in $f(y)$ ein, so ergibt sich

$$z=f(g(x))=\sqrt{(x^2+10)^2-20(x^2+10)+100}$$
$$=\sqrt{x^4+20x^2+100-20x^2-200+100}$$
$$=\sqrt{x^4}=x^2$$

$D(f \circ g)=\mathbb{R}$, $W(f \circ g)=\{z \mid z \in \mathbb{R} \wedge z \geqq 0\}$.

Der Begriff der mittelbaren Funktion spielt u.a. für die Differentialrechnung eine wichtige Rolle. Dabei geht es vor allem darum, eine gegebene Funktion als mittelbare Funktion zu interpretieren.

B 6.3.15 a) $y=\sqrt{x^2+x}$ kann als mittelbare Funktion mit $y=\sqrt{z}$ und $z=x^2+x$ aufgefaßt werden;

b) $y=a^{x-3x^3}$ als mittelbare Funktion mit $y=a^z$ und $z=x-3x^3$.

D 6.3.16

> Gegeben sei eine Funktion $f(x)$ mit $x \in \mathbb{R}$ und $f(x) \in \mathbb{R}$.
> Gilt für alle $x_1, x_2 \in D(f)$: $x_1 < x_2 \Longrightarrow f(x_1) < f(x_2)$, so heißt die Funktion **streng monoton steigend.**
> Gilt für alle $x_1, x_2 \in D(f)$: $x_1 < x_2 \Longrightarrow f(x_1) > f(x_2)$, so heißt die Funktion **streng monoton fallend.**
> Gilt $x_1 < x_2 \Longrightarrow f(x_1) \leqq f(x_2)$ bzw. $f(x_1) \geqq f(x_2)$, so heißt die Funktion monoton steigend bzw. fallend

Bei einer streng monoton steigenden Funktion entsprechen also zunehmenden x-Werten zunehmende Funktionswerte und bei einer streng monoton fallenden Funktion zunehmenden x-Werten fallende Funktionswerte.

Bei Monotonie (ohne den Zusatz streng) entsprechen zunehmenden x-Werten zunehmende bzw. abnehmende oder gleichbleibende Funktionswerte.

B 6.3.17 a) $y=a^x$, $a > 1$. Aus $x_1 < x_2$ folgt $a^{x_1} < a^{x_2}$, also $f(x_1) < f(x_2)$.
Die Funktion ist streng monoton steigend.

b) $y=-4x+5$. Aus $x_1 < x_2$ folgt $-4x_1 > -4x_2$ und daraus

$-4x_1+5 > -4x_2+5$. Aus $x_1 < x_2$ folgt also $f(x_1) > f(x_2)$.
Die gegebene Funktion ist streng monoton fallend

Bei den Begriffen Monotonie und strenge Monotonie ist folgendes zu beachten: die hier definierte strenge Monotonie wird häufig als Monotonie (ohne den Zusatz "streng") bezeichnet. Anstelle der hier eingeführten Monotonie spricht man dann, falls aus $x_1 < x_2$ folgt $f(x_1) \leqq f(x_2)$, von einer monoton nicht abnehmenden Funktion, und falls folgt $f(x_1) \geqq f(x_2)$, monoton nicht steigenden Funktion.

Die Monotonie kann auch für Teilbereiche des Definitionsbereichs einer Funktion definiert werden. Sie kann dann in einzelnen Teilbereichen unterschiedlich sein.

B 6.3.18 Die Funktion $y=0,5x^3-1,5x^2-4,5x+5$ ist streng monton steigend für $x < -1$ und für $x > 3$. Für $-1 < x < 3$ ist sie streng monoton fallend. Vgl. dazu F 6.3.19.

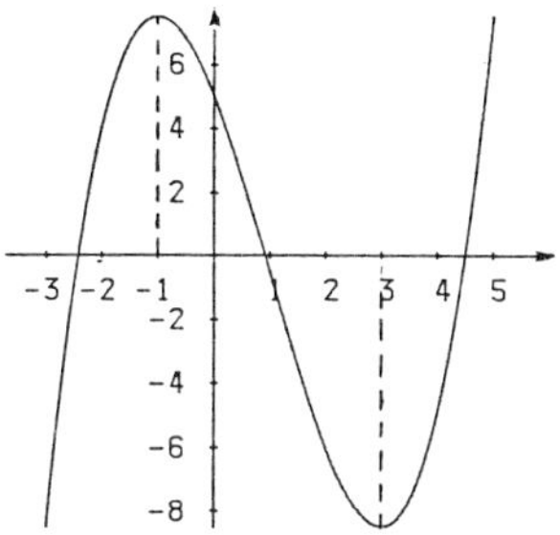

F 6.3.19

Da es bei einer im gesamten Definitionsbereich streng monoton steigenden oder streng monoton fallenden Funktion zu jedem y nur ein x geben kann, ergibt sich unmittelbar der folgende Satz.

R 6.3.20

> Zu jeder im gesamten Definitionsbereich streng monoton steigenden oder streng monoton fallenden Funktion existiert eine Umkehrfunktion.

Bei manchen Funktionen können die Funktionswerte nicht beliebig groß und/oder beliebig klein werden. Man spricht dann von Beschränktheit der Funktion.

D 6.3.21

> Gegeben sei eine Funktion $y = f(x)$ und ein $c \in \mathbb{R}$ (c=const).
> Wenn für alle Funktionswerte f(x) gilt
> $|f(x)| \leqq c$, so heißt f **beschränkt;**
> $f(x) \leqq c$, so heißt f **nach oben beschränkt;**
> $f(x) \geqq c$, so heißt f **nach unten beschränkt;**
> c heißt eine (untere bzw. obere) Schranke von f.

B 6.3.22 a) Die Funktion y=sinx ist beschränkt, da für alle Argumente x gilt $|\sin x| \leqq 1$. Der Wert 1 ist eine Schranke der Funktion.

b) $y=2x^2+3$ ist nach unten beschränkt, da für alle Funktionswerte y gilt $y \geqq 3$. Der Wert 3 ist untere Schranke.

D 6.3.23

> Die Funktion y = f(x) heißt **konkav** bzw. **konvex** über einem Intervall I ihres Definitionsbereichs, wenn für beliebige Werte x_1, x_2 aus I gilt:
>
> $$f(\tfrac{1}{2}(x_1+x_2)) \geqq \tfrac{1}{2}(f(x_1)+f(x_2)) \text{ bzw. } f(\tfrac{1}{2}(x_1+x_2)) \leqq \tfrac{1}{2}(f(x_1)+f(x_2))$$

Die Begriffe **konvex** und **konkav** können an der graphischen Darstellung der Funktion veranschaulicht werden. (Vgl. F 6.3.24). Eine Funktion ist in einem Intervall **konvex** (von unten), wenn in diesem Intervall jede Sehne, d.h. Verbindungslinie zweier Kurvenpunkte, stets oberhalb der Kurve verläuft. Die Funktion in Figur 6.3.24 ist z.B. in dem Bereich von x_2 bis x_3 konvex.

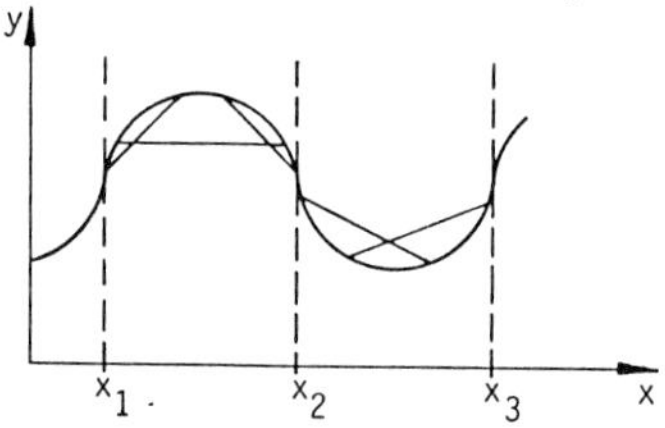

F 6.3.24

Verläuft die Sehne stets unterhalb der Kurve, dann ist die Funktion **konkav** (oder konvex von oben). Die Funktion in Figur 6.3.24 ist zwischen x_1 und x_2 konkav.

Die Untersuchung einer Funktion auf Monotonie und auf Konvexität wird meistens mit Hilfe der Differentialrechnung durchgeführt. Darauf wird im Band 2 eingegangen.

D 6.3.25

> Eine Funktion y = f(x) heißt **spiegelsymmetrisch um a,** wenn gilt f(a+x) = f(a-x).

B 6.3.26 a) Die Funktion $y=x^2$ ist symmetrisch um 0, denn es gilt $f(-x) = (-x)^2 = x^2 = f(x)$.

b) Die Funktion $y=a^{(x-b)^2}$ ist symmetrisch um b, denn es gilt $f(b-x) = a^{(b-x-b)^2} = a^{(b+x-b)^2} = f(b+x)$.

Zum Schluß dieses Abschnitts sei noch auf den wichtigen Begriff der **Stetigkeit einer Funktion** eingegangen. Anschaulich gesehen ist eine Funktion dann stetig, wenn man sie zeichnen kann, ohne den Zeichenstift dabei abzusetzen. Allgemein gilt:

D 6.3.27

> Eine Funktion $y = f(x)$ heißt **stetig an der Stelle x_0**, wenn sich zu jedem (beliebig kleinen) $\varepsilon > 0$ ($\varepsilon \in \mathbb{R}$) ein $\delta > 0$ ($\delta \in \mathbb{R}$) finden läßt, so daß für alle x-Werte, die weniger als δ von x_0 entfernt liegen, die zugehörigen y-Werte weniger als ε von $y_0 = f(x_0)$ entfernt liegen, wenn also aus $|x-x_0| < \delta$ stets $|f(x)-f(x_0)| < \varepsilon$ folgt. Die Größe von δ hängt im allgemeinen von ε und der Stelle x_0 ab.

Ist eine Funktion an jeder Stelle ihres Definitionsbereiches stetig, so spricht man von einer **stetigen Funktion.** Die Stetigkeit kann auch intervallweise erklärt werden. Ist $y = f(x)$ für $x = x_0$ nicht stetig, dann sagt man, sie sei dort unstetig. $x = x_0$ heißt auch Unstetigkeitsstelle. (Vgl. hierzu auch den Abschnitt über Grenzwerte von Funktionen.)

Aufgaben

Ü 6.3.1 Bestimme die Inversen der Funktionen
*** a) $y = a + \frac{b}{x}$; b) $y = ax^3+b$; c) $y = \frac{ax+b}{cx+d}$.

Ü 6.3.2 a) Welche der folgenden Funktionen sind zueinander invers?
*** (1) $y=\log x$; (2) $y=x^2$, $(x \geqq 0)$; (3) $x=e^y$; (4) $y=\ln x$, $(x > 0)$;
(5) $x=y^2$, $(y \geqq 0)$; (6) $y=\frac{a}{x}$, $(x \neq 0)$; (7) $x=ay$; (8) $x=\frac{a}{y}$, $(y \neq 0)$;
(9) $x=10^y$.
**** b) Gib zu den Funktionen (2), (3), (4), (6) und (9) aus Teil a) der Aufgabe den Wertebereich an.

Ü 6.3.3 Gegeben sei die graphische Darstellung einer Funktion $y = f(x)$.
*** Auf welche Weise kann man prüfen, ob die Funktion eineindeutig ist?

Ü 6.3.4 Stelle die Funktion $y = \frac{1}{4} x^3$ graphisch dar und bestimme graphisch
** die Inverse.

Ü 6.3.5 Gegeben seien die folgenden impliziten Formen von Funktionen:
***** a) $ax+by+c \equiv 0$; b) $ax+bxy+cy+d \equiv 0$; c) $y^2-2xy+x^2 \equiv 0$.
Bestimme dazu die beiden expliziten Formen.

Ü 6.3.6 Bestimme die expliziten Formen der Funktionen
*** a) $y-x^2y+3x-2 \equiv 0$; b) $y^x-e \equiv 0$.

Ü 6.3.7 Gegeben seien die folgenden Funktionspaare $y=g(x)$ und $z=f(y)$:
***** a) $y=ax+b$, $z=cy+d$; b) $y=\sqrt{x}$, $z=ay^2+b$; c) $y=ax^2+bx$, $z=cy^2+dy$.
Bestimme die mittelbaren Funktionen $z=f(g(x))$.

Ü 6.3.8 ** Zeige, daß die Funktion $y=x^n$ für ungerades $n > 0$ streng monoton steigend ist. Was gilt für gerades n?

Ü 6.3.9 ***** Untersuche die folgenden Funktionen auf Monotonie:

a) $y=3x^3+4$; b) $y=x^2+2$; c) $y=e^x$; d) $y=e^{x^2}$; e) $y=-x^3-2x+5$.

Ü 6.3.10 *** Untersuche die folgenden Funktionen auf Beschränktheit:

a) $y=\cos x$; b) $y=-x^2-4x+2$; c) $y=e^x-2$.

Ü 6.3.11 * Ist die Funktion $f(x)=x^2$ konvex oder konkav?

Ü 6.3.12 **** Welche der folgenden Funktionen sind spiegelsymmetrisch?

a) $y=x^4+x^2$; b) $y=x^4+x^2+10$; c) $y=e^{(x-c)^2}$.

6.4 Nullstellen von Funktionen

Häufig interessiert man sich für die Werte der unabhängigen Variablen einer Funktion, für die der Funktionswert 0 wird.

D 6.4.1 Gegeben sei eine Funktion $y = f(x)$. Ein Wert x_0 der unabhängigen Variablen x, für den gilt $f(x_0) = 0$, heißt **Nullstelle** der Funktion.

B 6.4.2 Die Funktion $y = x^2+ax+b$ besitzt zwei reelle Nullstellen $x_1 = -\frac{a}{2} + \sqrt{\frac{a^2}{4} - b}$ und $x_2 = -\frac{a}{2} - \sqrt{\frac{a^2}{4} - b}$ falls $\frac{a^2}{4} > b$, und sie besitzt **eine** Nullstelle $x = -\frac{a}{2}$ falls $\frac{a^2}{4} = b$. Für $\frac{a^2}{4} < b$ besitzt sie keine reelle Nullstelle.
(Vgl. dazu R 2.5.7 sowie 9.3.4 und 9.3.6 in den "Elementaren Grundlagen ...".)

Die Bestimmung der Nullstellen einer Funktion $y = f(x)$ geschieht dadurch, daß man $f(x) = 0$ setzt und die sich dafür ergebende Gleichung nach x auflöst.

B 6.4.3 a) $y = 4x-8$, $4x-8 = 0 \Longrightarrow x = 2$.

b) $y = x^2-4x-5$, $x^2-4x-5 = 0 \Longrightarrow x_{1/2} = 2 \pm \sqrt{4+5}$
$= 2 \pm \sqrt{9} = 2 \pm 3 \Longrightarrow x_1 = -1,\ x_2 = 5$.

c) $y = 3\cdot 2^x-24$, $3\cdot 2^x-24 = 0 \Rightarrow 3\cdot 2^x = 24 \Rightarrow 2^x = 8 \Rightarrow x = 3$.

d) $y = 10^x+3$, $10^x+3 = 0$ == $10^x = -3$. Es gibt kein $x \in \mathbb{R}$, für das gilt $10^x = -3$. Die Funktion hat keine Nullstelle.

In der graphischen Darstellung entsprechen die Nullstellen einer Funktion ihren Schnittpunkten mit der x-Achse. In F 6.4.4 sind die Funktionen aus B 6.4.3 graphisch dargestellt.

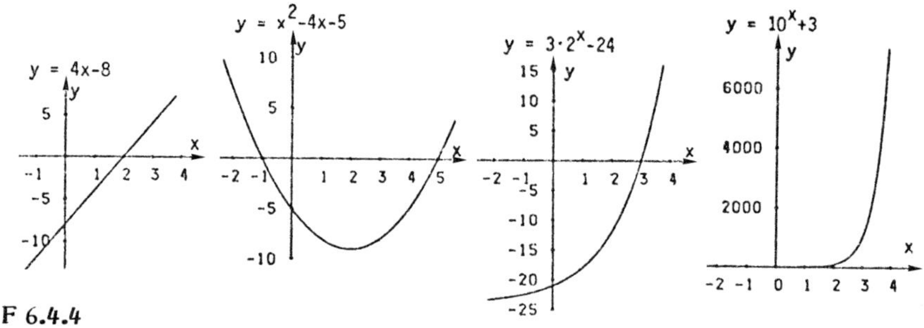

F 6.4.4

Die Bestimmung der Nullstellen von Funktionen ist nur in einfachen Fällen ohne Probleme möglich. Vgl. dazu Abschnitt 2.5 und die Ausführungen über die Bestimmung der Lösungen von Gleichungen in den "Elementaren Grundlagen ..." (Abschnitte 7.3, 7.6, 7.9 und Kapitel 9). Wenn einfache Verfahren zur Nullstellenbestimmung nicht anwendbar sind, hilft man sich in sehr vielen Fällen mit **Näherungsverfahren.** Diesen liegt meistens folgende Regel zugrunde:

R 6.4.5

> Ist die Funktion $y = f(x)$ im Intervall $\{x \mid x_1 \leq x \leq x_2\}$ stetig und gilt $f(x_1)f(x_2) < 0$, d.h. haben $f(x_1)$ und $f(x_2)$ entgegengesetztes Vorzeichen, dann gibt es wenigstens ein x_0 mit $x_1 < x_0 < x_2$ und $f(x_0) = 0$, d.h. wenigstens eine Nullstelle zwischen x_1 und x_2.

Anhand einer graphischen Darstellung kann man sich R 6.4.5 leicht klar machen (F 6.4.6). Das Bild der Funktion muß von $f(x_1) > 0$ (oder < 0) bei einer stetigen Funktion ohne Sprung zu $f(x_2) < 0$ (oder > 0) führen. Dabei muß dann wenigstens einmal die x-Achse geschnitten werden.

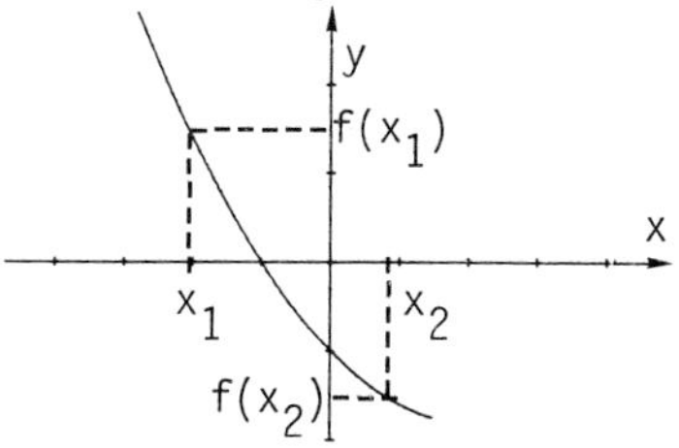

F 6.4.6

Eines der bekanntesten Näherungsverfahren zur Nullstellenbestimmung ist die **Regula falsi** (Verfahren der linearen Interpolation).
Bei der regula falsi geht man von R 6.4.5 aus. Zwischen den beiden Werten x_1 und x_2 der Funktion $y = f(x)$ mit $f(x_1)f(x_2) < 0$ wird die Funktion linear angenähert, indem man durch die Punkte $(x_1, f(x_1))$ und $(x_2, f(x_2))$ eine Gerade legt. Der Schnittpunkt dieser Geraden mit der Abszisse ist eine erste Näherung für eine Nullstelle. Ist die Näherung noch nicht ausreichend, so wird diese lineare Näherung wiederholt, und zwar schrittweise solange, bis man eine Nullstelle gefunden hat oder die Näherung gut genug ist. Im letzten Fall benötigt man ein Gütekriterium (s.u.).
Das Vorgehen soll zunächst an einem graphischen Beispiel erläutert werden.

B 6.4.7 In F 6.4.8 ist eine Funktion dargestellt und für x_1 und x_2 gilt $f(x_1)f(x_2) < 0$, d.h. die Funktionswerte bei x_1 und x_2 haben entgegengesetztes Vorzeichen. Die geradlinige Verbindung der Punkte A und B ergibt bei x_3 einen Schnittpunkt mit der x-Achse. Das ist die erste Näherung für die Nullstelle. Bei x_3 liegt der Punkt C. Im nächsten Schritt wird nun A mit C geradlinig verbunden. Als nächste Näherung für die Nullstelle erhält man dabei x_4. Es wird dann A mit D geradlinig verbunden usw. Das Verfahren wird abgebrochen, wenn der Funktionswert einer angenäherten Nullstelle nahe genug bei Null liegt oder wenn die beiden Werte der unabhängigen Variablen, zwischen denen die Funktion linear approximiert wird, nahe genug beieinander liegen. Dafür wird eine Schranke vorgegeben.

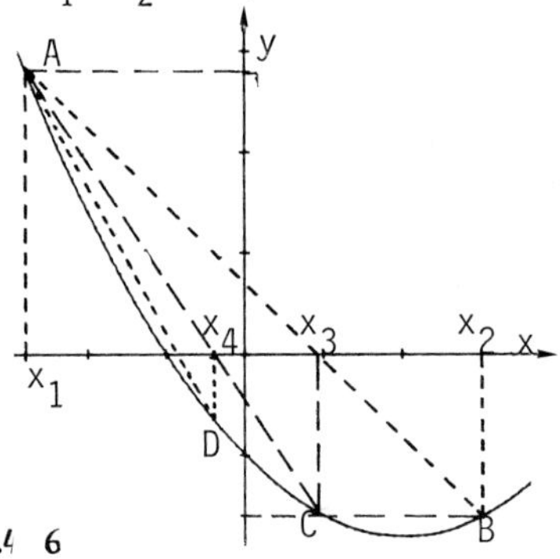

F 6.4.8

An F 6.4.8 kann man sich folgendes deutlich machen (Benutzung der Strahlensätze):

$$\frac{x_2 - x_1}{f(x_2) - f(x_1)} = \frac{x_3 - x_1}{-f(x_1)} \; .$$

Daraus folgt (Auflösung der Gleichung) für x_3

$$x_3 = x_1 - \frac{x_2 - x_1}{f(x_2) - f(x_1)} \; f(x_1).$$

Mit dieser Gleichung kann zu einer Funktion und gegebenen Werten x_1 und x_2 mit $f(x_1)f(x_2) < 0$ ein Näherungswert für eine Nullstelle bestimmt werden.

R 6.4.9

REGULA FALSI
Verfahren zur näherungsweisen Bestimmung von Nullstellen einer Funktion.
Gegeben sei eine Funktion $y = f(x)$, die im Intervall (x_1, x_2) stetig ist, und es sei $f(x_1)f(x_2) < 0$. Ferner sei $c \in \mathbb{R}^+$ gegeben.

(1) Bestimme $x_3 = x_1 - \frac{x_2 - x_1}{f(x_2) - f(x_1)} f(x_1)$.

Gehe zu (2)

(2) Berechne $f(x_3)$.

Falls $f(x_3) = 0$, liegt bei x_3 eine Nullstelle.

Gehe zu (5). Falls $f(x_3) \neq 0$, gehe zu (3).

(3) Falls $|f(x_3)| < c$, ist die Näherung ausreichend.

Gehe zu (5). Andernfalls gehe zu (4).

(4) Bestimme $f(x_3)f(x_1)$.

Falls $f(x_3)f(x_1) < 0$, setze $x_2 := x_3$ (x_2 wird durch x_3 ersetzt).
Falls $f(x_3)f(x_1) > 0$, setze $x_1 := x_3$ (x_1 wird durch x_3 ersetzt).
Gehe zu (1).

(5) Ende.

Im Schritt (3) wird geprüft, ob $f(x_3)$ so klein ist, daß x_3 eine ausreichend gute Näherung für die gesuchte Nullstelle ist. Dazu wird eine Schranke c vorgegeben. Im Schritt (4) wird x_1 oder x_2 durch x_3 ersetzt, und zwar so, daß die Funktionswerte der beiden "neuen" x-Werte entgegengesetztes Vorzeichen haben

B 6.4.10 Für die Funktion $y = f(x) = x^3 - 1{,}75x^2 + 2x - 3{,}5$ und $x_1 = 1$, $x_2 = 2$ gilt $f(1) = -2{,}25$ und $f(2) = 1{,}5$ also $f(1)f(2) < 0$. Es sei $c = 0{,}0002$.

(1) $x_3 = 1 - \frac{2-1}{1{,}5-(-2{,}25)} \cdot (-2{,}25) = 1 + 0{,}6 = 1{,}6$

(2) $f(1{,}6) = -0{,}684$

(3) $|f(1{,}6)| = 0{,}684 > c$

(4) $f(1{,}6)f(1) = 1{,}539 > 0.$ $x_1 := 1{,}6$

Im nächsten Schritt (Iteration 2) ergibt sich

(1) $x_3 = 1{,}6 - \frac{2-1{,}6}{1{,}5-(-0{,}684)} \cdot (-0{,}684) = 1{,}7253$

(2) $f(1{,}7253) = -0{,}123$

(3) $|f(1{,}7253)| = 0{,}123 > c$

(4) $f(1{,}7253) \cdot f(1{,}6) > 0,$ $x_1 := 1{,}7253$

Iteration 3

(1) $x_3 = 1{,}7253 - \frac{2-1{,}7253}{1{,}5-(-0{,}123)} \cdot (-0{,}123) = 1{,}7461$

(2) $f(1{,}7461) = -0{,}0197$

(3) $|f(1{,}7461)| = 0{,}0197 > c$

(4) $f(1{,}7461)f(1{,}7253) > 0, \quad x_1 := 1{,}7461$

Iteration 4

(1) $x_3 = 1{,}7461 - \frac{2-1{,}7461}{1{,}5-(-0{,}0197)} \cdot (-0{,}0197) = 1{,}7494$

(2) $f(1{,}7494) = -0{,}003036$

(3) $|f(1{,}7494)| = 0{,}003036 > c$

(4) $f(1{,}7494)f(1{,}7461) > 0, \quad x_1 := 1{,}7494$

Iteration 5

(1) $x_3 = 1{,}7494 - \frac{2-1{,}7494}{1{,}5-(-0{,}003036)} \cdot (-0{,}003036) = 1{,}7499$

(2) $f(1{,}7499) = -0{,}000506215$

(3) $|f(1{,}7499)| = 0{,}000506215 > c$

(4) $f(1{,}7499)f(1{,}7494) > 0, \quad x_1 := 1{,}7499$

Iteration 6

(1) $x_3 = 1{,}7499 - \frac{2-1{,}7499}{1{,}5-(-0{,}000506215)} \cdot (-0{,}000506215) = 1{,}74998$

(2) $f(1{,}74998) = -0{,}00010125$

(3) $|f(1{,}74998)| = 0{,}00010125 < c$

Das Verfahren ist beendet.
Rundet man den gefundenen Wert, so ergibt sich $x = 1{,}75$ mit $f(1{,}75) = 0$.

Das Beispiel zeigt, daß man mit der **Regula Falsi** gute Näherungslösungen für Nullstellen bestimmen kann.
An dem Beispiel kann man sich auch deutlich machen, daß der Abstand von x_1 und x_2 nicht immer ein Gütekriterium für eine Näherungslösung liefert. In dem Beispiel nähert man sich der Nullstelle von links, die Näherungslösungen sind immer kleiner als $x = 1{,}75$. Da für alle Schritte gilt $x_2 = 2$ und $x_1 < 1{,}75$, ist der Abstand $|x_2 - x_1|$ immer größer als 0,25.

Anstelle von Schritt (1) bei der regula falsi (R 6.4.9), der aus der linearen Approximation der Funktion zwischen x_1 und x_2 entsteht, kann man x_3 auch als die Mitte des Intervalls zwischen x_1 und x_2 bestimmen und im übrigen wie bei der regula falsi vorgehen.

R 6.4.11 **HALBIERUNGSVERFAHREN zur näherungsweisen Bestimmung von Nullstellen einer Funktion.**

Gegeben sei eine Funktion $y = f(x)$, die im Intervall (x_1,x_2) stetig ist, und es sei $f(x_1)f(x_2) < 0$. Ferner sei $c \in \mathbb{R}^+$ gegeben.

(1) Bestimme $x_3 = \frac{x_1+x_2}{2}$.

(2) Berechne $f(x_3)$. Falls $f(x_3) = 0$, liegt bei x_3 eine Nullstelle. Gehe zu (5). Falls $f(x_3) \neq 0$, gehe zu (3).

(3) Falls $|f(x_3)| < c$, ist die Näherung ausreichend. Gehe zu (5). Andernfalls gehe zu (4).

(4) Bestimme $f(x_3)f(x_1)$. Falls $f(x_3)f(x_1) < 0$, setze $x_2 := x_3$. Falls $f(x_3)f(x_1) > 0$, setze $x_1 := x_3$. Gehe zu (1).

(5) Ende.

B 6.4.12 Es wird die Funktion $y = x^3 - 1{,}75x^2 + 2x - 3{,}5$ untersucht. Mit $x_1 = 1$ und $x_2 = 2$, d.h. $f(1) = -2{,}25$ und $f(2) = 1{,}5$, sowie $c = 0{,}001$, ergibt sich

(1) $x_3 = \frac{1+2}{2} = 1{,}5$

(2) $f(1{,}5) = -1{,}0625$

(3) $|f(1{,}5)| = 1{,}0625 > c$

(4) $f(1{,}5)f(1) = +2{,}39 > 0, \quad x_1 := 1{,}5$

(1) $x_3 = \frac{1{,}5+2}{2} = 1{,}75$

(2) $f(1{,}75) = 0$

Bei $x = 1{,}75$ liegt eine Nullstelle.

Ein weiteres Verfahren zur näherungsweisen Nullstellenbestimmung geht auf Newton zurück. Dazu wird jedoch die Differentialrechnung benötigt, so daß hier darauf nicht eingegangen werden kann.

Eine Möglichkeit zur Bestimmung der Nullstellen rationaler Funktionen wird weiter unten bei der Behandlung dieser Funktionen dargestellt.

Aufgaben

Die Übungsaufgaben 6.4.1 bis 6.4.4 sind Wiederholungen zum Auflösen von Gleichungen, die in den "Elementaren Grundlagen ..." behandelt wurden (Kapitel 9 und Abschnitt 7.9).

Ü 6.4.1 Bestimme die Nullstellen der folgenden Funktionen:
*** a) $y=x^2+2x-8$; b) $y=2x^2-12x+18$;
*** c) $y=x^2-13x+12$; d) $y=2x^2-9{,}8x-19{,}2$.

Ü 6.4.2 Bestimme die Nullstellen der folgenden Funktionen:
*** a) $y=x^3-16x$; b) $y=x^4-20x^2+64$;
*** c) $y=3x^4-222x^2+3675$; d) $y=5x^4-180x^2$.

Ü 6.4.3 Bestimme die Nullstellen der folgenden Funktionen:
*** a) $y=9x^{12}-36x^{10}$; b) $y=7x^8+21x^7$;
*** c) $y=3x^7+12x^6-15x^5$; d) $y=8x^{11}-40x^{10}+50x^9$.

Ü 6.4.4 Bestimme die Nullstellen der folgenden Funktionen:
*** a) $y=x^5-32$; b) $y=4x^3+108$; c) $y=x^7-12$;
*** d) $y=3^x-9$; e) $y=4^x-256$; f) $y=0{,}25^x-256$;
*** g) $y=12{,}1^x-173$; h) $y=0{,}4^x-0{,}7$.

Ü 6.4.5 Die Funktion $y=2x^3-21x^2+36x+8$ hat eine Nullstelle zwischen
*** $x_1 = 2$ und $x_2 = 3$. Bestimme einen Näherungswert für diese Nullstelle
*** mit a) der regula falsi und b) dem Halbierungsverfahren ($c = 0{,}001$).

Ü 6.4.6 Die Funktion $y=x^5-3x^3-2x^2+x+1$ hat eine Nullstelle zwischen
*** $x_1 = 1$ und $x_2 = 2$. Bestimme einen Näherungswert für diese Nullstelle
*** mit der regula falsi ($c = 0{,}001$).

6.5 Überblick über die elementaren Funktionen

Es gibt in der Mathematik eine Fülle unterschiedlicher Funktionen, die hier nicht alle behandelt werden können. In diesem Abschnitt wird zunächst ein Überblick und eine Einteilung der Funktionen in Klassen gegeben. Im nächsten Abschnitt wird dann auf einzelne Funktionen und ihre Eigenschaften eingegangen. Eine Möglichkeit zur Klassifizierung von Funktionen ist die Unterscheidung rationaler und irrationaler Funktionen.

D 6.5.1

Eine Funktion der Form

$$y = \frac{a_n x^n + a_{n-1} x^{n-1} + \ldots + a_1 x + a_0}{b_m x^m + b_{m-1} x^{m-1} + \ldots + b_1 x + b_0} = \frac{\sum_{i=0}^{n} a_i x^i}{\sum_{j=0}^{m} b_j x^j};$$

$\sum_{j=0}^{m} b_j x^j \neq 0$; $a_i, b_j \in \mathbb{R}$ heißt **rationale** Funktion. Alle

> Funktionen, die sich nicht auf die angegebene Form bringen lassen, heißen **irrational**.

B 6.5.2 Die Funktion $y = \frac{x^3+5x^2+7x-2}{x^4-x^2+2x}$ ist eine rationale Funktion.

$y = \sqrt{x^2+x-2}$ ist irrational.

Neben der Einteilung der Funktionen in rationale und irrationale kann auch eine Klassifizierung der Funktionen in (1) algebraische und (2) transzendente erfolgen.

D 6.5.3

> Eine Funktion $p_0(x)+p_1(x)y+p_2(x)y^2+\ldots+p_n(x)y^n \equiv 0$,
>
> bzw $\sum_{i=0}^{n} p_i(x)y^i \equiv 0$, mit $p_i(x) = \sum_{j=0}^{m_i} a_{ij}x^j$ heißt **algebraische** Funktion. Alle nichtalgebraischen Funktionen heißen **transzendent.**

Die rationalen Funktionen sind ein Sonderfall der algebraischen Funktionen, und zwar erhält man für n=1 eine rationale Funktion, denn aus

$p_0(x)+p_1(x)y \equiv 0$ folgt $y = -\frac{p_0(x)}{p_1(x)}$.

Zur Klasse der algebraischen Funktionen gehören alle **Wurzelfunktionen**

B 6.5.4 Die Funktion $y = \sqrt{x^2+\sqrt{x}}$ ist eine algebraische Funktion. Man erhält durch einige Umformungen aus dieser Funktion

$y^2 = x^2 + \sqrt{x}$ oder $y^2 - x^2 = \sqrt{x}$ oder $(y^2-x^2)^2 = x$ oder $y^4-2x^2y^2+x^4 = x$

und schließlich $x^4-x-2x^2y^2+y^4 \equiv 0$.

Dieses ist eine algebraische Funktion mit

$p_0(x) = x^4-x$; $p_2(x) = -2x^2$; $p_4(x) = 1$; $p_1(x) = p_3(x) = 0$.

Zu den transzendenten Funktionen gehören die trigonometrischen Funktionen, Logarithmusfunktionen und Exponentialfunktionen.

B 6.5.5 Transzendente Funktionen sind also z.B.

$y = \sin x$; $y = \cos x$; $y = \log x$; $y = a^x$.

Die folgende Figur 6.5.6 veranschaulicht die Klassifizierung.

rationale	irrationale	
algebraisch rationale	algebraisch irrationale	transzendent irrationale
algebraische		transzendente

F 6.5.6 Funktionen

Aufgaben

Ü 6.5.1 Bringe a) $y = \sqrt[3]{x^2 - \sqrt{x+3}}$ und b) $y = \sqrt{x^3 - \sqrt{x^2}} - 2$ auf die in D 6.5.3 eingeführte allgemeine Form der algebraischen Funktion.

6.6 Elementare Funktionen und ihre Eigenschaften

Dieser Abschnitt ist den wichtigsten elementaren Funktionen und ihren Eigenschaften gewidmet.

a) Ganze rationale Funktionen

Gilt für den Nenner einer rationalen Funktion (D 6.5.1) $m = 0$ und $b_0 \neq 0$, dann erhält man eine ganze rationale Funktion:

D 6.6.1 Eine Funktion der Form

$$y = a_n x^n + a_{n-1} x^{n-1} + \ldots + a_1 x + a_0 = \sum_{i=0}^{n} a_i x^i, \quad a_i \in \mathbb{R}, \quad i = 0, \ldots, n,$$

heißt **ganze rationale Funktion** n-ten Grades.

B 6.6.2 Die einfachste Form einer ganzen rationalen Funktion neben der Konstanten ist die lineare Funktion $y = ax+b$. Auch die Parabelgleichung $y = ax^2+bx+c$ ist eine ganze rationale Funktion, ebenso wie die Funktion $y = ax^3+bx^2+cx+d$.

D 6.6.3 Ein Ausdruck der Form

$$a_n x^n + a_{n-1} x^{n-1} + \ldots + a_1 x + a_0 = \sum_{i=0}^{n} a_i x^i$$

heißt auch **Polynom n-ten Grades** in x.

Wegen D 6.6.3 werden ganze rationale Funktionen auch als Polynome bezeichnet.
In F 6.6.4 sind einige typische Beispiele ganzer rationaler Funktionen graphisch dargestellt.

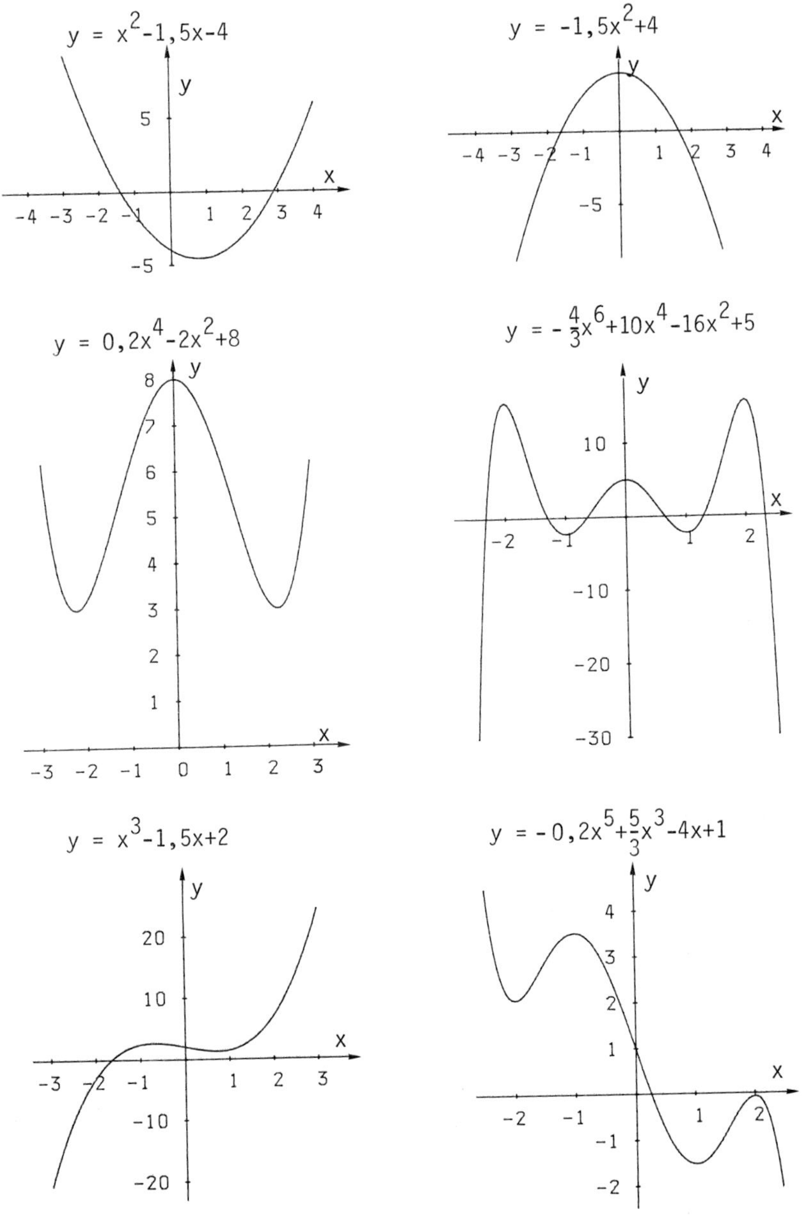
y = x^2-1,5x-4
y = -1,5x^2+4
y = 0,2x^4-2x^2+8
y = -4/3 x^6+10x^4-16x^2+5
y = x^3-1,5x+2
y = -0,2x^5+5/3 x^3-4x+1

F 6.6.4

Für ganze rationale Funktionen n-ten Grades und ihre graphische Darstellung gilt folgendes:

- ist n gerade und $a_n > 0$, so ist die Funktion nach unten beschränkt;
- ist n gerade und $a_n < 0$, so ist die Funktion nach oben beschränkt;
- ist n ungerade, so ist die Funktion nicht beschränkt.

Für die Bestimmung der Nullstellen einer ganzen rationalen Funktion sind die folgenden Regeln wichtig.

R 6.6.5 Eine ganze rationale Funktion n-ten Grades hat höchstens n reelle Nullstellen.

B 6.6.6 Eine ganze rationale Funktion 2. Grades $y = a_2x^2+a_1x+a_0$ hat z.B. zwei, eine oder keine Lösung, je nachdem, ob $(a_1^2/4a_2-a_0) > 0$, $= 0$ oder < 0 ist (vgl. R 2.5.9).

R 6.6.7 Für eine ganze rationale Funktion
$y = a_nx^n+a_{n-1}x^{n-1}+...+a_1x+a_0 = \sum_{i=0}^{n} a_ix^i$ mit den n Nullstellen $x_1,x_2,...,x_n$ gilt

$$\sum_{i=0}^{n} a_ix^i = a_n(x-x_1)(x-x_2)(x-x_3)...(x-x_n).$$

Stimmen Nullstellen überein, dann spricht man auch von einer **mehrfachen Nullstelle.**

B 6.6.8 Für $y = x^3-9x^2+27x-27$ gilt $x^3-9x^2+27x-27 = (x-3)^3$. Die Funktion hat eine dreifache Nullstelle bei $x = 3$.

Auf R 6.6.7 baut die folgende Regel auf.

R 6.6.9 Ist $x = x_1$ eine Nullstelle des Polynoms $y = \sum_{i=0}^{n} a_ix^i$, so kann das Polynom ohne Rest durch $(x-x_1)$ dividiert werden:
$(\sum_{i=0}^{n} a_ix^i):(x-x_1) = \sum_{i=0}^{n-1} b_ix^i$. Das Ergebnis ist ein Polynom (n-1)-ten Grades. Die Nullstellen dieses Polynoms sind zugleich Nullstellen des ursprünglichen Polynoms.

Kennt man mehrere Nullstellen $x_1, x_2, \ldots, x_r$ eines Polynoms, so kann man gleich durch $(x-x_1)(x-x_2)\ldots(x-x_r) = \prod_{p=1}^{r} (x-x_p)$ dividieren.

Für die Division wird das Polynom nach fallenden Potenzen von x geordnet. Im ersten Schritt wird das Glied des Polynoms mit dem höchsten Exponenten durch das Glied des Divisors mit dem höchsten Exponenten dividiert. Diese Division ergibt das erste Glied des Quotienten. Dieses erste Glied des Quotienten wird mit dem ganzen Divisor multipliziert und anschließend vom Dividenden gliedweise subtrahiert. Mit dem sich nach der Subtraktion ergebenden Rest verfährt man in gleicher Weise, bis sich der Rest Null ergibt.

In dem folgenden Beispiel sind am rechten Rand zusätzliche Erläuterungen gegeben.

B 6.6.10 $y = x^4-x^3-28x^2-20x+48$ hat die Nullstellen $x_1 = 1$ und $x_2 = -2$.

$(x-x_1)(x-x_2) = (x-1)(x+2) = x^2+x-2$.

Die Division ergibt:

$(x^4-x^3-28x^2-20x+48):(x^2+x-2) = x^2-2x-24$	$x^4:x^2 = x^2$
$\underline{x^4+x^3-\ 2x^2}$	$(x^2+x-2)x^2$
$-2x^3-26x^2-20x+48$	$-2x^3:x^2=-2x$
$\underline{-2x^3-\ 2x^2+\ 4x}$	$(x^2+x-2)(-2x)$
$-24x^2-24x+48$	$-24x^2:x^2=-24$
$\underline{-24x^2-24x+48}$	$(x^2+x-2)(-24)$
0	

Die Division ist ohne Rest möglich. Das Ergebnis ist $x^2-2x-24$. Die Auflösung von $x^2-2x-24 = 0$ ergibt die beiden anderen Nullstellen $x_3 = 6$ und $x_4 = -4$.

Es sei hier noch einmal erwähnt, daß sich die Nullstellen einer ganzen rationalen Funktion 2. Grades $y = a_2x^2+a_1x+a_0$ aus

$$x_{1/2} = -\frac{a_1}{2a_2} \pm \sqrt{\frac{a_1^2}{4a_2^2} - \frac{a_0}{a_2}}$$ ergeben (vgl. R 2.5.8 sowie R 2.5.7).

Man beachte, daß ein Polynom, dessen absolutes Glied verschwindet (in $\sum_{i=0}^{n} a_ix^i$ gilt dann $a_0 = 0$), eine Nullstelle bei $x = 0$ hat.

B 6.6.11 a) Das Polynom $y = x^3-3x^2-x+3$ hat die Nullstelle $x_1 = 1$. Die Division des Polynoms durch (x-1) ergibt

$$
\begin{array}{l}
(x^3-3x^2-x+3):(x-1) = x^2-2x-3 \\
\underline{x^3-\ x^2} \\
\quad -2x^2-x+3 \\
\quad \underline{-2x^2+2x} \\
\qquad\quad -3x+3 \\
\qquad\quad \underline{-3x+3} \\
\qquad\qquad 0
\end{array}
$$

Das Polynom $y = x^2-2x-3$ hat die Nullstellen $x_{2/3} = 1 \pm \sqrt{1+3} = 1 \pm \sqrt{4} = 1 \pm 2$ also $x_2 = -1$ und $x_3 = 3$.

x_2 und x_3 sind auch Nullstellen des Polynoms $y = x^3-3x^2-x+3$.

Die Werte $x_1 = 1$, $x_2 = -1$ und $x_3 = 3$ sind also die Nullstellen von $y = x^3-3x^2-x+3$.

b) $y = x^5-5x^4-94x^3+104x^2+192x$ hat die Nullstellen $x_1 = 0$, $x_2 = -1$, $x_3 = 2$. (Die Nullstelle $x_1 = 0$ ergibt sich aus dem Fehlen des absoluten Gliedes.) Es ist $(x-x_1)(x-x_2)(x-x_3) = x(x+1)(x-2) = x^3-x^2-2x$ und es ergibt sich

$$
\begin{array}{l}
(x^5-5x^4-94x^3+104x^2+192x):(x^3-x^2-2x) = x^2-4x-96 \\
\underline{x^5-\ x^4-\ 2x^3} \\
\quad -4x^4-92x^3+104x^2+192x \\
\quad \underline{-4x^4+\ 4x^3+\ \ 8x^2} \\
\qquad -96x^3+\ 96x^2+192x \\
\qquad \underline{-96x^3+\ 96x^2+192x} \\
\qquad\qquad\qquad 0
\end{array}
$$

$x^2-4x-96 = 0 \Longrightarrow x_{4/5} = 2 \pm \sqrt{4+96} = 2 \pm 10$, $x_4 = 12$, $x_5 = -8$. Damit sind alle Nullstellen bestimmt.

b) Gebrochene rationale Funktionen

Ist bei einer rationalen Funktion (vgl. D 6.5.1) $m > 0$ und $b_m \neq 0$ so spricht man auch von einer gebrochenen rationalen Funktion.

D 6.6.12

Eine rationale Funktion der Form

$$y = \frac{a_n x^n + a_{n-1}x^{n-1} + \ldots + a_1 x + a_0}{b_m x^m + b_{m-1}x^{m-1} + \ldots + b_1 x + b_0} = \frac{\sum\limits_{i=0}^{n} a_i x^i}{\sum\limits_{j=0}^{m} b_j x^j}\ ;\ a_i, b_j \in \mathbb{R} \text{ und}$$

$m \geq 1$, heißt **gebrochene rationale Funktion.**

Für gebrochene rationale Funktionen gilt folgendes:

(1) Die **Nullstellen** einer gebrochenen rationalen Funktion ergeben sich als Nullstellen des Polynoms im Zähler. Dabei muß der Nenner von Null verschieden sein:

$$\frac{\sum_{i=0}^{n} a_i x^i}{\sum_{j=0}^{m} b_j x^j} = 0 \iff \sum_{i=0}^{n} a_i x^i = 0 \wedge \sum_{j=0}^{m} b_j x^j \neq 0.$$

Auf die Nullstellenbestimmung von Polynomen ist weiter oben ausführlich eingegangen worden. Deshalb wird auf die Nullstellenbestimmung gebrochener rationaler Funktionen hier nicht weiter eingegangen.

(2) Hat das Polynom im Nenner bei x_0 eine Nullstelle und ist das Polynom im Zähler an dieser Stelle von Null verschieden, d.h. gilt $\sum_{i=0}^{n} a_i x_0^i \neq 0$ und $\sum_{j=0}^{m} b_j x_0^j = 0$, so hat die Funktion an dieser Stelle einen **Pol.** Bei x_0 ist sie nicht definiert (Division durch 0). Nähert sich x dem Wert x_0, so geht der Funktionswert gegen unendlich. Bei x_0 liegt eine Unstetigkeitsstelle, die (s.o.) Pol genannt wird.

(3) Werden an einer Stelle x_0 Zähler und Nenner Null, so ist die Funktion an dieser Stelle ebenfalls nicht definiert. Für alle um x_0 benachbarten Werte ist sie jedoch definiert und der Funktionswert geht nicht gegen unendlich (wie bei (2)). Die gebrochene rationale Funktion kann in einem solchen Fall durch $x-x_0$ oder, bei einer n-fachen Nullstelle bei x_0, durch $(x-x_0)^n$, $n > 1$ und $n \in \mathbb{N}$, gekürzt werden. Für die gekürzte Funktion kann dann der Funktionswert an der Stelle x_0 bestimmt werden. Die Unstetigkeitsstelle bei x_0 kann dadurch "beseitigt" werden. Man spricht von einer **hebbaren Unstetigkeitsstelle.**

B 6.6.13 Bei der gebrochenen rationalen Funktion $y = \frac{x^2-10x+16}{x^2-5x+6}$ hat der Zähler Nullstellen bei $x_1 = 2$ und $x_2 = 8$ und der Nenner bei $x_3 = 2$ und $x_4 = 3$. F 6.6.14 zeigt die Zeichnung der Funktion. Die Funktion hat eine Nullstelle bei $x_2 = 8$ (Zähler Null, Nenner von Null verschieden). Bei $x_4 = 3$ hat sie einen Pol (Nenner Null, Zähler von Null verschieden). Bei $x_1 = x_3 = 2$ werden Zähler und Nenner 0. Die Funktion ist dort nicht definiert. Dividiert man Zähler und Nenner durch x-2, so ergibt sich $y = \frac{x-8}{x-3}$. Für $x = 2$ nimmt diese Funktion den Wert $y = 6$ an. Aus F 6.6.14 ist zu ersehen, daß die ursprüngliche Funktion für x-Werte nahe bei 2 Funktionswerte nahe bei 6 annimmt. Die Unstetigkeitsstelle bei $x = 2$ wird dann dadurch behoben, daß man $f(2) := 6$ setzt.

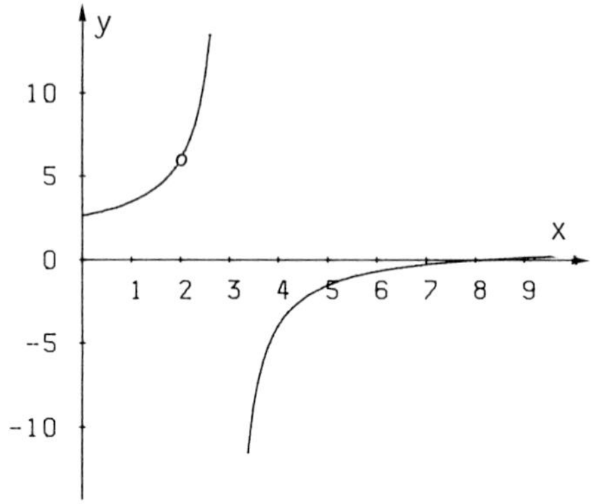

F 6.6.14

Von den gebrochenen rationalen Funktionen ist die einfachste Form

$$y = \frac{a_1x+b_1}{a_2x+b_2} \; ; \; a_2 \neq 0, \; a_2x+b_2 \neq 0.$$

Es handelt sich hierbei um eine rechtwinklige Hyperbel, deren Asymptoten parallel zu den Koordinatenachsen verlaufen.

In F 6.6.15 sind einige Beispiele gebrochener rationaler Funktionen gezeichnet.

$y = \frac{4x}{x^2-9}$

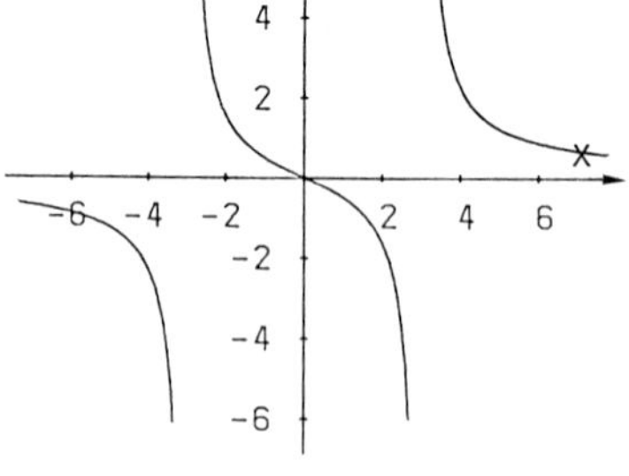

$y = \frac{x^2-4}{x-2}$

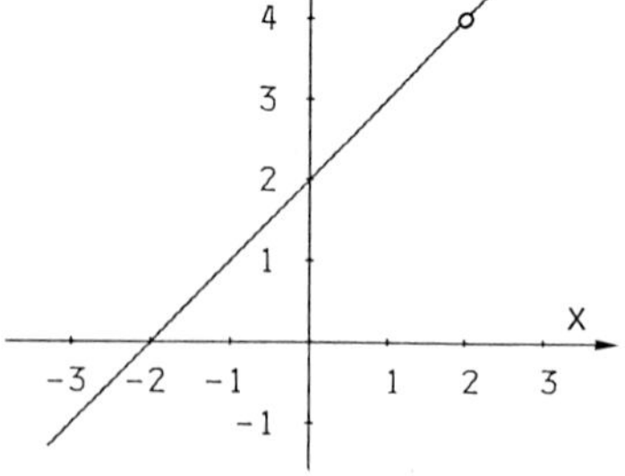

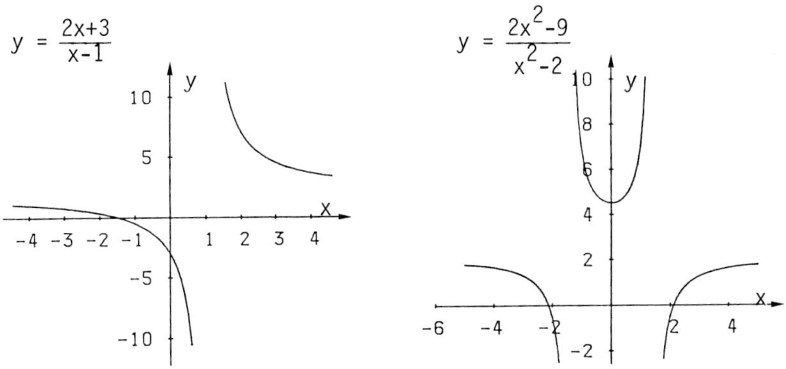

F 6.6.15

Eine Anwendung einer gebrochenen rationalen Funktion zeigt das folgende Beispiel.

B 6.6.16 Für einen normalen Fernsprechanschluß ist eine monatliche Grundgebühr von DM 27,00 (Gruppe I, Stand April 1989) zu entrichten. Mit der Grundgebühr werden monatlich bis 20 Gesprächsgebühreneinheiten abgegolten. Die Gebühr für eine Gesprächseinheit beträgt DM 0,23 abzüglich 1% Nachlaß der Post. Für die gesamten Gebühren G in einem Monat gilt dann
$G = 27$ für $x \leq 20$ und $G = 27+(x-20)\cdot 0{,}23\cdot 0{,}99 = 22{,}446+0{,}2277x$ für $x > 20$. (Durch den Faktor 0,99 wird der 1%-ige Nachlaß berücksichtigt.) Die durchschnittlichen Kosten für eine Gesprächseinheit betragen dann
$g = \frac{27}{x}$ für $x \leq 20$ und $g = \frac{22{,}446+0{,}2277x}{x}$ für $x > 20$.
Für die Durchschnittskosten erhält man also gebrochene rationale Funktionen.

c) Partialbruchzerlegung gebrochener rationaler Funktionen

Es wird eine gebrochene rationale Funktion (vgl. D 6.6.12) betrachtet mit $n < m$ und es sei (aus Vereinfachungsgründen) $b_m = 1$. Hat der Nenner m reelle Nullstellen $x_1, x_2, \ldots, x_m$ und sind diese alle bekannt, so kann man, unter Verwendung von R 6.6.7, für die gebrochene rationale Funktion auch schreiben

$$\frac{a_n x^n + a_{n-1} x^{n-1} + \ldots + a_1 x + a_0}{x^m + b_{m-1} x^{m-1} + \ldots + b_1 x + b_0} = \frac{a_n x^n + a_{n-1} x^{n-1} + \ldots + a_1 x + a_0}{(x-x_1)(x-x_2)\ldots(x-x_m)}.$$

Die gebrochene rationale Funktion kann nun in eine Summe von m Brüchen so umgeformt werden, daß der j-te Bruch den Nenner $(x-x_j)$ hat $(j = 1,\dots,m)$:

$$\frac{a_n x^n + a_{n-1}x^{n-1} + \dots + a_1 x + a_0}{(x-x_1)(x-x_2)\dots(x-x_m)} = \frac{A_1}{(x-x_1)} + \frac{A_2}{(x-x_2)} + \dots + \frac{A_m}{(x-x_m)} .$$

D 6.6.17

Gegeben sei eine gebrochene rationale Funktion

$$y = \frac{a_n x^n + a_{n-1}x^{n-1} + \dots + a_1 x + a_0}{x^m + b_{m-1}x^{m-1} + \dots + b_1 x + b_0}$$

mit $n < m$ und den m reellen Nullstellen $x_1, x_2, \dots, x_m$ des Nenners. Die Zerlegung der Funktion in Brüche

$$\frac{a_n x^n + a_{n-1}x^{n-1} + \dots + a_1 x + a_0}{x^m + b_{m-1}x^{m-1} + \dots + b_1 x + b_0} = \frac{A_1}{x-x_1} + \frac{A_2}{x-x_2} + \dots + \frac{A_m}{x-x_m}$$

heißt **Partialbruchzerlegung.** Die Brüche $\frac{A_j}{x-x_j}$ $(j = 1,\dots,m)$ heißen Partialbrüche.

Die Bestimmung der A_j geschieht durch Koeffizientenvergleich.

B 6.6.18 a) Der Nenner der Funktion $y = \frac{x+4}{x^2-x-2}$ hat die Nullstellen $x_1 = -1$ und $x_2 = 2$. Es muß gelten

$$\frac{x+4}{x^2-x-2} = \frac{A_1}{x+1} + \frac{A_2}{x-2} = \frac{A_1(x-2)}{(x+1)(x-2)} + \frac{A_2(x+1)}{(x+1)(x-2)} = \frac{(A_1+A_2)x-2A_1+A_2}{x^2-x-2} .$$

Die beiden Zähler der Brüche links und rechts müssen übereinstimmen: $x+4=(A_1+A_2)x-2A_1+A_2$. Daraus folgt (1) $A_1+A_2=1$ und (2) $-2A_1+A_2=4$. Die Auflösung dieses Gleichungssystems liefert $A_1 = -1$ und $A_2 = 2$. Damit ergibt sich folgende Partialbruchzerlegung:

$$\frac{x+4}{x^2-x-2} = -\frac{1}{x+1} + \frac{2}{x-2} .$$

Die Richtigkeit der Partialbruchzerlegung prüft man leicht nach, indem man die beiden Brüche wieder zu einem addiert. Der Hauptnenner ist $(x+1)(x-2)$. Der erste Bruch wird mit $x-2$ erweitert und der zweite mit $x+1$. Man erhält dann

$$\frac{-(x-2)}{(x+1)(x-2)} + \frac{2(x+1)}{(x+1)(x-2)} = \frac{-x+2+2x+2}{(x+1)(x-2)} = \frac{x+4}{x^2-x-2} .$$

b) Der Nenner der Funktion $y = \frac{6x^2-35x+11}{x^3-6x^2-x+30}$ hat die Nullstellen $x_1 = -2$,

$x_2 = 3$ und $x_3 = 5$. Es ergibt sich damit

$$\frac{6x^2-35x+11}{x^3-6x^2-x+30} = \frac{A_1}{x+2} + \frac{A_2}{x-3} + \frac{A_3}{x-5}$$

$$= \frac{A_1(x-3)(x-5)+A_2(x+2)(x-5)+A_3(x+2)(x-3)}{(x+2)(x-3)(x-5)}$$

$$= \frac{(A_1+A_2+A_3)x^2-(8A_1+3A_2+A_3)x+(15A_1-10A_2-6A_3)}{x^3-6x^2-x+30}$$

Durch Koeffizientenvergleich erhält man folgende Gleichungen (1) $A_1+A_2+A_3 = 6$; (2) $8A_1+3A_2+A_3 = 35$; (3) $15A_1-10A_2-6A_3 = 11$.

Die Auflösung ergibt $A_1 = 3$, $A_2 = 4$ und $A_3 = -1$.

Es gilt somit folgende Partialbruchzerlegung:

$$\frac{6x^2-35x+11}{x^3-6x^2-x+30} = \frac{3}{x+2} + \frac{4}{x-3} - \frac{1}{x-5} .$$

Für die Partialbruchzerlegung ist folgendes zu beachten:

(1) Ist $m \leq n$, so wird zunächst der Zähler durch den Nenner dividiert (vgl. dazu B 6.6.10 und 6.6.11). Die Partialbruchzerlegung wird dann nur auf den evtl. verbleibenden Rest angewendet.

(2) Hat der Nenner mehrfache Nullstellen, dann sind für jede mehrfache Nullstelle x_j so viele Partialbrüche mit den Nennern $(x-x_j)$, $(x-x_j)^2$, $(x-x_j)^3$ ... anzusetzen, wie die Vielfachheit der Nullstelle beträgt.

(3) Hat der Nenner weniger als m reelle Nullstellen, dann kommen Brüche mit Polynomen der Ordnung $k < m$ im Nenner vor, die dann keine reelle Nullstelle haben.

B 6.6.19 a) Für $y = \frac{x^4-4x^3+x^2+7x+4}{x^2-x-2}$ ergibt die Division des Zählers durch den Nenner

$$(x^4-4x^3+x^2+7x+4):(x^2-x-2) = x^2-3x+\frac{x+4}{x^2-x-2}$$

$$\begin{array}{l}
\underline{x^4-\ x^3-2x^2} \\
\quad -3x^3+3x^2+7x+4 \\
\quad \underline{-3x^3+3x^2+6x} \\
\qquad\qquad\qquad x+4
\end{array}$$

Die Partialbruchzerlegung des Restes liefert (vgl. B 6.6.18)

$$\frac{x+4}{x^2-x-2} = \frac{2}{x-2} - \frac{1}{x+1}$$. Damit ergibt sich

$$\frac{x^4-4x^3+x^2+7x+4}{x^2-x-2} = x^2-3x+\frac{2}{x-2}-\frac{1}{x+1}.$$

b) Bei der Funktion $y = \frac{2x^4-13x^3+38x^2-55x+32}{x^5-7x^4+19x^3-25x^2+16x-4}$ hat der Nenner eine dreifache Nullstelle bei $x_{1,2,3} = 1$ und eine zweifache Nullstelle bei $x_{4,5} = 2$. Die Partialbruchzerlegung ergibt

$$\frac{2x^4-13x^3+38x^2-55x+32}{x^5-7x^4+19x^3-25x^2+16x-4} = \frac{3}{x-1}-\frac{2}{(x-1)^2}+\frac{4}{(x-1)^3}-\frac{1}{x-2}+\frac{2}{(x-2)^2}.$$

c) Bei $y = \frac{-2x^2+9x-19}{x^3-5x^2+8x-6}$ hat der Nenner nur eine einfache Nullstelle bei $x = 3$. Es ergibt sich

$$\frac{-2x^2+9x-19}{x^3-5x^2+8x-6} = \frac{5}{x^2-2x+2}-\frac{2}{x-3}$$

Die Partialbruchzerlegung spielt u.a. als Hilfsmittel für die Integration gebrochener rationaler Funktionen eine Rolle.

d) Potenzfunktionen

Ist in einem Polynom $a_n = 1$ und $a_o = a_1 = \ldots = a_{n-1} = 0$, dann erhält man als Spezialfall die rationale Funktion $y = x^n$. Dabei kann auch $n < 0$ zugelassen werden.

D 6.6.20 Eine Funktion der Form $y = x^n$, $n \in \mathbb{Z}$, heißt **Potenzfunktion.**

Für $n < 0$ muß man $x \neq 0$ verlangen.

e) Wurzelfunktionen

D 6.6.21 Eine Funktion $y = f(x)$, in der außer Potenzen von x und deren Summen auch Wurzeln vorkommen, heißt **Wurzelfunktion.**

Es ist nicht möglich, für Wurzelfunktionen eine allgemeine Form anzugeben, da die Wurzeln auf unterschiedliche Art verschachtelt sein können.

B 6.6.22 Wurzelfunktionen sind z.B. $y = \sqrt{x^2-x}$; $y = \sqrt[3]{x^4+3x^3-\sqrt[4]{x^5+\sqrt{x^2+5}}}$; $y = \sqrt[5]{x}$.

Eine spezielle Form der Wurzelfunktionen ist mit den Potenzfunktionen verwandt:

$y = x^n$ mit $n \in \mathbb{Q} \setminus \mathbb{Z}$.

Wurzelfunktionen sind nichtrationale algebraische Funktionen (vgl. D 6.5.3 und B 6.5.4). In der folgenden Figur 6.6.23 sind einige Potenz- und Wurzelfunktionen dargestellt.

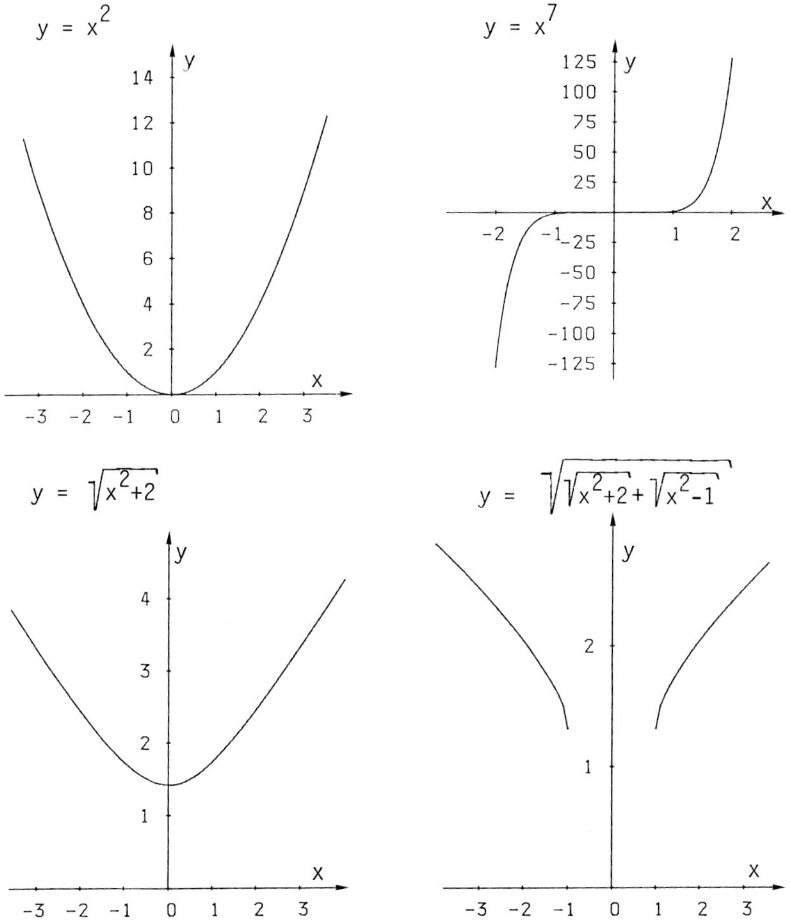

F 6.6.23

Die Umkehrfunktion zu einer eineindeutigen Potenzfunktion ist eine Wurzelfunktion.

B 6.6.24 $y = x^3 \Longrightarrow x = \sqrt[3]{y}$.

Potenzfunktionen mit geraden Exponenten sind nur bei Beschränkungen des Definitionsbereichs umkehrbar.

B 6.6.25 $y = x^4$ mit $x \geq 0 \Longrightarrow x = \sqrt[4]{y}$ und $y = x^4$ mit $x \leq 0 \Longrightarrow x = -\sqrt[4]{y}$.

Bei Wurzelfunktionen ist zu beachten, daß der Definitionsbereich oft dadurch beschränkt ist, daß Wurzeln aus negativen Zahlen nicht definiert sind.

B 6.6.26 a) $y = \sqrt[4]{x}$ ist nur für $x \geq 0$ definiert: $D(f) = \{ x \in \mathbb{R} \mid x \geq 0\}$.
b) $y = \sqrt{x^2 - x}$ ist nur für $x^2 - x \geq 0$ definiert, d.h
$D(f) = \{x \in \mathbb{R} \mid x \leq 0 \vee x \geq 1\}$.

f) Exponentialfunktionen

Exponentialfunktionen gehören zu den transzendenten Funktionen.

D 6.6.27

Eine Funktion der Form

$$y = \frac{\sum_{i=1}^{n} k_i a_i^{f_i(x)}}{\sum_{j=1}^{m} c_j b_j^{g_j(x)}}; \quad \sum_{j=1}^{m} c_j b_j^{g_j(x)} \neq 0; \quad (a_i, b_j > 0); \text{ wobei}$$

$f_i(x)$ und $g_j(x)$ algebraische Ausdrücke in x sind, heißt **Exponentialfunktion.**

Bei Anwendungen kommen nur wenige spezielle Formen dieser allgemeinen Exponentialfunktion vor. Dabei spielt auch die Basis der natürlichen Logarithmen $e = 2{,}71828182845...$ eine Rolle (vgl. D 6.1.6 und den nachfolgenden Text in den "Elementaren Grundlagen ...").

D 6.6.28

Spezielle Exponentialfunktionen sind

a) $y = ca^{f(x)}$, $a > 0$,

b) $y = ce^{f(x)}$,

c) $y = ca^x$, $a > 0$,

d) $y = ce^x$.

Exponentialfunktionen mit einer Basis a können immer in solche zu einer Basis b umgewandelt werden. Es gilt (vgl. Definition des Logarithmus in den "Elementaren Grundlagen ...", D 6.1.1) $a = b^{\log_b a}$ und somit

$$y = ca^x = cb^{\log_b a\, x} \text{ bzw. allgemein } y = ca^{f(x)} = cb^{\log_b a f(x)}.$$

Wegen $a = e^{\ln a}$ gilt speziell

$$y = ca^x = ce^{\ln a\, x} \text{ bzw. allgemein } y = ca^{f(x)} = ce^{\ln a f(x)}.$$

Jede Exponentialfunktion der Form $y = ca^{f(x)}$ kann also in eine entsprechende zur Basis e umgeformt werden. Solche Umformungen spielen z.B. für die Differentiation von Funktionen eine Rolle (darauf wird in Band 2 eingegangen).

In F 6.6.29 sind einige Beispiele von Exponentialfunktionen zeichnerisch dargestellt.

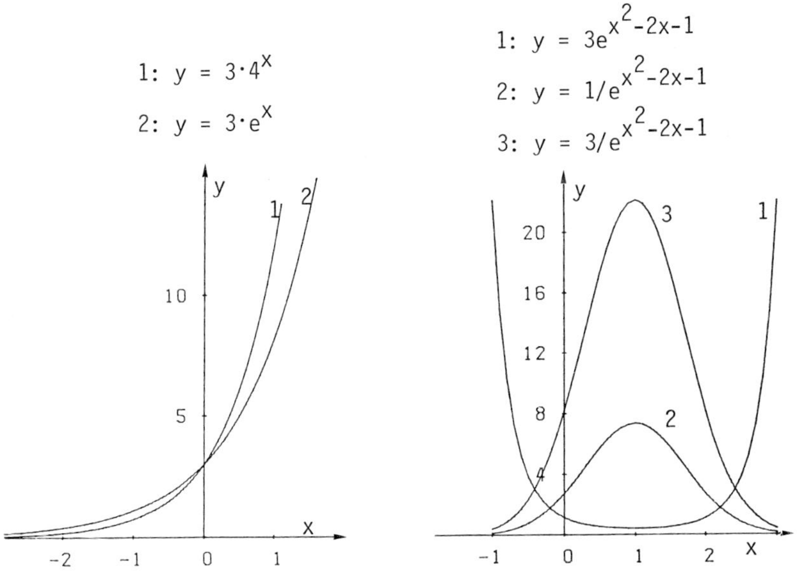

F 6.6.29

Da für Potenzen gilt $a^{-x} = \frac{1}{a^x} = (\frac{1}{a})^x$, gilt für Exponentialfunktionen $y = ca^{-x} = c(\frac{1}{a})^x$.

Sofern der Defintionsbereich für f(x) nicht beschränkt ist, gilt für die Exponentialfunktionen aus D 6.6.28 $D(f) = \mathbb{R}$. Für $y = ca^x$ und $y = ce^x$ gilt

$W(f) = \mathbb{R}^+$ falls $c > 0$ und $W(f) = \mathbb{R}^-$ falls $c < 0$. Ergibt sich in $y = ca^{f(x)}$ bzw. $y = ce^{f(x)}$ für $f(x)$ ein komplizierter Ausdruck, dann ist es zweckmäßig, anstelle von $e^{f(x)}$ die Schreibweise $\exp(f(x))$ zu verwenden. Statt z.B. $e^{-\frac{1}{2}(\frac{x-\mu}{\sigma})^2}$ kann man also übersichtlicher $\exp(-\frac{1}{2}(\frac{x-\mu}{\sigma})^2)$ schreiben.

Löst man $y = a^x$ bzw. $y = e^x$ nach x auf, so ergibt sich (Logarithmieren der Gleichungen)

$\log_a y = x$ bzw. $\ln y = x$.

Es gilt also:

R 6.6.30

> Als **Umkehrfunktion** zu $y = a^x$ ergibt sich $x = \log_a y$ und zu $y = e^x$ die Funktion $x = \ln y$.

Die Umkehrfunktionen dieser speziellen Exponentialfunktionen sind Logarithmusfunktionen, auf die weiter unten eingegangen wird.

g) Logistische Funktionen

Eine spezielle Exponentialfunktion ist die sogenannte logistische Funktion.

D 6.6.31

> Eine Funktion der Form
>
> $y = \frac{k}{1+e^{f(x)}}$, $k \in \mathbb{R}^+$ heißt **logistische Funktion,** falls $f(x)$ eine streng monoton fallende Funktion ist, für die gilt, daß sie für unbeschränkt wachsende (fallende) x-Werte unbeschränkt fällt (wächst).

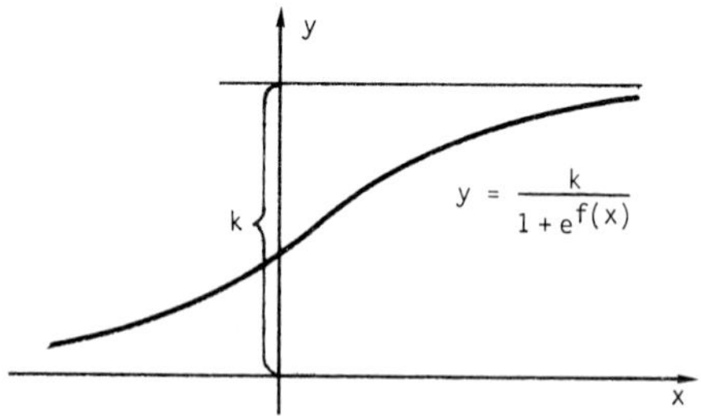

F 6.6.32

Die logistische Funktion ist eine streng monoton steigende Funktion, die zwischen den Asymptoten $y \equiv 0$ und $y \equiv k$ (Sättigungsgrenze) verläuft. Sie hat den in Figur 6.6.32 an einem Beispiel gezeigten Verlauf. Die logistische Funktion findet insbesondere in der Wachstumstheorie sowie bei der Diskussion der sogenannten Engelkurven Anwendung.

h) Logarithmusfunktionen

D 6.6.33

Eine Funktion der Form $y = \log_a x$ heißt **Logarithmusfunktion** (zur Basis a).

Spezialfälle der Logarithmusfunktion ergeben sich für den dekadischen und für den natürlichen Logarithmus.

$y = \log x$ und $y = \ln x$.

Da Logarithmen nur für positive reelle Zahlen definiert sind (vgl. Abschnitt 2.4), gilt generell $D(f) = \mathbb{R}^+$ und $W(f) = \mathbb{R}$ für alle Logarithmusfunktionen. Nach R 6.6.30 ergeben sich Logarithmusfunktionen als Umkehrfunktion zu $y = a^x$. Die **Umkehrfunktion** einer Logarithmusfunktion $y = \log_a x$ ist eine Exponentialfunktion $x = a^y$. F 6.6.34 zeigt Beispiele von Logarithmusfunktionen.

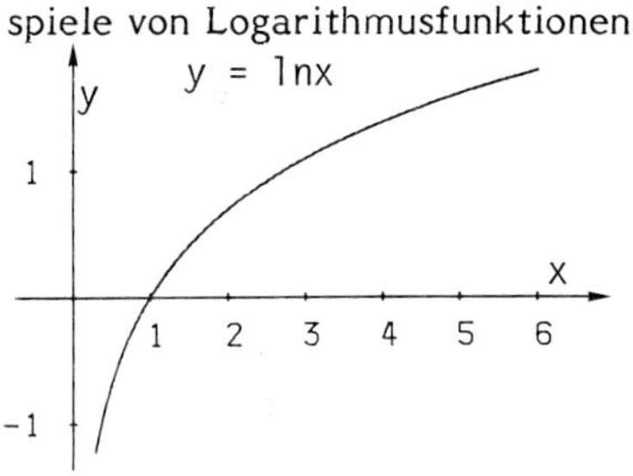

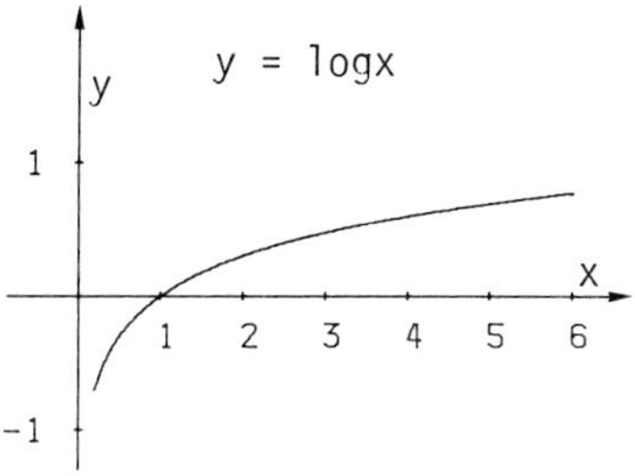

F 6.6.34

i) Trigonometrische Funktionen

Die trigonometrischen Funktionen oder Winkelfunktionen können am rechtwinkligen Dreieck oder am Einheitskreis definiert werden (vgl. hierzu Kapitel 13 der "Elementaren Grundlagen ...").

D 6.6.35

In einem rechtwinkligen Dreieck ist $\sin\alpha = \frac{\text{Gegenkathete}}{\text{Hypotenuse}}$; $\cos\alpha = \frac{\text{Ankathete}}{\text{Hypotenuse}}$; $\tan\alpha = \frac{\text{Gegenkathete}}{\text{Ankathete}}$; $\cot\alpha = \frac{\text{Ankathete}}{\text{Gegenkathete}}$. (Lies: "sinus", "cosinus", "tangens" bzw. "cotangens".)

Zu der folgenenden Definition vgl. F 6.6.37.

D 6.6.36

Gegeben sei ein Einheitskreis um den Koordinatenursprung eines rechtwinkligen (x,y)-Koordinatensystems, ein Winkel α mit der positiven Richtung der x-Achse als einem Schenkel und einem zweiten Schenkel, der den Einheits-

kreis im Punkt P, die Tangente an den Einheitskreis im Schnittpunkt mit der x-Achse im Punkt Q und die Tangente im Schnittpunkt mit der y-Achse im Punkt R schneidet. Dann gilt:

sin α	entspricht der	y-Koordinate von	P
cos α	" "	x- " "	P
tan α	" "	y- " "	Q
cot α	" "	x- " "	R

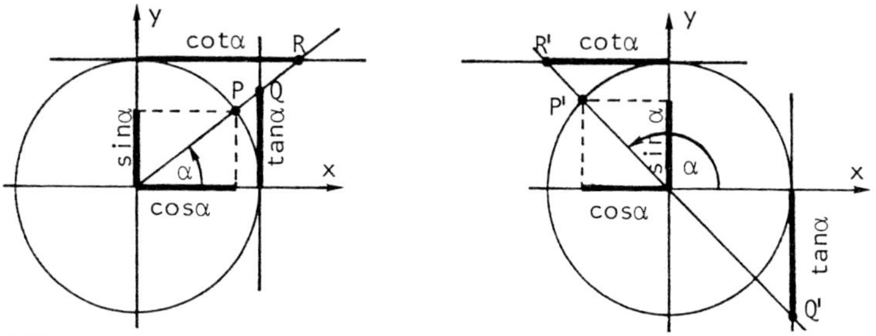

F 6.6.37

An D 6.6.36 wird deutlich, daß die trigonometrischen Funktionen für Winkel von 0° bis 360° am Einheitskreis definiert werden können. Stellt man sich einen auf dem Einheitskreis umlaufenden Punkt vor, dann kann man diesen bei 360° weiter laufen lassen und erhält noch größere Winkel. Für die trigonometrischen Funktionen ergeben sich für Winkel von 360° bis 720° dann die gleichen Werte wie für Winkel von 0° bis 360°.

R 6.6.38

$$\sin(k \cdot 360^{\circ} + \alpha) = \sin\alpha; \quad \cos(k \cdot 360^{\circ} + \alpha) = \cos\alpha;$$
$$\tan(k \cdot 360^{\circ} + \alpha) = \tan\alpha; \quad \cot(k \cdot 360^{\circ} + \alpha) = \cot\alpha; \quad k \in \mathbb{Z}.$$

Alle 360° nehmen die trigonometrischen Funktionen wieder denselben Funktionswert an. Diese Eigenschaft nennt man auch **Periodizität.** Die trigonometrischen Funktionen sind **periodische Funktionen.**

Häufig wird das Argument der trigonometrischen Funktionen nicht als Winkel in Grad (°), sondern als sogenanntes **Bogenmaß** ausgedrückt (vgl. F 6.6.39). Es wird die Länge des zu dem Winkel α gehörenden Bogens auf dem Einheitskreis verwendet. Da der Einheitskreis (Radius r = 1) den Umfang 2π hat, gilt für den Kreisbogen zu α

$$\frac{x}{2\pi} = \frac{\alpha}{360^{\circ}} \text{ oder } x = \frac{2\pi}{360^{\circ}}\,\alpha .$$

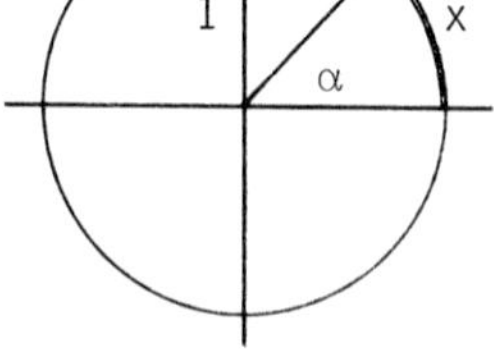

F 6.6.39

B 6.6.40 Zu Winkeln von 45°, 90° und 180° gehören Bogenmaße von $\pi/4$, $\pi/2$ und π.

Die in Regel 6.6.38 ausgedrückten Periodizitäten lauten unter Verwendung des Bogenmaßes $\sin(2\pi k+x) = \sin x$ ($k \in \mathbb{Z}$) und entsprechend für cos, tan, cot.

In F 6.6.41 sind die trigonometrischen Funktionen zeichnerisch dargestellt. Dabei ist folgendes aus der Zeichnung unmittelbar zu ersehen:

- $|\sin x| \leq 1$ und $|\cos x| \leq 1$, d.h. sin und cos sind beschränkte Funktionen;
- tan x hat bei $x = (2k+1)\frac{\pi}{2}$, $k \in \mathbb{Z}$, Pole;
- cot x hat bei $x = k\pi$, $k \in \mathbb{Z}$, Pole.

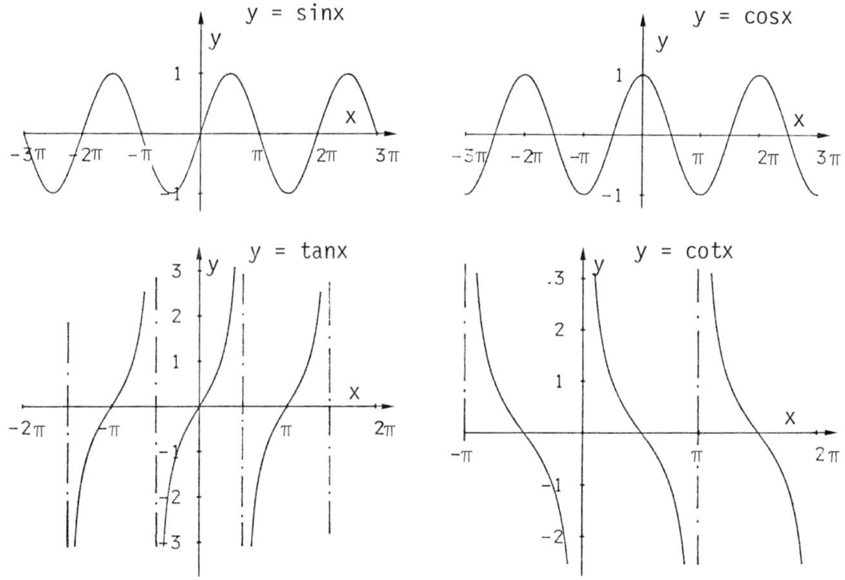

F 6.6.41

In manchen Anwendungen hat man es auch mit Funktionen der Form

$y = a \sin cx$; $y = a \cos cx$

oder

$$y = \sum_{i=1}^{m} (a_i \sin c_i x + b_i \cos c_i x)$$

zu tun, z. B. bei der Zeitreihenanalyse. Dabei gilt: sin cx und cos cx durchlaufen eine volle Periode (Schwingung) auf dem c-ten Teil der ursprünglichen Periodenlänge von 2π. In F 6.6.42 sind einige Beispiele für derartige Funktionen dargestellt.

$y = 4\sin 2x + 4\cos 4x - 2\sin 4x - \cos x$ $\quad$ $y = 3\sin 2x + 5\cos 3x - 2\sin 4x - \cos x$

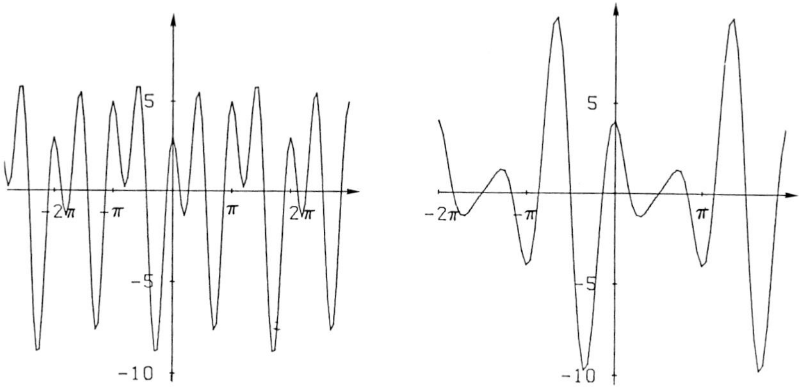

F 6.6.42

Für die graphische Betrachtung von Funktionen spielt $\tan\alpha$ eine besondere Rolle, da durch $\tan\alpha$ die Steigung einer Geraden ausgedrückt werden kann (vgl. Figur 6.6.43). Die Gerade I in Figur 6.6.43 bildet mit der positiven Richtung der x-Achse den Winkel α. Die Gleichung der Geraden lautet $y = mx + n$ und es gilt $m = \tan\alpha$. m bzw. $\tan\alpha$ gibt die Steigung der Geraden an.

Die Gerade II in Figur 6.6.43 bildet mit der x-Achse den Winkel ß und ihre Steigung wird gegeben durch $r = \tan ß$. Es ist $ß = 180^\circ - \gamma$ und somit gilt

$r = \tan ß = \tan(180^\circ - \gamma) = -\tan\gamma$.

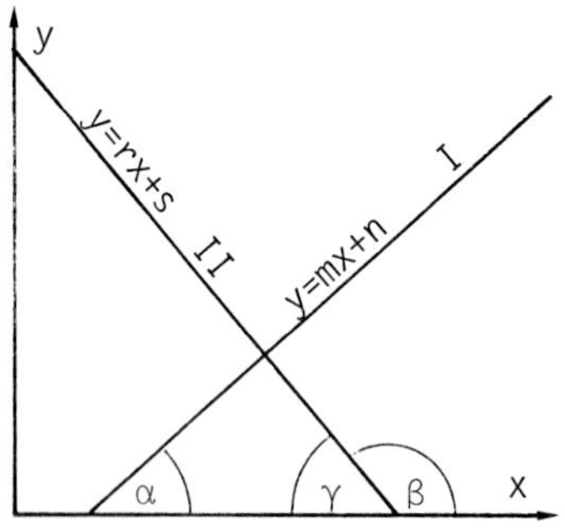

F 6.6.43

$\tan\alpha$ kann auch graphisch bestimmt werden (vgl. "Elementare Grundlagen ...", Seite 130).

j) Treppenfunktionen

Eine weitere Art von Funktionen, mit denen man es in den Wirtschaftswissenschaften mitunter zu tun hat, sind die sogenannten **Treppenfunktionen.** Das sind Funktionen, die intervallweise konstant sind. Ein

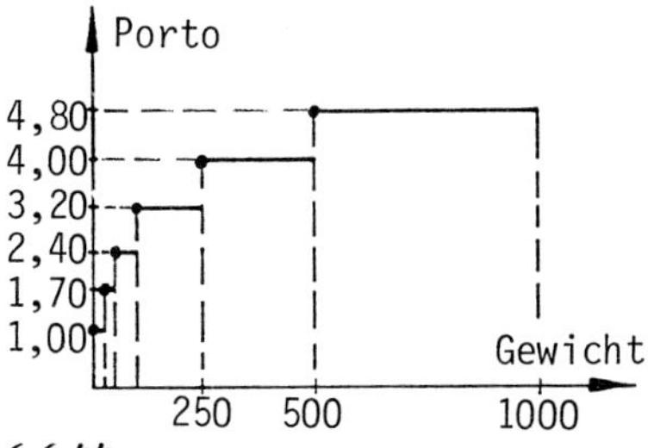

F 6.6.44

Beispiel dafür ist die in B 6.2.6 angeführte Funktion, die die Abhängigkeit des Briefportos vom Gewicht beschreibt. Die graphische Darstellung dieser Funktion zeigt Figur 6.6.44. Aus dem für alle Treppenfunktionen charakteristischen Verlauf wird auch der Begriff erklärlich. Die Sprünge "von Stufe zu Stufe" sind Unstetigkeitsstellen der Funktion. Meist legt man durch einen dicker gezeichneten Punkt fest, welchen Wert die Funktion an der Sprungstelle selbst hat (siehe Figur 6.6.44).

Aufgaben

Ü 6.6.1 **** Wenn man das Produkt $(x-3)(x+2)(x-1)$ ausrechnet, bekommt man ein Polynom 3. Grades. Wie lautet das Polynom und welche Nullstellen hat dieses Polynom?

Ü 6.6.2 *** Gegeben sei das Polynom $y = 2x^3-6x^2-2x+6$ mit der Nullstelle $x_1 = 3$. Bestimme die restlichen Nullstellen!

Ü 6.6.3 ** Gegeben sei das Polynom $y = x^3-5x^2+7x-3$ mit der zweifachen Nullstelle $x = 1$. Bestimme die dritte Nullstelle!

Ü 6.6.4 ** Das Polynom x^5-13x^3+36x hat Nullstellen bei $x = 2$ und $x = 3$. Bestimme die restlichen Nullstellen!

Ü 6.6.5 ** Zeige, daß jedes Polynom, in dem nur gerade Potenzen von x auftreten, eine symmetrische Funktion in Bezug auf $x = 0$ ist.

Ü 6.6.6 ************ Bei der gebrochenen rationalen Funktion $y = \frac{x^2+2x-15}{x^2-5x+6}$ hat der Zähler die Nullstellen $x_1 = 3$ und $x_2 = -5$ und der Nenner $x_3 = 3$ und $x_4 = 2$. Bestimme a) Nullstellen, b) Pole und c) hebbare Unstetigkeitsstellen und gib gegebenenfalls an, welchen Funktionswert man an einer hebbaren Unstetigkeitsstelle verwenden soll.

Ü 6.6.7 **** Untersuche $y = \frac{x^3-4x^2+3x}{x^3+2x^2-3x}$ auf a) Nullstellen, b) Pole und c) hebbare Unstetigkeitsstellen.

Ü 6.6.8 **** Zerlege in Partialbrüche a) $y = \frac{3x^2-2x+9}{x^3+2x^2-9x-18}$ mit den Nenner-Nullstellen $x_1 = -3$, $x_2 = -2$ und $x_3 = 3$;

b) $y = \frac{x}{x^2-4x+4}$; c) $y = \frac{1}{x^3(x-1)}$.

Ü 6.6.9 Bestimme für $y = f(x) = x^n$, $n > 1$ und $D(f) = \mathbb{R}$, den Wertevorrat falls a) n gerade, b) n ungerade ist.

Ü 6.6.10 Wann ist $y = ca^{f(x)}$ streng monoton fallend bzw. steigend?

Ü 6.6.11 Bestimme die Umkehrfunktionen zu a) $y = a^{2x}$; b) $y = a^{x+2}$; c) $y = 4e^x$; d) $y = e^x+4$; e) $y = \ln x$; f) $y = \ln x + \ln 0{,}5$.

Ü 6.6.12 Gib das zugehörige Bogenmaß an: 60°, 270°.

Ü 6.6.13 Gib den Wertevorrat zu $y = \sin x$ und $y = \cos x$ an.

6.7 Variablen- oder Koordinatentransformationen

Mitunter steht man vor der Aufgabe, die Variablen x und y einer Funktion aus irgendwelchen Gründen in geeignete andere Variablen zu überführen. Man spricht von einer **Transformation der Variablen** oder **Koordinatentransformation.** Dabei wird x mittels einer Funktion $x^* = g(x)$ in eine Variable x^* überführt und y durch eine geeignete Funktion in die Variable $y^* = h(y)$. Anstelle von $y = f(x)$ hat man dann schließlich $y^* = f^*(x^*)$. Wird nur x transformiert und erhält man $y = f(g(x))$, so hat man es mit einer mittelbaren Funktion zu tun.

Von besonderem Interesse sind **lineare Transformationen** mit den Transformationsgleichungen $x^* = a_1x+b_1$ und $y^* = a_2y+b_2$.

Eine derartige lineare Transformation bedeutet graphisch gesehen

- eine **Verschiebung des Koordinatenursprungs,** wenn wenigstens eine der beiden Konstanten b_1 und b_2 von Null verschieden ist. Der Koordinatenursprung des (x^*,y^*)-Koordinatensystems liegt im Punkt $(-\frac{b_1}{a_1}, -\frac{b_2}{a_2})$ des (x,y)-Koordinatensystems und dessen Ursprung hat im neuen Koordinatensystem die Koordinaten (b_1,b_2).
- eine Maßstabsänderung, wenn $a_1 > 0$ und $a_2 > 0$ ($a_1 \neq 1$ oder $a_2 \neq 1$). Der Maßstab der x-Achse verändert sich auf das a_1-fache und der Maßstab der y-Achse auf das a_2-fache. $a_1 > 1$ bzw. $a_2 > 1$ bedeutet eine Vergrößerung des Maßstabes (Streckung) und $0 < a_1 < 1$ bzw. $0 < a_2 < 1$ eine Verkleinerung (Stauchung).
- eine Spiegelung an der x-Achse, falls $a_1 < 0$, und/oder eine Spiegelung

an der y-Achse, falls $a_2 < 0$. Dabei werden positive und negative Richtung der Achsen vertauscht. Ist $a_1 \neq -1$ bzw. $a_2 \neq -1$, so liegt gleichzeitig Streckung oder Stauchung vor.

Für die praktische Durchführung einer linearen Transformation löst man die Transformationsgleichungen nach x bzw. y auf und setzt in die gegebene Funktion $y = f(x)$ ein. Durch Auflösung nach y* erhält man dann $y^* = f^*(x^*)$.

B 6.7.1 Es sei die Funktion $y = x^2$ gegeben und folgende Transformation durchzuführen: $y^* = 2y-4$; $x^* = x+2$. Man erhält $y = \frac{1}{2}y^*+2$ und $x = x^*-2$ und es ergibt sich dann $\frac{1}{2}y^*+2 = (x^*-2)^2 = x^{*2}-4x^*+4$ bzw. $y^* = 2x^{*2}-8x^*+4$. Die graphische Darstellung erhält man am besten, wenn man das (alte) (x,y)-Koordinatensystem und das (neue)(x*,y*)-Koordinatensystem in einer Zeichnung darstellt. Man erhält folgendes Bild (Figur 6.7.2).

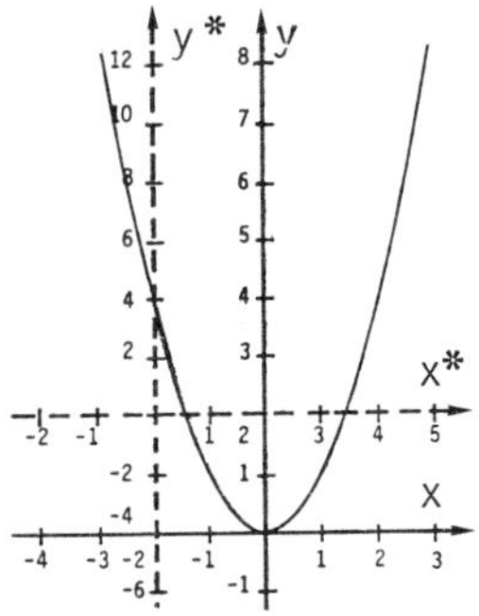

F 6.7.2

Eine andere Form der Transformation ist die Drehung des Koordinatensystems um den Winkel w. Die x*-Achse schließt dann mit der x-Achse den Winkel w ein.

B 6.7.3 Die Funktion $y = \sqrt{x^2+2}$ geht durch Drehung des Koordinatensystems um $w = 45^\circ$ über in die Funktion $y^* = \frac{1}{x^*}$ (vgl. Figur 6.7.4).

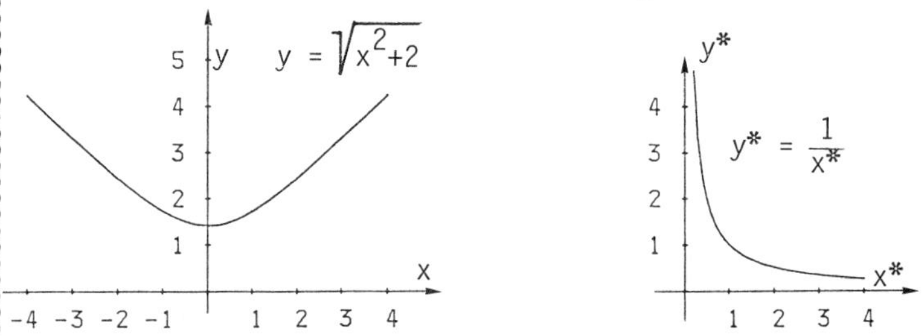

F 6.7.4

Für die Anwendung der Mathematik in den Wirtschaftswissenschaften und in der Statistik sind auch die sogenannten **Logarithmischen Transformationen** von Bedeutung:

$y^* = \log y$ bzw. $x^* = \log x$ oder $y^* = \ln y$ bzw. $x^* = \ln x$.

Durch eine logarithmische Transformation lassen sich die meisten Exponentialfunktionen linearisieren.

B 6.7.5 a) $y = a^x = 10^{x \log a}$ für $a > 0$. Durch die Transformation $y^* = \log y$ bzw. $y = 10^{y^*}$ ergibt sich $10^{y^*} = 10^{x \log a}$.
Daraus folgt $y^* = x \log a$.
Durch die angegebene logarithmische Transformation wird also aus der Exponentialfunktion $y = a^x$ die lineare Funktion $y^* = x \log a$.
b) Das entsprechende gilt für die Potenzfunktion $y = ax^b$. Mit $y^* = \ln y$, $A = \ln a$ und $x^* = \ln x$ erhält man $\ln y = \ln a + b \ln x$ bzw. $y^* = A + bx^*$.

Die folgende Figur 6.7.6 enthält einige weitere Beispiele logarithmischer Transformationen.

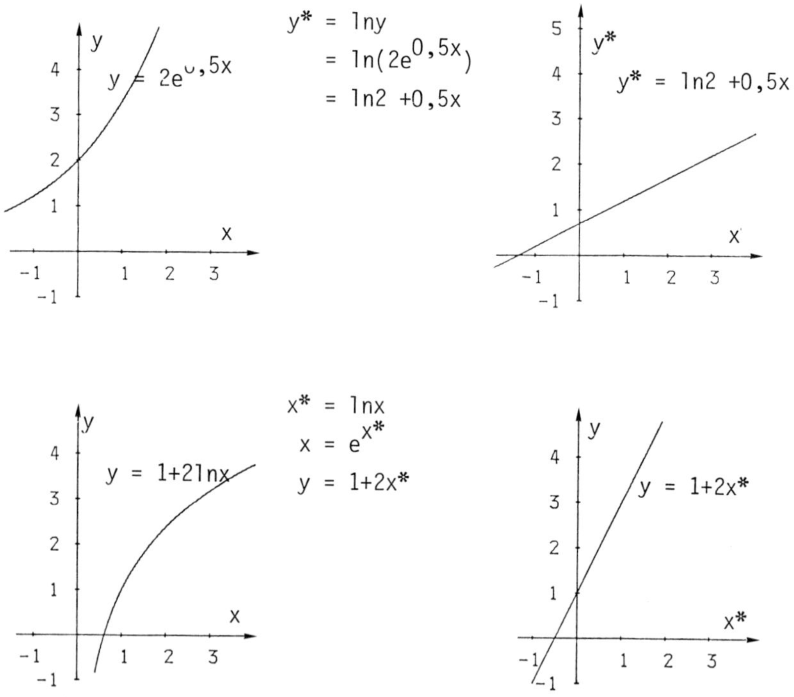

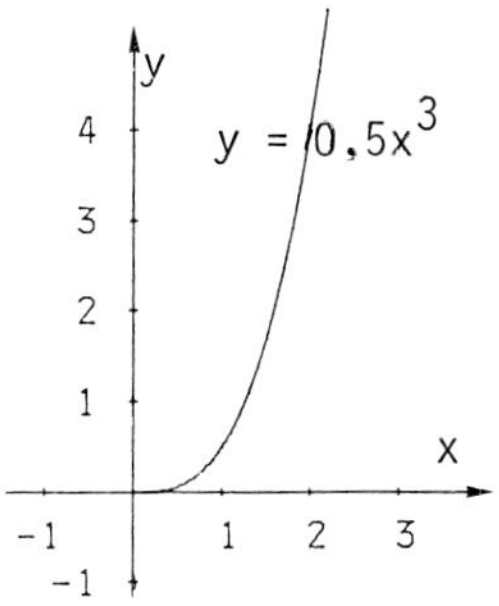

$$x^* = \ln x$$
$$y^* = \ln y = \ln(0{,}5x^3) = \ln 0{,}5 + 3\ln x = \ln 0{,}5 + 3x^*$$

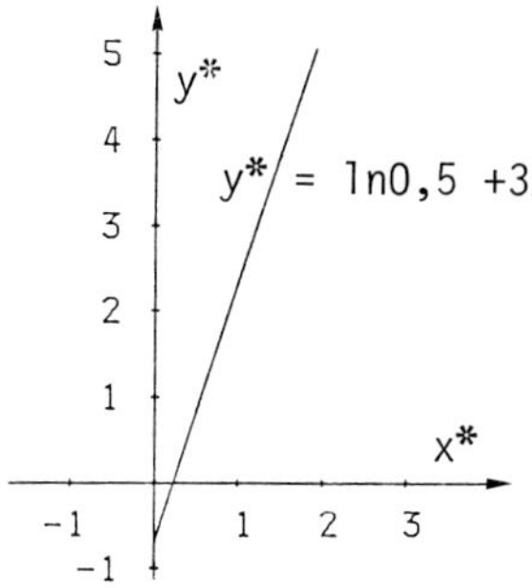

F 6.7.6

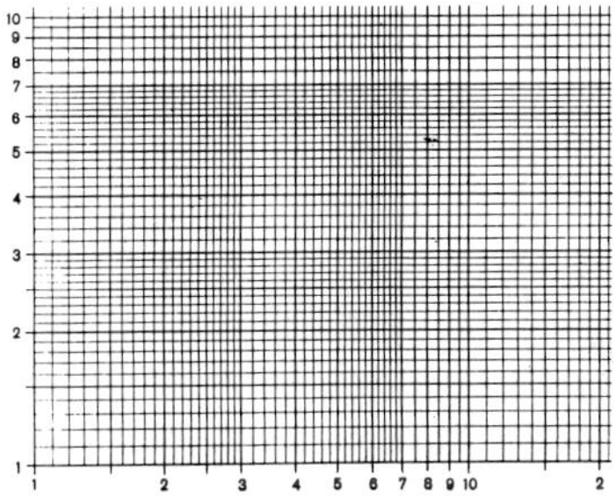

F 6.7.7.

Logarithmische Transformationen spielen auch bei der graphischen Darstellung von Funktionen in einem logarithmischen Koordinatensystem eine Rolle, bei dem x-Achse, y-Achse oder beide Achsen logarithmisch unterteilt sind. F 6.7.7 zeigt ein Beispiel.

Die Linearisierung von Exponential- und Potenzfunktionen durch logarithmische Transformationen erhält man am einfachsten dadurch, daß man die die Funktionen beschreibenden Gleichungen logarithmiert. Der Leser kann bei Kenntnis der Rechenregeln für Logarithmen das für Beispiel 6.7.5 leicht nachvollziehen.

Eine spezielle Klasse von Transformationen sind die **monotonen** Transformationen. Wird x in die Variable $x^* = f(x)$ transformiert, so folgt bei einer monotonen Transformation aus $x_1 < x_2$, daß $x_1^* = f(x_1) < x_2^* = f(x_2)$ gilt. Die Ordnung der Variablenwerte bleibt also bei einer monotonen Transformation erhalten.

Aufgaben

Ü 6.7.1 Wie lauten die Funktionen a) $y = 2x+10$; b) $y = x^2+2$ in einem (x*,y*)-Koordinatensystem, das man durch die Transformationen $x^* = 2x-2$ und $y^* = y+2$ erhält? Stelle die Funktionen für beide Koordinatensysteme graphisch dar
*****

Ü 6.7.2 Wie lauten die Funktionen a) $y = ka^x$; $a > 0$; b) $y = Ax^n$; $n > 1$ in einem (x*,y*)-Koordinatensystem, wenn man auf die Funktion a) die Transformation $x^* = x$ und $y^* = \log y$ und für b) $x^* = \log x$ und $y^* = \log y$ anwendet?
*****

Ü 6.7.3 Am Ende eines Jahres hat ein Wald einen Holzbestand von
*** $y = 1000m^3$. Der Bestand nimmt jährlich um 10% zu.
a) Wie lautet die Funktion des Holzbestandes y in Abhängigkeit von der Zeit x?
b) Stellen Sie diese Funktion in einem (x,y)- und in einem (x,logy)-Koordinatensystem graphisch dar.

Ü 6.7.4 Wie lautet die Funktion $y = f(x) = e^{2x+2}+3$ in einem (x^*,y^*)-
** Koordinatensystem, wobei $x^* = 2x+1$, $y^* = \ln(y-3)$ ist.

Ü 6.7.5 Die Funktion $y = (x-2)^2+x+2$ soll durch eine Variablentransformation $y^* = y-4$; $x^* = x-2$ transformiert werden. Wie lautet diese Funktion in einem (y^*,x^*)-Koordinatensystem?
***

Ü 6.7.6 Bestimme die Funktion $y = f(x)$, welche in einem (x^*,y^*)-Koordinatensystem mit $x = \sqrt{x^*}$, $y = y^*-1$ folgende Gestalt hat: $y^* = x^{*2}+x^*$.
***

6.8 Ökonomische Funktionen I

Ökonomische Beziehungen lassen sich mit Hilfe von Funktionen beschreiben. Dabei ist **typisch, daß die Beziehungen der Wirtschaftstheorie und die Funktionen, durch die sie beschrieben werden, gewöhnlich eine nicht spezifizierte oder unbekannte Form haben.** Besteht also zwischen den Größen x und y eine (funktionale) Beziehung, dann schreibt man dafür $y = f(x)$, ohne die Funktion näher zu spezifizieren. Man kann also häufig nicht sagen, ob es sich bei einer wirtschaftlichen Funktion um eine Parabel, eine gebrochene rationale Funktion, eine Wurzelfunktion oder einen anderen Funktionstyp handelt.

Auf eine Spezifikation der Funktion wird nicht verzichtet, weil diese wenig aussagefähige Beschreibungsform ausreicht, sondern weil die zur Spezifizierung durchzuführenden ökonometrischen und statistischen Untersuchungen einen unverhältnismäßig hohen Aufwand erfordern.
Die ökonomischen Bedingungen eines durch eine Funktion beschriebenen Zusammenhangs führen jedoch in den meisten Fällen dazu, daß wenigstens bestimmte Eigenschaften der Funktionen angegeben werden, wie z.B. Monotonie, Symmetrie, Konvexität oder manchmal sogar der Funktionstyp.

B 6.8.1 Bei Wachstumsvorgängen kann man aufgrund der ökonomischen Bedingungen des Problems häufig zeigen, daß sie durch eine Exponentialfunktion $y = ka^t$ oder (bei Wachstum mit Sättigung) durch eine logistische Funktion $y = \frac{k}{1+e^{a+bt}}$ $(b < 0)$ beschrieben werden können.
Die numerischen Werte der Koeffizienten sind dabei nicht bekannt. Sie können allerdings aus empirischen Daten geschätzt werden.

Die Kenntnis der Eigenschaften von Funktion(en) genügt oft, um wirtschaftstheoretische Folgerungen abzuleiten. Auch graphische Darstellungen und Verfahren leisten wertvolle Dienste.

Im allgemeinen ist eine ökonomische Variable von mehreren Einflußfaktoren abhängig. Zur Darstellung bedarf es deshalb einer Funktion mit mehreren unabhängigen Variablen (vgl. Kapitel 7). Es ist aber häufig zweckmäßig, nur den Einfluß **eines** Faktors isoliert zu untersuchen. Die übrigen Einflußgrößen werden dann als konstant angesehen (ceteris paribus Bedingung). In diesem Fall kann man die Abhängigkeit in einem zweidimensionalen Koordinatensystem (wie in vielen Lehrbüchern üblich) darstellen. So ist z.B. die Nachfrage nach einem Gut eine Funktion des Preises dieses Gutes, aber auch der Preise der Konkurrenzgüter. Man unterstellt hier, daß die Preise aller Konkurrenzgüter konstant bleiben, und beschränkt sich auf die Untersuchung der Abhängigkeit der nachgefragten Menge vom Preis des Gutes. Die Kurve der Abhängigkeit setzt festgelegte Werte für die übrigen Variablen voraus. Ändert sich nur eine dieser Variablen um einen bestimmten Betrag, dann verschiebt sich die gesamte Kurve. Es ist daher notwendig, bei der Analyse streng zwischen Variationen entlang einer gegebenen Kurve und Verschiebungen der gesamten Kurve zu unterscheiden.

Die Möglichkeit, ökonomische Zusammenhänge durch Funktionen zu erfassen und eindeutig zu beschreiben, wirft die **Frage nach dem historischen Gültigkeitsbereich der Konstanten und dem Definitionsbereich bzw. Wertevorrat der Funktionen auf.** Kennt man nicht nur den Funktionstyp, sondern auch die numerischen Werte der Konstanten einer ökonomischen Funktion, so ist der **Gültigkeitsbereich** dieser Funktion im allgemeinen **zeitlich und räumlich begrenzt.** Z.B. wird eine Konsumfunktion für die Bundesrepublik aus dem Jahr 1982 weder für das Jahr 1969 noch für ein anderes Land gültig sein. Bei ökonomischen Funktionen, die hinsichtlich ihres Funktionstyps und der numerischen Werte ihrer Konstanten spezifiziert sind, ist also eine genaue Angabe des zeitlichen und örtlichen Gültigkeitsbereiches erforderlich.

Ein anderes spezielles Problem ökonomischer Funktionen ist ihr Definitionsbereich. Während in der Mathematik meist $D(f) = \mathbb{R}$ gilt, ist der Definitionsbereich ökonomischer Funktionen fast immer beschränkt.

B 6.8.2 Bei einer Kostenfunktion $K = K(x)$ kann die unabhängige Variable weder negative Werte noch Werte größer als x_K annehmen, wobei x_K die Kapazitätsgrenze, d.h. die maximal produzierbare Menge angibt. Ist x die Menge, so lautet also der **ökonomische Definitionsbereich** der Kostenfunktion $D(K) = \{x \mid 0 \leqq x \leqq x_K\}$.
x kann dabei reell oder (z.B. bei Stückzahlen) nur ganzzahlig sein.

Die Beschränktheit des ökonomischen Definitionsbereichs wird bei wirtschaftstheoretischen Untersuchungen häufig nicht ausdrücklich angegeben.

Schließlich ist noch auf eine weitere Besonderheit ökonomischer Funktionen hinzuweisen. Ökonomische Größen sind häufig solche, die nur diskret variieren, d.h. Werte aus der Menge der rationalen Zahlen annehmen. Vielfach kommen nur die natürlichen Zahlen und Null als Werte einer ökonomischen Größe in Frage. Das gilt z.B. für alle Mengen, die man durch Zählen ermittelt. Zusammenhänge zwischen diskreten Größen oder zwischen diskreten und stetigen Größen werden in der Wirtschaftstheorie im allgemeinen durch stetige Funktionen beschrieben, bei denen die Funktion zumindest in einem beschränkten Intervall jeden Wert der reellen Zahlen annehmen kann. In derartigen Fällen kann die Funktion keine exakte Beschreibung des wirtschaftlichen Zusammenhangs liefern, sondern hat nur **approximative Gültigkeit.**

Auf spezielle ökonomische Funktionen wird am Ende des nächsten Kapitels eingegangen, da dann sowohl Funktionen mit einer unabhängigen Variablen als auch solche mit mehreren unabhängigen Variablen behandelt werden können.

6.9 Durchschnittsfunktionen

Bei wirtschaftswissenschaftlichen Anwendungen von Funktionen spielen häufig Durchschnittsgrößen bzw. **Durchschnittsfunktionen** ökonomischer Funktionen eine Rolle.

B 6.9.1 Neben den von der produzierten Menge x abhängigen Gesamtkosten $K = K(x)$ in einer Periode werden die durchschnittlich für eine Einheit angefallenen Durchschnittskosten $k = \frac{K}{x}$ betrachtet.

Hat man eine ökonomische Größe $y = f(x)$, so ist allgemein

$$\bar{y} = \frac{y}{x} = \frac{f(x)}{x}$$

die zugehörige Durchschnittsgröße bzw. Durchschnittsfunktion. $\bar{y}$ gibt den auf eine Einheit von x bezogenen durchschnittlichen Funktionswert an.

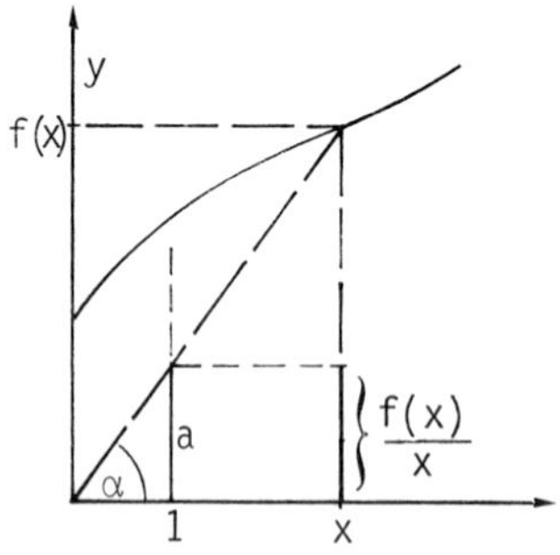

F 6.9.2

Graphisch kann man die Durchschnittsfunktion wie folgt bestimmen (Figur 6.9.2):
Es ist $\tan\alpha = \frac{f(x)}{x} = \bar{y}$, d.h. die Steigung der Verbindungsgeraden des Koordinatenursprungs mit einem Kurvenpunkt entspricht dem entsprechenden Wert der Durchschnittsfunktion. Mit Hilfe einer Senkrechten bei $x = 1$ kann man dann für beliebiges x den Wert der Durchschnittsfunktion $\frac{f(x)}{x}$ graphisch bestimmen, denn es gilt $\frac{f(x)}{x} = \tan\alpha = \frac{a}{1} = a$.

Aufgaben

Ü 6.9.1

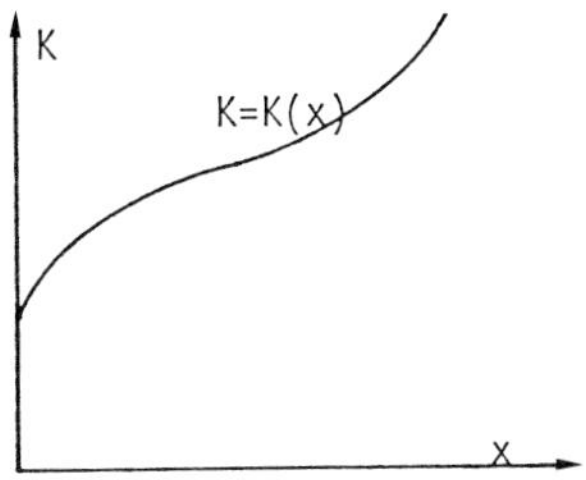

Die nebenstehende Zeichnung zeigt die graphische Darstellung einer Gesamtkostenfunktion (sogenannter s-förmiger Kostenverlauf). Diese kann durch eine Funktion des Typs $k = ax^3+bx^2+cx+d$ beschrieben werden.

a) Leite aus der Gesamtkostenfunktion die zugehörige Durchschnittskostenfunktion analytisch ab.

b) Zerlege die Durchschnittskostenfunktion in ein Polynom und eine (echt) gebrochene rationale Funktion und gib eine ökonomische Interpretation der beiden Teile.

c) Gib eine graphische Interpretation der Durchschnittskosten an einer bestimmten Stelle und bestimme die Durchschnittskosten auf graphischem Wege.

7. Funktionen mit mehreren unabhängigen Variablen

7.1 Begriff der Funktion mit mehreren unabhängigen Variablen

In vielen Fällen werden ökonomische Größen von mehr als einer anderen ökonomischen Größe beeinflußt. Funktionen der Form $y = f(x)$, wie sie im vorangegangenen Kapitel 6 betrachtet wurden, reichen dann für eine Beschreibung nicht mehr aus, da die abhängige Variable y von mehreren anderen Variablen abhängt. Es gibt mehrere unabhängige Veränderliche: $x_1, x_2, .., x_i, ..., x_n$. In einem solchen Fall beschreibt man den ökonomischen Zusammenhang durch eine Funktion mit mehreren unabhängigen Veränderlichen.

D 7.1.1

> Eine Abbildung aus dem n-fachen kartesischen Produkt der reellen Zahlen mit sich selbst in die reellen Zahlen, d.h.
> $\mathbb{R} \times \mathbb{R} \times ... \times \mathbb{R} = \mathop{\times}\limits_{i=1}^{n} \mathbb{R} = \mathbb{R}^n \xrightarrow{f} \mathbb{R}$, heißt auch **Funktion mit mehreren unabhängigen Veränderlichen** und wird meist $y = f(x_1, ..., x_n)$ geschrieben.

$x_1, x_2, ..., x_n$ sind die unabhängigen Variablen. y ist die abhängige Variable.

B 7.1.2 Beispiele für Funktionen mit mehreren unabhängigen Variablen sind $y = x_1^2 + 6x_1x_2 - x_2^2$; $y = ax_1^b x_2^c x_3^d$; $y = \sqrt{x_1^2 + 3x_2^4}$; $y = a_1x_1 + a_2x_2 + a_3x_3 + a_4x_4 + a_5x_5$.

Funktionen mit mehreren unabhängigen Veränderlichen werden üblicherweise **explizit** in der Form $y = f(x_1, x_2, ..., x_n)$ angegeben. Ebenso wie bei Funktionen mit einer unabhängigen Veränderlichen gibt es auch hier eine **implizite** Schreibweise. Sie lautet $f(x_1, x_2, ..., x_n; y) \equiv 0$.

Diese Schreibweise wird in der Wirtschaftstheorie z.B. bei einer Produktionsfunktion mit mehreren Produktionsfaktoren verwendet. Die Produktionsfunktion lautet dann $f(r_1, r_2, ..., r_n; x) \equiv 0$ (s.u.).

Da sich die meisten Überlegungen zu Funktionen mit einer unabhängigen Variablen sinngemäß auf Funktionen mit mehreren unabhängigen Variablen übertragen lassen, wird im folgenden nur auf wichtige Besonderheiten von Funktionen mit mehreren unabhängigen Variablen eingegangen.

7.2 Darstellung von Funktionen mit mehreren unabhängigen Variablen

Funktionen mit mehreren unabhängigen Veränderlichen können

(1) analytisch (ohne Schwierigkeiten),
(2) tabellarisch (nur bei wenigen unabhängigen Veränderlichen und verhältnismäßig unübersichtlich und aufwendig) oder
(3) graphisch (nur bei zwei unabhängigen Veränderlichen)

dargestellt werden.
Auf die graphische Darstellung von Funktionen mit zwei unabhängigen Veränderlichen, die in der wirtschaftswissenschaftlichen Analyse häufig zur Veranschaulichung ökonomischer Zusammenhänge herangezogen wird wird nachfolgend näher eingegangen.

Zur Darstellung von Funktionen mit einer unabhängigen Veränderlichen verwendet man üblicherweise ein rechtwinkliges Koordinatensystem. Jeder Punkt in der Ebene kann dann durch Angabe seiner auf dieses Koordinatensystem bezogenen x- und y-Koordinate eindeutig beschrieben werden. Eine Funktion $y = f(x)$ ergibt dann eine Kurve in der Ebene. (Vgl. dazu Abschnitt 6.2). Funktionen mit zwei unabhängigen Veränderlichen lassen sich in entsprechender Weise als Flächen im Raum darstellen. Die drei Variablen (bei $z = f(x,y)$ sind es z als abhängige Variable und x und y als unabhängige Variable) werden den drei Koordinaten des Raumes zugeordnet (Länge, Breite, Höhe). Die drei Koordinatenachsen (z-Achse, x-Achse, y-Achse) stehen paarweise senkrecht aufeinander. Praktisch ergeben sich hier jedoch Schwierigkeiten, da man eine Funktion $z = f(x,y)$ im allgemeinen nur mit einem sehr erheblichen Aufwand im Raum darstellen kann, denn man kann im Raum nicht zeichnen und ist gezwungen, ein Modell der Funktion zu bauen.

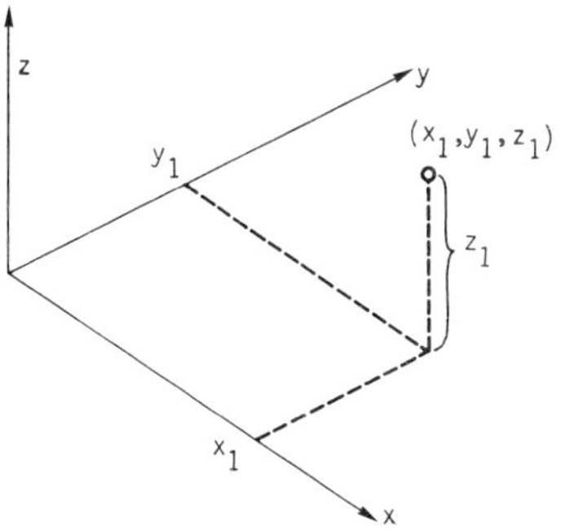

F 7.2.1

Man hilft sich dadurch, daß man eine **perspektivische Darstellung des Raumes in der Ebene** benutzt. Die graphische Darstellung eines Punktes P mit den Koordinaten z_1, x_1 und y_1 zeigt Figur 7.2.1.

B 7.2.2 Als Beispiel für die graphische Darstellung einer Funktion mit zwei unabhängigen Veränderlichen soll hier zunächst eine lineare Funktion behandelt werden. Eine lineare Funktion mit einer unabhängigen Veränderlichen lautet allgemein $y = ax+b$ und ergibt in der graphischen Darstellung eine Gerade. Eine lineare Funktion mit zwei unabhängigen Veränderlichen lautet allgemein $z = ax+by+c$. Das Bild dieser Funktion ist eine ebene oder gerade Fläche im Raum, eine sogenannte schiefe Ebene. Um eine Ebene im Raum darzustellen, genügen drei Punkte. Es ist zweckmäßig, die Schnittpunkte mit den

Koordinatenachsen zu bestimmen. Das sei an der linearen Funktion $z = 8-4x-2y$ näher erläutert.
Für den Schnittpunkt mit der z-Achse ist $x = 0$ und $y = 0$ und es ergibt sich $z = 8$. Die Ebene schneidet also die z-Achse bei $z = 8$. Für den Schnittpunkt mit der x-Achse ist entsprechend $z = 0$ und $y = 0$ und es ist somit $0 = 8-4x-2\cdot 0$ bzw. $x = 2$. Im Schnittpunkt mit der y-Achse ist $z = 0$ und $x = 0$ und es folgt $0 = 8-4\cdot 0-2y$ bzw. $y = 4$.

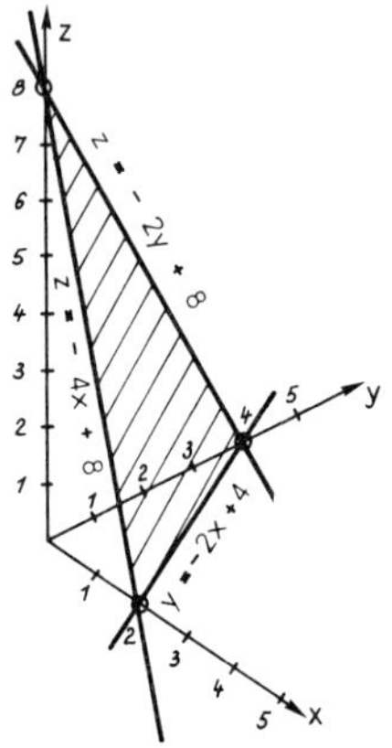

F 7.2.3

Die Schnittpunkte werden durch Geraden verbunden und der Verlauf der Ebene kann dann durch eine geeignete Schraffierung dargestellt werden (F 7.2.3). In F 7.2.3 stellt die schraffierte Fläche nur einen Teil der Ebene dar.

Die Geraden, durch die die Schnittpunkte mit den Koordinatenachsen verbunden sind, sind Schnitte der Fläche mit den Koordinatenebenen. Man erhält diese Geraden, indem man in der gegebenen Funktion jeweils eine der Variablen gleich Null setzt. Für $z = 0$ ergibt sich die Schnittgerade mit der x-y-Ebene: $0 = 8-4x-2y$ bzw. $y = -2x+4$.

Für $x = 0$ ergibt sich die Schnittgerade mit der z-y-Ebene: $z = 8-4\cdot 0-2y$ bzw. $z = -2y+8$.
Für $y = 0$ erhält man $z = 8-4x-2\cdot 0$ bzw. $z = -4x+8$ als Schnittgerade mit der z-x-Ebene. Die Geraden sind in die Figur 7.2.3 eingezeichnet.

Allgemein ergeben sich für eine lineare Funktion $z = ax+by+c$ folgende Schnittgeraden mit den Koordinatenebenen

$$y = -\frac{a}{b}x - \frac{c}{b}; \quad z = by+c; \quad z = ax+c.$$

a und b sind die Steigungen der beiden Schnittgeraden mit der z-x- bzw. z-y-Ebene. Sie werden häufig auch als Steigungen der Ebene $z = ax+by+c$ bezeichnet.

Im Gegensatz zu linearen Funktionen bereitet die graphische Darstellung nichtlinearer Funktionen mit zwei unabhängigen Veränderlichen einige Schwierigkeiten. Die sich ergebenden gekrümmten Flächen kann man nur durch Hilfslinien skizzieren. Man bestimmt dazu nicht nur die Schnittkurven der Funktion mit den Koordinatenebenen, sondern zusätzliche Schnitte parallel zu den Koordinatenebenen.

B 7.2.4 Als Beispiel sei die Funktion $z = x^2+y^2$ betrachtet (F 7.2.5).

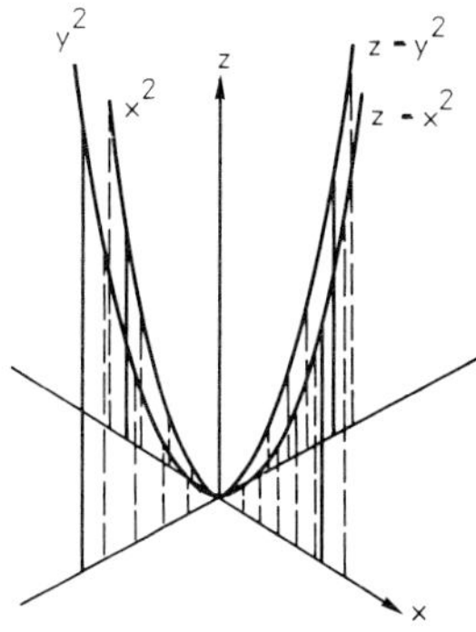

F 7.2.5a

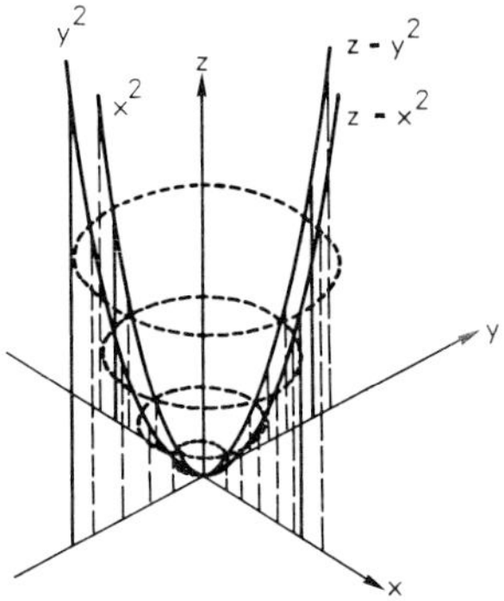

F 7.2.5b

Für die Schnittkurven mit den Koordinatenebenen ergibt sich:

x-y-Ebene: $z = 0$: $x^2+y^2 = 0$

Daraus folgt $x = 0$ und $y = 0$. Man erhält also den Koordinatenursprung.

z-x-Ebene: $y = 0$: $z = x^2$.

z-y-Ebene: $x = 0$: $z = y^2$.

Als Schnitte mit der z-x- und mit der z-y-Ebene ergeben sich also Parabeln. Diese sind in Figur 7.2.5a skizziert. Der Verlauf der Funktion $z = x^2+y^2$ läßt sich aus der Figur 7.2.5a nur schwer ersehen. Man erhält ein besseres Bild, wenn man zusätzlich Schnittkurven der Funktion einzeichnet, die sich mit Ebenen ergeben, die parallel zu den Koordinatenebenen verlaufen.

In dem Beispiel eignen sich dazu am besten Schnitte parallel zur x-y-Ebene. Ebenen parallel zur x-y-Ebene können durch $z = c = \text{const.}$ beschrieben werden. c gibt dabei den Abstand der Ebene von der x-y-Ebene an. Für $z = 1$ ergibt sich als Schnittkurve $1 = x^2+y^2$, also ein Kreis mit dem Radius 1. Für $z = 2$ erhält man entsprechend einen Kreis mit dem Radius $\sqrt{2}$: $2 = x^2+y^2$.

Zeichnet man diese Schnittkurven mit, so ergibt sich das Bild in Figur 7.2.5b.

Daß perspektivische Darstellungen von Funktionen mit zwei unabhängigen Variablen sehr anschaulich sein können, zeigt Figur 7.2.6. Die Bilder sind mittels eines Computers erstellt worden.

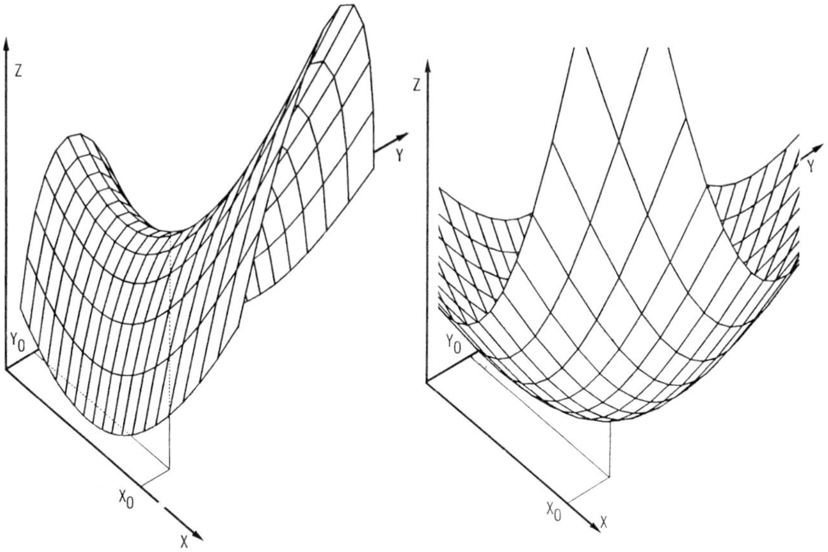

F 7.2.6

Die gezeigte perspektivische Zeichnung von Funktionen mit zwei unabhängigen Veränderlichen bereitet für nichtlineare Funktionen nicht nur erhebliche Schwierigkeiten, sondern sie reicht auch häufig für die Darstellung und Analyse ökonomischer Zusammenhänge nicht aus. Man greift dann auf eine graphische Darstellung zurück, bei der nur die **Schnittkurven** parallel zur x-y-Ebene gezeichnet werden. Diese zeichnet man dann in ein x-y-Koordinatensystem ein. An jede Schnittkurve schreibt man den zugehörigen z-Wert. Auf einer Schnittkurve liegen alle Punkte der Funktion, die von der x-y-Ebene den gleichen Abstand haben. Sie haben in bezug auf die x-y-Ebene alle die gleiche Höhe. Man bezeichnet diese Schnittkurven deshalb auch als **Isohöhenlinien.**

Die Darstellung von gekrümmten Flächen im Raum durch Isohöhenlinien dürfte jedem Leser aus der Geographie her geläufig sein. Auf Landkarten werden die Unebenheiten der Erdoberfläche häufig durch Isohöhenlinien dargestellt. Auf einer Isohöhenlinie liegen alle Punkte, die die gleiche Höhe in bezug auf den Meeresspiegel aufweisen

B 7.2.7 Für die Funktion $z = x^2+y^2$ ergeben sich als Schnittkurven parallel zur x-y-Ebene konzentrische Kreise (F 7.2.8a).
Für $z = 8+4x+2y$ ergibt sich eine Schar paralleler Geraden (F 7.2.8b).

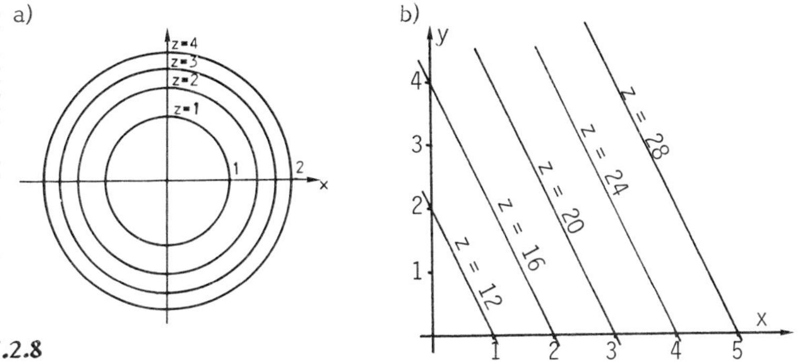

F 7.2.8

Aufgaben

Ü 7.2.1 Gegeben sei die Funktion $z = 4-0{,}2x-0{,}5y$.

a) Zeichne den Teilbereich der Funktionsfläche, für den gilt $x \geq 0$ $y \geq 0$ und $z \geq 0$.

b) Bestimme und zeichne die Schnittkurven mit den Koordinatenebenen.

c) Bestimme und zeichne die Schnittkurven zwischen der Funktionsfläche und den Flächen: $z = 0$, $z = 1$, $z = 3$, $z = 4$ und $z = 5$ (Isohöhenlinien).

Ü 7.2.2 Gegeben sei die Funktion $z = x^2+2y^2$.

a) Skizziere die Funktionsfläche.

b) Bestimme die Schnittkurven mit den Koordinatenebenen.

c) Bestimme und zeichne die Schnittkurven zwischen der Funktionsfläche und den Flächen: $z = 0$, $z = 2$, $z = 10$.

7.3 Eigenschaften von Funktionen mit mehreren unabhängigen Variablen

Auf eine ausführliche Behandlung der Eigenschaften von Funktionen mit mehreren unabhängigen Variablen wird hier verzichtet, da nur wenige Eigenschaften für die Wirtschaftswissenschaften von Bedeutung sind.

D 7.3.1

> Die Funktion $y = f(x_1,...,x_n)$ heißt **homogen vom Grad r,** wenn für jedes $a \in \mathbb{R}$ gilt
> $f(ax_1,ax_2,...,ax_n) = a^r f(x_1,x_2,...,x_n)$.

Eine Vervielfachung aller unabhängigen Variablen mit dem gleichen Faktor a führt bei einer Funktion $y = f(x_1,x_2,...,x_n)$, die homogen vom Grad r ist, zu einer Vervielfachung des Funktionswertes um den Faktor

a^r. Man beachte, daß **alle** unabhängigen Variablen mit dem **gleichen** Faktor a multipliziert werden.

B 7.3.2 a) Für die Funktion $z = f(x,y) = xy$ gilt $f(ax,ay) = axay = a^2xy = a^2f(x,y)$. Die Funktion ist also homogen vom Grad 2.

b) $z = f(x,y) = x^3+y^3$

$f(ax,ay) = (ax)^3+(ay)^3 = a^3x^3+a^3y^3 = a^3(x^3+y^3) = a^3f(x,y)$

Die Funktion ist homogen vom Grad 3.

c) $y = f(x_1,x_2,x_3) = \sqrt[4]{x_1^3+x_1x_2x_3+x_2^2x_3}$

$$f(ax_1,ax_2,ax_3) = \sqrt[4]{(ax_1)^3+ax_1ax_2ax_3+(ax_2)^2ax_3}$$
$$= \sqrt[4]{a^3x_1^3+a^3x_1x_2x_3+a^3x_2^2x_3}$$
$$= a^{\frac{3}{4}}\sqrt[4]{x_1^3+x_1x_2x_3+x_2^2x_3} = a^{\frac{3}{4}}f(x_1,x_2,x_3)$$

Die Funktion ist homogen vom Grad $\frac{3}{4}$.

d) $z = f(x,y) = \dfrac{x^3+xy^2}{y^3+x^2y}$

$$f(ax,ay) = \frac{a^3x^3+axa^2y^2}{a^3y^3+a^2x^2ay} = \frac{a^3(x^3+xy^2)}{a^3(y^3+x^2y)} = a^0f(x,y)$$

Die Funktion ist homogen vom Grad 0

e) $y = f(x_1,\dots,x_n) = x_1^{b_1}x_2^{b_2}x_3^{b_3}\dots x_n^{b_n}$

$$f(ax_1,\dots,ax_n) = (ax_1)^{b_1}(ax_2)^{b_2}\dots(ax_n)^{b_n}$$
$$= a^{b_1}x_1^{b_1}a^{b_2}x_2^{b_2}\dots a^{b_n}x_n^{b_n}$$
$$= a^{b_1+b_2+\dots+b_n}x_1^{b_1}x_2^{b_2}\dots x_n^{b_n}$$
$$= a^{b_1+b_2+\dots b_n}f(x_1,x_2,\dots,x_n)$$

Die Funktion ist homogen vom Grad $b_1+b_2+\dots+b_n$.

Auch für Funktionen mehrerer Variablen ist es möglich, die Begriffe "konvex" und "konkav" zu definieren. Da der Definitionsbereich dieser Funktionen eine Teilmenge des $\mathbb{R}^n$ ist, stellen die Argumente der Funktionen keine Zahlen $x \in \mathbb{R}$ dar, sondern n-Tupel $(x_1,\dots,x_n) \in \mathbb{R}^n$.

In Analogie zu den Funktionen mit einer unabhängigen Variablen ergibt sich dann:

D 7.3.3

> Die Funktion $f(x_1,\dots,x_n)$ heißt **konvex (konkav)** über einem Intervall $I \subset D(f) \subset \mathbb{R}^n$, wenn für je zwei beliebige n-Tupel $(x_1,\dots,x_n) \subset I$ und $(x'_1,\dots,x'_n) \subset I$ gilt:
>
> $$f(\tfrac{1}{2}x_1+\tfrac{1}{2}x'_1,\dots,\tfrac{1}{2}x_n+\tfrac{1}{2}x'_n) \leqq (\geqq)\ \tfrac{1}{2}f(x_1,\dots,x_n)+\tfrac{1}{2}f(x'_1,\dots,x'_n).$$

Die anschauliche Deutung dieser Definition gelingt allerdings nur bei Funktionen höchstens zweier Variablen. Es bedeutet dann z B. "$f(x_1,x_2)$ ist konvex über I", daß die Verbindungslinie je zweier beliebiger Funktionswerte von Argumenten aus I immer oberhalb der Funktionsfläche verläuft.

Läßt man bei speziellen Betrachtungen einer Funktion zu, daß Konstanten variieren, dann ist es üblich, diese dann nicht auch als unabhängige Variable zu bezeichnen, sondern als **Parameter.** So kann man z.B. bei einer Ursprungsgeraden $y = ax$ den "Parameter" a verändern und erhält eine Schar von Ursprungsgeraden.

Aufgaben

Ü 7.3.1 Bestimme den Grad r der Homogenität folgender Funktionen:

****

a) $z = 10\sqrt[4]{x^2y^3}$; b) $z = \sqrt[3]{ax^3+bxy^2+cy^3}$; c) $z = Ax^ay^b$;

d) $z = \frac{x}{y}$; e) $z = \frac{xy}{x+y}$; f) $z = \frac{xy}{x^2+y^2}$; g) $z = \frac{xy}{x^2+y}$.

7.4 Ökonomische Funktionen II

Es wird an Abschnitt 6.8 angeknüpft. Nach den allgemeinen Ausführungen zur Verwendung von Funktionen in den Wirtschaftswissenschaften dort wird hier auf spezielle Funktionen eingegangen.

Konsumfunktion

Eine **Konsumfunktion** spezifiziert die Zusammenhänge zwischen der Höhe der Konsumausgaben und den Faktoren, die die Höhe der Konsumausgaben eines Haushalts oder einer Gruppe von Haushalten bestimmen. Man unterscheidet

(1) **Makroökonomische oder gesamtwirtschaftliche Konsumfunktion**

In ihr kommt die Abhängigkeit der gesamten Konsumausgaben C einer Volkswirtschaft von den Preisen p_i aller Konsumgüter und den Einkommen y_j aller Haushalte zum Ausdruck:

$$C = C(p_1,\dots,p_n;\ y_1,\dots,y_m).$$

Es interessiert insbesondere ein Spezialfall, den man unter der Annahme konstanter Preise erhält. Da die individuellen Einkommen $y_1,\dots,y_n$ das

Volkseinkommen Y bestimmen, ist dann der Konsum eine Funktion des Volkseinkommens:

$$C = C(Y).$$

(2) **Mikroökonomische oder individuelle Konsumfunktion**
Sie beschreibt den Zusammenhang zwischen den Konsumausgaben c eines Wirtschaftssubjektes und dessen Einkommen y sowie den Preisen aller (Konsum-)Güter:

$$c = c(p_1,...,p_n; y).$$

Bei Konstanz der Preise erhält man

$$c = c(y).$$

Für die Funktionen $c = c(y)$ bzw. $C = C(Y)$ darf man annehmen, daß sie mindestens monoton steigend sind, d.h. bei steigendem Einkommen nehmen die Konsumausgaben nicht ab.
Durch Aggregation der individuellen Konsumfunktionen erhält man eine makroökonomische Konsumfunktion.

Sparfunktion
Der nicht zum Konsum verwendete Teil des Volkseinkommens bzw. individuellen Einkommens wird häufig als **Ersparnis** S bzw. s definiert. Die Ersparnis hängt ebenfalls vom Einkommen ab und man erhält die **makroökonomische Sparfunktion**

$$S = S(Y) = Y - C(Y)$$

bzw. die **mikroökonomische Sparfunktion oder individuelle Sparfunktion**

$$s = s(y) = y - c(y).$$

Nachfragefunktion
Ebenso wie bei Konsumfunktionen kann auch zwischen makro- und mikroökonomischen **Nachfragefunktionen** unterschieden werden. In einer mikroökonomischen oder individuellen Nachfragefunktion eines Gutes kommt der Zusammenhang zwischen der von einem Haushalt nachgefragten Menge x_i eines Gutes und den Preisen aller Güter sowie den Konsumausgaben zum Ausdruck

$$x_i = x_i(p_1,...,p_i,...,p_n; c).$$

Durch Aggregation der individuellen Nachfragefunktionen eines Gutes ergibt sich die makroökonomische Nachfragefunktion des Gutes. In ihr kommt der Zusammenhang zwischen der Gesamtnachfrage des Gutes, den Preisen aller Güter und den gesamten Konsumausgaben zum Ausdruck

$$X_i = X_i(p_1,...,p_i,...,p_n; C).$$

Einen Spezialfall dieser Funktion erhält man, wenn nur die Abhängigkeit der Nachfrage des Gutes von seinem Preis betrachtet wird: $x = x(p)$ bzw. $X = X(p)$. Wenn man von der Nachfragefunktion eines Gutes spricht, dann ist damit im allgemeinen diese Funktion gemeint.

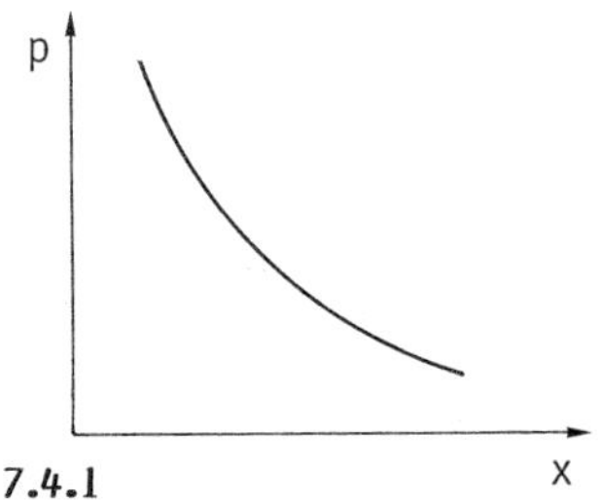

F 7.4.1

Bei der Darstellung in einem Koordinatensystem ist zu beachten, daß man, einer Konvention folgend, p immer auf der senkrechten Achse (Ordinate, y-Achse) und x auf der waagerechten Achse (Abszisse, x-Achse) abträgt. (Vgl. Figur 7.4.1).

Allgemein darf erwartet werden, daß die nachgefragte Menge um so größer ist, je niedriger der Preis ist. Die Nachfragefunktion verläuft also von links oben nach rechts unten (streng monoton fallend).
Häufig bezeichnet man auch die Umkehrfunktionen von x bzw. X als Nachfragefunktion: $p = p(x)$ bzw. $p = p(X)$.

Preis-Absatz-Funktion einer Unternehmung

Die Preis-Absatz-Funktion einer Unternehmung gibt die Abhängigkeit der in einer Periode abgesetzten Menge x eines Gutes von dessen Preis p an. Ihrem Charakter nach ist die Preis-Absatz-Funktion eines Gutes eine Nachfragefunktion, wobei die Nachfrage jedoch nicht von den Nachfragern her betrachtet wird, sondern von der Angebotsseite. Es ist $x = x(p)$.
Unter theoretischen Gesichtspunkten sind vor allem zwei Fälle von Interesse: Einmal kann die Unternehmung den Preis des Gutes nicht beeinflussen (atomistische Konkurrenz) - ihr Marktanteil ist so klein, daß sie zu dem vorgegebenen Preis des Gutes praktisch beliebige Mengen absetzen kann. Im anderen Fall kann der Preis des Gutes autonom beeinflußt werden, steigende Preise werden sinkende Absatzmengen zur Folge haben (Monopolfall).

Erlösfunktion einer Unternehmung

Der Erlös E eines Gutes ist definiert als das Produkt aus dem Preis p des Gutes und der zu diesem Preis abgesetzten Menge x: $E = px$. Die **Erlösfunktion** beschreibt die Abhängigkeit des Erlöses E von der abgesetzten Menge x: $E = E(x) = px$.
Da p eine Funktion der Menge ist (Umkehrung der Preisabsatzfunktion) $p = p(x)$, kann man auch statt $E = px$ schreiben: $E = xp(x)$.
Es ist auch möglich, den Erlös als Funktion des Preises darzustellen

$$E = E(p) = px(p).$$

Angebotsfunktion

Für die Behandlung vieler wirtschaftlicher Probleme ist es zweckmäßig, die Angebotsverhältnisse eines Gutes in ähnlicher Weise darzustellen, wie dieses für die Nachfrage geschieht. Ergebnisse solcher Darstellungen sind Angebotsfunktionen, die die Zusammenhänge zwischen der angebotenen Menge eines Gutes und den sie beeinflussenden Faktoren beschreiben. Auch hier kann man zwischen mikroökonomischen Angebotsfunktionen, bei denen das Angebot eines einziges Anbieters (Produzent des Gutes) betrachtet wird, und makroökonomischen Angebotsfunktionen, bei denen das gesamte Angebot eines Gutes betrachtet wird, unterscheiden. Die wichtigste Einflußgröße ist auch hier der Preis des Gutes, und wenn man von der Angebotsfunktion spricht, versteht man im allgemeinen darunter die Funktion

$$x = x(p).$$

Je höher der Marktpreis ist, um so höher ist im allgemeinen die angebotene Menge. Die Angebotsfunktion verläuft somit im allgemeinen von links unten nach rechts oben (streng monoton steigend). Auch hier wird bei der zeichnerischern Darstellung p auf der vertikale Achse abgetragen.

Wachstumsfunktion

In einer **Wachstumsfunktion** kommt allgemein der Zusammenhang zwischen einer wirtschaftlichen Größe y und der Zeit t als unabhängiger Veränderlichen zum Ausdruck

$$y = y(t).$$

Wirtschaftliches Wachstum ist ein zeitabhängiger Prozeß, so daß man die Veränderungen wirtschaftlicher Größen, die man als Wachstum bezeichnet, in Abhängigkeit von der Zeit betrachtet. Dem steht nicht entgegen, daß man es in der **Wachstumstheorie** auch mit anderen Funktionen zu tun hat, beispielsweise mit den im folgenden Abschnitt besprochenen Produktionsfunktionen.

Produktionsfunktion

Die bei der Produktion eines Gutes eingesetzten Arbeitskräfte, Rohstoffe, Maschinen usw. werden als **Produktionsfaktoren** bezeichnet.
Eine **Produktionsfunktion** eines Betriebes oder eines Wirtschaftszweiges stellt die Abhängigkeit der erzeugten Produktmenge x eines Gutes von den Einsatzmengen r_i der Produktionsfaktoren dar:

$$x = x(r_1,\dots,r_n).$$

Häufig sieht man die Einsatzmengen aller Faktoren außer der Einsatzmenge r **eines** Faktors als konstant an. Dann gilt

$$x = x(r).$$

Die zugehörige inverse Funktion $r = r(x)$, die die Abhängigkeit der Faktoreinsatzmenge (alle übrigen Faktoreinsatzmengen sind konstant) von der Produktmenge darstellt, wird als **(Faktor-) Verbrauchsfunktion** bezeichnet. Die Funktion $y = \frac{x}{r} = \frac{x(r)}{r}$ gibt die Abhängigkeit zwischen eingesetzter Faktormenge und **durchschnittlich** pro Faktoreinheit erzielter Produktmenge an. y ist also eine Durchschnittsgröße, nämlich der durchschnittliche Ertrag, und die zugehörige Funktion kann als **Durchschnittsertragsfunktion** bezeichnet werden.

Ertragsfunktion ist üblicherweise ein Synonym zu Produktionsfunktion. Das sogenannte "Ertragsgesetz" bezeichnet dagegen einen bestimmten Typ von Produktionsfunktion.

Die Funktionen $x = x(r_1,\dots,r_n)$ bzw. $x = x(r)$ sind mikroökonomische Produktionsfunktionen. Bei einer makroökonomischen Produktionsfunktion betrachtet man als unabhängige Variablen entsprechend der Definition makroökonomischer Produktionsfaktoren nur noch die Größen Arbeit (A), Kapital (K) und Boden (B) und möglicherweise auch den Technischen Fortschritt. Als makroökonomische Produktionsfunktion erhält man somit

$$Q = Q(A,K,B),$$

wobei Q eine makroökonomische Outputgröße bezeichnet.

Kostenfunktion
Die **(Gesamt-) Kostenfunktion** eines Betriebes beschreibt die Abhängigkeit der gesamten Kosten K pro Periode (Gesamtkosten) von der produzierten Menge x eines Gutes

$$K = K(x).$$

Dieser Fall, daß die Unternehmung nur ein Produkt herstellt **(Einproduktunternehmung)**, liegt den meisten kostentheoretischen Erörterungen zugrunde. **Die Kostenfunktion wird im allgemeinen aus der Produktionsfunktion abgeleitet.**

Gewöhnlich wird unterstellt, daß die Gesamtkosten aus einem variablen Teil $K_v = q(x)$ und einem von der Produktionsmenge unabhängigen Teil K_f, den **variablen** und den **fixen** Kosten zusammengesetzt sind. Statt $K = K(x)$ kann man dann auch schreiben

$$K = K_f + K_v = K_f + g(x).$$

Dividiert man die Gesamtkosten K einer Periode durch die in dieser Periode produzierte Menge x, so erhält man die Durchschnittskosten. Da K eine Funktion von x ist, ist es auch k und man erhält die sogenannte **Durchschnittskostenfunktion**

$$k = \frac{K(x)}{x} .$$

Gewinnfunktion
Der Gewinn ist definiert als die Differenz aus Erlös und Kosten: $G = E - K$. Die Gewinnfunktion stellt die Abhängigkeit des Gewinns von der Menge x dar: $G = G(x) = E(x) - K(x)$.
Bisweilen wird auch der Gewinn als Funktion des Preises betrachtet:

$$G = G(p) = E(p) - K(p).$$

Die Gestalt der Gewinnfunktion hängt definitionsgemäß von der Gestalt der Erlös - und der Kostenfunktion ab.
Es ist auch hier möglich, eine Durchschnittsfunktion

$$g = \frac{G}{x} = \frac{G(x)}{x} = \frac{E(x)}{x} - \frac{K(x)}{x}$$

anzugeben.

Indifferenzkurven
In den vorhergehenden Abschnitten wurden wirtschaftliche Funktionen einer Veränderlichen behandelt, die sich explizit darstellen lassen. Daneben treten auch Funktionen auf, die üblicherweise als implizite Form angegeben werden. Diese implizite Form resultiert unmittelbar aus

der Fragestellung. Ein Wirtschaftssubjekt konsumiert zwei Güter in den Mengen x und y. Diese Güter stiften einen Nutzen, sie dienen der subjektiven Bedürfnisbefriedigung, die man auch als **Ophelimität** bezeichnet. Das Maß für die Bedürfnisbefriedigung ist der **Ophelimitätsindex** z, den man als Funktion der Mengen y und x darstellen kann,

$$z = z(x,y).$$

Einen vorgegebenen, konstanten Ophelimitätsindex $z = c = \text{const.}$ kann man nun mit verschiedenen Kombinationen der Mengen der beiden Güter erreichen. Man erhält dann

$$z(x,y) = \text{const.}$$

oder die implizite Funktion

$$f(x,y) \equiv 0.$$

Eine derartige Funktion bzw. die dazugehörige Kurve bezeichnet man als **Indifferenzkurve.** Auf ihr liegen alle Mengenkombinationen der beiden Güter, die zum gleichen Ophelimitätsindex führen. Sie gibt an, wie das Wirtschaftssubjekt die Mengen seiner beiden Konsumgüter ändern kann, ohne den Ophelimitätsindex zu verändern. Sie sind ein Spezialfall einer Funktion mit zwei unabhängigen Variablen.

Isoquanten

Isoquanten liegt eine ähnliche Fragestellung wie den Indifferenzkurven zugrunde.

Eine Unternehmung produziert ein Gut in der Menge x mit den Mengen r_1 und r_2 von zwei Produktionsfaktoren. Dann hat man als Produktionsfunktion

$$x = x(r_1,r_2).$$

Kann eine vorgegebene Menge des Gutes mit verschiedenen Mengenkombinationen der Produktionsfaktoren hergestellt werden, dann kann man die Produktmenge konstant lassen und die Faktoreinsatzmengen variieren. Die so erhaltene Funktion lautet $x(r_1,r_2) = \text{const.}$ oder $f(r_1,r_2) \equiv 0$.

Man erhält eine implizite Funktion **der** Faktoreinsatzmengen, die zu einer konstanten Ausbringung führen. Diese Kurven gleicher Ausbringung heißen **Isoquanten.** (Vgl. F 7.4.2).

F 7.4.2

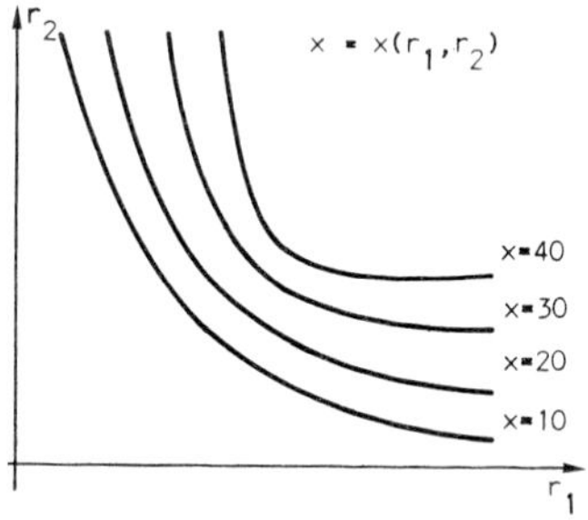

Aufgaben

Ü 7.4.1 Es sei eine Produktionsfunktion $x = f(r)$ gegeben. Leite aus dieser
⁑ Produktionsfunktion graphisch und analytisch eine Kostenfunktion ab.

Ü 7.4.2 Gegeben seien die beiden folgenden Produktionsfunktionen $x = f(r)$
⁑ und die zugehörigen konstanten Faktorpreise p.

a) $x = \sqrt{r-20}$; $p = 3$, $r > 20$; b) $x = (r-20)^2$; $p = 4$, $r > 20$.
Bestimme die zugehörigen Gesamtkosten- und Durchschnittskostenfunktionen.

Ü 7.4.3 Eine Konsumfunktion habe die Form $c = 100+0{,}8y$.
a) Stelle diese Konsumfunktion graphisch dar.
b) Bestimme analytisch und graphisch die zugehörige Sparfunktion.
c) Gib eine ökonomische Interpretation des absoluten Gliedes der Konsumfunktion.
d) Bei der Sparfunktion gibt es einen Bereich, für den die Ersparnis negativ ist. Bestimme den Punkt (das Einkommen), von dem ab die Ersparnis positiv ist.
e) Interpretiere die negative Ersparnis.

Ü 7.4.4 Gegeben sei die Produktionsfunktion $x = f(r_1, r_2)$. Wie ermittelt man graphisch und analytisch die Isoquante für $x = x_0$?

8. Folgen, Reihen und Grenzwerte

8.1 Folgen und Reihen

Manchmal hat man es mit Funktionen f(x) zu tun, deren Definitionsbereich die Menge IN der natürlichen Zahlen ist. Jeder natürlichen Zahl wird dabei eine reelle Zahl zugeordnet.

D 8.1.1

> Eine Funktion, durch die jeder natürlichen Zahl eine reelle Zahl zugeordnet wird, heißt **Zahlenfolge** und wird mit $a_1, a_2, a_3, \ldots$ oder $a_1, a_2, \ldots, a_n, \ldots$ oder $\{a_n\}$ mit $n \in \mathbb{N}$ bezeichnet. Die a_n heißen **Glieder** der Zahlenfolge und a_1 Anfangsglied.

B 8.1.2 Bei den folgenden Beispielen sind die ersten 5 Glieder und das allgemeine Folgeglied a_n angegeben.

a) $1,2,3,4,5,\ldots; a_n = n$; b) $1, \frac{1}{2}, \frac{1}{3}, \frac{1}{4}, \frac{1}{5}, \ldots; a_n = \frac{1}{n}$;

c) $\frac{1}{2}, \frac{2}{3}, \frac{3}{4}, \frac{4}{5}, \frac{5}{6}, \ldots; a_n = \frac{n}{n+1}$; d) $2,4,8,16,32,\ldots; a_n = 2^n$.

Manchmal unterscheidet man auch zwischen **endlichen Folgen,** die nur endlich viele Glieder haben, und **unendlichen Folgen.** Die folgenden Ausführungen beziehen sich auf unendliche Folgen, die kurz als Folgen bezeichnet werden.
Bei den Zahlenfolgen sind vor allem zwei Klassen von Folgen von besonderem Interesse.

D 8.1.3

> Eine Folge $\{a_n\}$, bei der für jedes $n \in \mathbb{N}$ gilt
> $a_{n+1} - a_n \equiv d = \text{const.}$, heißt **arithmetische Folge.**

Die Differenz zweier beliebiger aufeinanderfolgender Glieder einer arithmetischen Folge ist also konstant, d.h. je zwei aufeinanderfolgende Glieder haben stets denselben Abstand.

B 8.1.4 a) $5,8,11,14,17,\ldots; a_n = 3n+2$; $d = a_{n+1} - a_n = (3(n+1)+2)-(3n+2) = 3$;

b) $11,6,1,-4,-9,\ldots; a_n = 16-5n$; $d = (16-5(n+1))-(16-5n) = -5$.

Wegen der konstanten Differenz der Folgenglieder ist eine arithmetische Folge eindeutig durch das Anfangsglied und die konstante Differenz d der Folgenglieder bestimmt. Mit dem Anfangsglied a und der Differenz d erhält man für die Glieder einer arithmetischen Folge

$a, a+d, a+2d, \ldots, a+(n-1)d, \ldots$ bzw. $a_n = a+(n-1)d$.

Eine andere Klasse von Folgen ist dadurch charakterisiert, daß der Quotient zweier beliebiger aufeinanderfolgender Glieder gleich ist.

D 8.1.5

> Eine Folge $\{a_n\}$, bei der für jedes $n \in \mathbb{N}$ gilt
> $\frac{a_{n+1}}{a_n} \equiv q = \text{const.}$, heißt **geometrische Folge.**

B 8.1.6 a) $2,4,8,16,32,\ldots;\ a_n = 2^n;\quad q = \frac{a_{n+1}}{a_n} = \frac{2^{n+1}}{2^n} = 2;$

b) $\frac{4}{3}, \frac{4}{9}, \frac{4}{27}, \frac{4}{81}, \frac{4}{243}, \ldots;\ a_n = \frac{4}{3^n};\quad q = \frac{4/3^{n+1}}{4/3^n} = \frac{1}{3}.$

Eine geometrische Folge ist eindeutig durch ihr Anfangsglied a und den Quotienten q zweier aufeinanderfolgender Glieder bestimmt. Für die geometrische Folge erhält man dann

$a, aq, aq^2, \ldots, aq^{n-1}, \ldots$ bzw. $a_n = aq^{n-1}$.

Das folgende Beispiel zeigt eine ökonomische Anwendung, auf die im nächsten Kapitel (9) ausführlich eingegangen wird.

B 8.1.7 Für die Entwicklung eines Kapitals K_0, das zu Zinseszinsen angelegt ist, erhält man eine geometrische Folge. Der Zinsfuß(in % pro Jahr) wird mit p bezeichnet. Nach einem Jahr wächst das Kapital an auf $K_1 = K_0+K_0\cdot\frac{p}{100} = K_0(1+\frac{p}{100})$. Mit $1+\frac{p}{100} = q$ erhält man $K_1 = K_0q$. Nach zwei Jahren hat man $K_2 = K_1q = K_0q^2$ und nach n Jahren $K_n = K_{n-1}q = K_0q^n$. Die Entwicklung des Kapitals ergibt also eine geometrische Folge mit dem Anfangsglied K_0 und dem Quotienten $q = 1+\frac{p}{100}$.

Mit dem Begriff der Zahlenfolge eng verbunden ist der Begriff der Reihe.

D 8.1.8

> Gegeben sei eine Zahlenfolge $\{a_i\}$.
> $a_1+a_2+a_3+\ldots = \sum_{n=1}^{\infty} a_n$ heißt unendliche Reihe oder kurz **Reihe.** Die a_n heißen Glieder der Reihe. Die Summe
> $S_n = \sum_{i=1}^{n} a_i = a_1+a_2+\ldots+a_n$ heißt **n-te Partialsumme oder n-te Teilsumme** der Folge oder Reihe.

D 8.1.9

> Eine **arithmetische (geometrische) Reihe** ist eine Reihe, deren Glieder den Gesetzen einer arithmetischen (geometrischen) Folge gehorchen.

Für Anwendungen ist die n-te Partialsumme von arithmetischen und geometrischen Reihen von Interesse.
Für eine arithmetische Reihe erhält man

$$S_n = \sum_{i=1}^{n} a_i = a_1+a_2+\ldots+a_n = a+(a+d)+(a+2d)+\ldots+(a+(n-2)d)+(a+(n-1)d).$$

Schreibt man die ausführliche Summe zweimal in entgegengesetzter Reihenfolge der Glieder hin und addiert gliedweise, so erhält man

$$\begin{array}{rcccccccccc} S_n = & a & + & (a+d) & + & (a+2d) & +\ldots+ & (a+(n-2)d) & + & (a+(n-1)d) \\ +\ S_n = & (a+(n-1)d) & + & (a+(n-2)d) & + & (a+(n-3)d) & +\ldots+ & (a+d) & + & a \\ \hline 2S_n = & (2a+(n-1)d) & + & (2a+(n-1)d) & + & \ldots & \ldots & + (2a+(n-1)d) & + & (2a+(n-1)d) \end{array}$$

Für $2S_n$ hat man also n gleiche Summanden, und es folgt:

$$2S_n = n(2a+(n-1)d).$$

Damit ergibt sich

R 8.1.10

> $$\sum_{i=1}^{n}(a+(i-1)d) = \frac{n}{2}(2a+(n-1)d) = na + \frac{1}{2}n(n-1)d$$

Wegen $a+(n-1)d = a_n$ und $a = a_1$ kann man für die Summe auch schreiben

$$S_n = \frac{n}{2}(a_1+a_n).$$

Aus der in R 8.1.10 angegebenen Formel folgt speziell

R 8.1.10a

> $$\sum_{i=1}^{n} i = 1+2+3+\ldots+(n-1)+n = \frac{n(n+1)}{2}$$

Zur Bestimmung der Summe der ersten n Glieder einer geometrischen Folge schreibt man die Summe zunächst aus und darunter die mit q multiplizierte Summengleichung. Dann subtrahiert man gliedweise.

$$\begin{array}{rcccccccccc} S_n = & a & + & aq & + & aq^2 & +\ldots+ & aq^{n-2} & + & aq^{n-1} & \\ -\ qS_n = & & & aq & + & aq^2 & +\ldots+ & aq^{n-2} & + & aq^{n-1} & + aq^n \\ \hline \end{array}$$

$$S_n - qS_n = a - aq^n$$

Daraus folgt für $q \neq 1$: $S_n = a\dfrac{1-q^n}{1-q}$.

Es gilt somit

R 8.1.11

$$\sum_{i=1}^{n} aq^{i-1} = a\,\frac{1-q^n}{1-q}\,; \quad q \neq 1$$

Für a = 1 folgt daraus speziell

R 8.1.11a

$$\sum_{i=1}^{n} q^{i-1} = \frac{1-q^n}{1-q}\,; \quad q \neq 1$$

B 8.1.12 Im Beispiel 8.1.7 wurde die Entwicklung eines zu Zinseszinsen angelegten Kapitals betrachtet, wofür sich eine geometrische Folge ergibt. Wird, wie bei einem Ratensparvertrag, zu Beginn eines jeden Jahres ein Betrag r auf ein Konto gezahlt, so ist bei Zinseszinsen die erste Zahlung nach n Jahren auf rq^n angewachsen ($q=1+\frac{p}{100}$), die zweite Zahlung, die nur für n-1 Jahre verzinst wird, auf rq^{n-1}. Die Zahlung zu Beginn des dritten Jahres wird für n-2 Jahre verzinst und wächst auf rq^{n-2} an. Die Zahlung zu Beginn des vorletzten Jahres verzinst sich noch für 2 Jahre und wächst auf rq^2, und die Zahlung zu Beginn des letzten Jahres wächst auf rq.
Insgesamt befindet sich dann nach n Jahren auf dem Konto ein Betrag von

$$R_n = \sum_{i=1}^{n} rq^i = rq\sum_{i=1}^{n} q^{i-1} = rq\,\frac{1-q^n}{1-q}\,.$$

Ebenso wie die im Beispiel B 8.1.7 hergeleitete Zinseszinsformel fällt dieses Problem in den Bereich der Finanzmathematik, deren Grundzüge in Kapitel 9 behandelt werden.

Das folgende Beispiel behandelt ein Problem, das eine Vorstellung davon vermittelt, wie schnell die Glieder einer geometrischen Folge für q > 1 wachsen.

B 8.1.13 Ein babylonischer Kaiser wollte den Erfinder des Schachspiels belohnen und stellte ihm einen Wunsch frei. Der Erfinder äußerte folgenden bescheidenen Wunsch: Er wolle in Reis entlohnt werden, und zwar sollten den Feldern des Schachbrettes (64 Stück) Reiskörner zugeordnet werden, nach folgendem Gesetz: 1. Feld 1 Korn, 2. Feld 2 Körner und auf jedes weitere Feld doppelt soviel wie auf das jeweils vorhergehende Feld.
Für die Anzahl der Reiskörner auf den Feldern ergeben sich die ersten Glieder einer geometrischen Folge mit a = 1 und q = 2.
Für die Gesamtzahl der Reiskörner erhält man dann

$$Z = \sum_{i=1}^{64} 2^{i-1} = 1+2+4+8+16+...+2^{63}.$$

Es ist also die Partialsumme einer geometrischen Reihe zu bestimmen, und es ergibt sich (a = 1, q = 2)

$$Z = a\frac{q^n-1}{q-1} = 1\cdot\frac{2^{64}-1}{2-1} = 2^{64}-1 \simeq 2^{64} \simeq 1{,}8446744\cdot 10^{19}.$$

Um eine Vorstellung von der Menge Reis zu bekommen, wird angenommen, daß dieser Reis in Güterwagen transportiert werden soll. Dazu wird vereinfachend folgendes angenommen:

100 Reiskörner wiegen 1 g

1 Güterwagen faßt 50 t Reis und ist 10 m lang.

Das Gewicht des Reis beträgt

$$G \simeq \frac{1{,}8\cdot 10^{19}}{100} = 1{,}8\cdot 10^{17} \text{ g oder } 1{,}8\cdot 10^{11} \text{ t}.$$

Zum Transport dieser Menge werden

$$W = \frac{1{,}8\cdot 10^{11}}{50} = 3{,}6\cdot 10^{9} \text{ Güterwagen benötigt.}$$

Reiht man diese Güterwagen aneinander, so ergibt sich eine Länge von

$$L = 3{,}6\cdot 10^{9}\cdot 10 = 3{,}6\cdot 10^{10} \text{m oder } 3{,}6\cdot 10^{7} \text{ km}.$$

Diese 36.000.000 km entsprechen dem 900-fachen Erdumfang oder mehr als dem 93-fachen der mittleren Entfernung zwischen Erde und Mond.

Aufgaben

Ü 8.1.1 Bestimme das allgemeine Folgeglied a_n und gib an, ob es sich evtl. um eine arithmetische oder eine geometrische Folge handelt!

a) $\frac{1}{3}, \frac{1}{6}, \frac{1}{12}, \frac{1}{24}, \frac{1}{48} ...$; b) 12,0,-12,-24,-36 ...;

c) $1, \frac{1}{2}, \frac{1}{3}, \frac{1}{4}, \frac{1}{5} ...$; d) 2,4,6,8,10 ...;

e) $\frac{3}{2}, \frac{3}{4}, \frac{3}{8}, \frac{3}{16}, \frac{3}{32} ...$; f) 1,7,17,31,49,71 ...; g) $-\frac{1}{2}, 1, \frac{1}{6}, \frac{1}{13}, \frac{1}{22}, \frac{1}{33} ...$.

Ü 8.1.2 Bestimme für die folgenden arithmetischen Folgen das Anfangsglied a, die Differenz d, das allgemeine Glied a_n und die 20. Partialsumme.

a) 7,11,15,19,23,...; b) 1,3,5,7,9,...; c) $4, 4\frac{1}{2}, 5, 5\frac{1}{2}, 6,...$; d) 20,17,14,11,8,... .

Ü 8.1.3 Bestimme für die folgenden geometrischen Folgen das Anfangsglied a, den Quotienten q, das allgemeine Glied a_n und die 10. Partialsumme.

a) 1,2,4,8,16,...; b) $9,3,1,\frac{1}{3},\frac{1}{9},...$; c) 1; 0,9; 0,81,... .

Ü 8.1.4 Von einer arithmetischen Reihe sind bekannt: $a = a_1 = 3\frac{1}{3}$, $d = 1\frac{1}{3}$, $S_n = 448$. Gesucht sind n und a_n.

Ü 8.1.5 Bestimme: $a^{n-1}+a^{n-2}b+a^{n-3}b^2+...+ab^{n-2}+b^{n-1} = \sum_{i=1}^{n} a^{n-i}b^{i-1}$; $b \neq a$.
**

8.2 Eigenschaften von Folgen

Einige der für Funktionen behandelten Eigenschaften können auch auf Folgen (als spezielle Funktionen) übertragen werden.

D 8.2.1

> Eine Zahlenfolge $\{a_n\}$ heißt **beschränkt**, wenn für alle Glieder der Folge gilt $|a_n| \leqq c = \text{const.}$.
> c heißt **Schranke**.
> Eine Zahlenfolge $\{a_n\}$ heißt **nach unten beschränkt**, wenn für alle Glieder der Folge gilt $a_n \geqq c = \text{const.}$.
> c heißt **untere Schranke** der Folge.
> Eine Zahlenfolge $\{a_n\}$ heißt **nach oben beschränkt**, wenn für alle Glieder der Folge gilt $a_n \leqq c = \text{const.}$.
> c heißt **obere Schranke** der Folge.

B 8.2.2 a) Die Folge $\{a_n\}$ mit $a_n = (-2)^n$ $(n=1,2,3,...)$ ist sicher nicht beschränkt, da a_n beliebig groß bzw. beliebig klein werden kann.
b) Dagegen ist die Folge $\{a_n\}$ mit $a_n = \frac{1}{n}$ $(n=1,2,3,...)$ beschränkt, denn für $n \in \mathbb{N}$ gilt $0 < \frac{1}{n} \leqq 1$, d.h. es gilt $|a_n| \leqq 1$.
c) Die Folge $\{a_n\}$ mit $a_n = 2n+3$ $(n=1,2,3,...)$ ist nach unten beschränkt, denn es gilt $a_n \geqq 5$ für $n = 1,2,3,...$.
d) Die Folge $\{a_n\}$ mit $a_n = n-n^2$ $(n=1,2,3,...)$ ist nach oben beschränkt. Die ersten Glieder der Folge lauten 0,-2,-6,-12,-20,... . Die Glieder werden immer kleiner. Es gilt also $a_n \leqq 0$. Die Folge ist nach oben beschränkt.

B 8.2.3 Es ist für $|q| < 1$ auch $|q^n| < 1$. Somit gilt $|aq^n| = |a| \cdot |q^n| \leqq a$. Eine geometrische Folge mit $|q| < 1$ ist also beschränkt.

D 8.2.4

> Gilt für eine Zahlenfolge $\{a_n\}$ $a_n < a_{n+1}$ für alle $n \in \mathbb{N}$, so heißt die Folge **streng monoton wachsend.**
> Gilt $a_n > a_{n+1}$ für alle $n \in \mathbb{N}$, so heißt die Folge **streng monoton fallend.** Gilt $a_n \leqq a_{n+1}$ bzw. $a_n \geqq a_{n+1}$ für alle $n \in \mathbb{N}$, so heißt die Folge monoton wachsend bzw. monoton fallend.

Bei einer streng monoton wachsenden (bzw. fallenden) Folge nimmt die Größe der Glieder also ständig zu bzw. ab.

B 8.2.5 a) Die Folge $\{4n-3\}$ ist streng monton wachsend, denn es gilt $a_n = 4n-3 < 4(n+1) - 3 = a_{n+1}$ für $n \in \mathbb{N}$.
b) Die Folge $\{n-n^2\}$ ist streng monoton fallend, denn es gilt
$a_n = n-n^2$ und $a_{n+1} = (n+1)-(n+1)^2 = n+1-n^2-2n-1 = n-n^2-2n$ und somit
$a_n = n-n^2 > n-n^2-2n = a_{n+1}$ für $n \in \mathbb{N}$.

Aufgaben

Ü 8.2.1 Beweise die Beschränktheit der Zahlenfolge $a_n = (-1)^n \frac{n+3}{2n}$,
⁑ $n = 1,2,3,...$!

Ü 8.2.2 Zeige, daß jede arithmetische Folge mit $d \neq 0$ unbeschränkt ist.
*

Ü 8.2.3 Zeige, daß a) jede arithmetische und b) jede geometrische Folge
⁑ mit $(q > 0)$ monoton ist.

8.3 Grenzwerte von Folgen

Bei Zahlenfolgen interessiert man sich besonders für ihr Verhalten, wenn n sehr groß wird

B 8.3.1 a) Die Glieder der Folge 2,4,6,8,10,... mit dem allgemeinen Glied $a_n = 2n$ werden mit wachsendem n immer größer. Da n beliebig groß werden kann, kann auch a_n beliebig groß werden. Man sagt: "Die Folge wächst über alle Grenzen." Ebenso wächst die Folge $a_n = -3n$, deren erste Glieder -3,-6,-9,-12,... lauten, über alle Grenzen.
b) Die Folge $1, \frac{1}{2}, \frac{1}{3}, \frac{1}{4},...$ mit $a_n = \frac{1}{n}$, ist beschränkt (vgl. B 8.2.2b). Sie kann deshalb nicht über alle Grenzen wachsen. Es gilt stets $\frac{1}{n} > 0$, da $n > 0$. Mit zunehmendem n wird $\frac{1}{n}$ aber immer kleiner. Je größer n wird, desto mehr nähert sich $\frac{1}{n}$ dem Wert 0. Dieser Wert wird aber nicht erreicht, da für jedes $n \in \mathbb{N}$ gilt $\frac{1}{n} > 0$. Man kann sich der Null zwar beliebig nähern, erreicht sie aber nicht.
c) Bei der Folge mit $a_n = (-1)^n + \frac{1}{n}$, deren erste Glieder lauten $0, \frac{3}{2}, -\frac{2}{3}, \frac{5}{4}, -\frac{4}{5}, ...$, gilt folgendes: $(-1)^n = -1$ für ungerades n und +1 für gerades n. $\frac{1}{n}$ nähert sich für wachsendes n dem Wert 0 beliebig (s.o.) Die Glieder der Folge nähern sich also den Werten +1 und -1 beliebig. Sie liegen bei zunehmendem n abwechselnd immer näher bei +1 und -1.

Für die folgenden Ausführungen ist es wichtig, sich klar zu machen, daß eine Folge immer unendlich viele Glieder hat, da n beliebig groß werden kann. Auch Teilmengen der natürlichen Zahlen können unendlich viele Elemente haben, wie etwa die Menge der geraden natürlichen Zahlen, die Menge der ungeraden natürlichen Zahlen oder die Menge der natürlichen Zahlen größer als 10.

D 8.3.2

> Gibt es für jedes (noch so kleine) $\varepsilon \in \mathbb{R}$, $\varepsilon > 0$, unendlich viele Glieder a_m der Folge $\{a_n\}$ mit $a - \varepsilon < a_m < a + \varepsilon$, so besitzt die Folge bei a einen **Häufungspunkt.**

B 8.3.3 a) Die Folge mit $a_n = (-1)^n$ $(n=1,2,3,\ldots)$ besitzt Häufungspunkte bei -1 und +1, denn die Glieder nehmen abwechselnd diese Werte an.

b) Die Folge mit $a_n = 2\cdot(-1)^n + \frac{1}{n}$ $(n=1,2,3,\ldots)$ besitzt Häufungspunkte bei -2 und +2, denn für $n > \frac{1}{\varepsilon}$ liegen unendlich viele Glieder zwischen -2 und $-2+\varepsilon$ (für ungerades n) und zwischen +2 und $+2+\varepsilon$ (für gerades n). Das gilt für beliebig kleines $\varepsilon > 0$.

Von besonderem Interesse sind Zahlenfolgen, die nur einen Häufungspunkt besitzen.

B 8.3.4 Es wird noch einmal die Folge $\{\frac{1}{n}\}$ betrachtet. (Vgl. B 8.3.1b). Läßt man in dieser Zahlenfolge n immer größer werden, dann wird offensichtlich $\frac{1}{n}$ immer kleiner, und zwar nähert sich der Quotient dem Wert 0. Läßt man n gegen unendlich gehen, so geht $\frac{1}{n}$ gegen 0. Man sagt: "$\frac{1}{n}$ strebt dem **Grenzwert** 0 zu." Dafür schreibt man üblicherweise $\lim\limits_{n\to\infty} \frac{1}{n} = 0$, lies: "Limes $\frac{1}{n}$ für n gegen unendlich gleich 0." "Limes" ist das lateinische Wort für Grenzwert.

Das Verhalten einer Folge, deren Glieder einem Grenzwert (dem einzigen Häufungspunkt) zustreben, bezeichnet man auch als **Konvergenz.** Die Folge heißt dann **konvergent.**

D 8.3.5

> Die Folge $a_1, a_2, \ldots, a_n, \ldots$ **konvergiert** gegen den **Grenzwert** a, wenn es zu jedem positiven $\varepsilon \in \mathbb{R}$ eine natürliche Zahl $N(\varepsilon)$ gibt derart, daß $|a_n - a| < \varepsilon$ für **alle** $n \geqq N(\varepsilon)$ gilt.
>
> Man schreibt "$\lim\limits_{n\to\infty} a_n = a$" oder "$a_n \to a$ für $n \to \infty$".

Man beachte, daß die Konvergenzaussage der Definition 8.3.5 für jedes beliebig kleine positive ε gelten muß. Dadurch kann man eine beliebig starke Annäherung der a_n an a erreichen, wenn nur n genügend groß wird.

B 8.3.6 a) Für die Folge $\{\frac{1}{n}\}$ und a = 0 gilt $|a_n - 0| < \varepsilon$ für jedes $n \geqq N(\varepsilon) > \frac{1}{\varepsilon}$.

b) Für die Folge $\{\frac{n+5}{16n}\}$ gilt $|a_n - 0| < \varepsilon$ z.B. für $\varepsilon = \frac{1}{10}$ und $n \geqq 9$. Aber für $\varepsilon = \frac{1}{20}$ gibt es **kein** $N(\varepsilon)$, so daß $|a_n - 0| < \varepsilon$ für $n \geqq N(\varepsilon)$ gilt. 0 kann also nicht Grenzwert der Folge sein. Es gilt für jedes $n \in \mathbb{N}$ $(n+5)/16n = (1+5/n)/16 > 1/16$.

Für die Untersuchung von Folgen ist der folgende Satz von Bedeutung:

R 8.3.7 Eine beschränkte und monotone Zahlenfolge $\{a_n\}$ besitzt genau einen Häufungspunkt a und es gilt $\lim\limits_{n \to \infty} a_n = a$.

Dieser Satz trifft z.B. auf die Folgen in B 8.3.1b, 8.3.4 und 8.3.6a zu. Man beachte, daß der Grenzwert einer Zahlenfolge meistens nicht Glied der Folge ist.

B 8.3.8 Die Folge $\{\frac{1}{n}\}$ konvergiert gegen den Grenzwert 0, aber 0 ist nicht Glied der Folge, denn es gibt kein $n \in \mathbb{N}$ mit $\frac{1}{n} = 0$.

D 8.3.9 Eine Folge mit dem Grenzwert 0 heißt **Nullfolge.**

D 8.3.10 Eine nicht konvergente Folge heißt **divergent.**

Werden die Glieder einer Folge unendlich groß für $n \to \infty$, dann schreibt man manchmal auch $\lim\limits_{n \to \infty} a_n = \infty$ (oder $\lim\limits_{n \to \infty} a_n = -\infty$).

Für Grenzwerte gelten einige wichtige Rechenregeln, die leicht einzusehen sind, und die hier ohne Begründung angegeben werden.

R 8.3.11 Gegeben seien zwei konvergente Folgen $\{x_n\}$ und $\{y_n\}$, und es sei $\lim\limits_{n \to \infty} x_n = x$ und $\lim\limits_{n \to \infty} y_n = y$.

Dann gilt

a) $\lim\limits_{n \to \infty} (x_n \pm a) = x \pm a$; $a \in \mathbb{R}$; b) $\lim\limits_{n \to \infty} (a x_n) = ax$; $a \in \mathbb{R}$;

c) $\lim\limits_{n \to \infty} (x_n \pm y_n) = x \pm y$; d) $\lim\limits_{n \to \infty} (x_n y_n) = xy$;

e) $\lim\limits_{n\to\infty} \frac{x_n}{y_n} = \frac{x}{y}$, $y \neq 0$; alle $y_n \neq 0$.

Bei Konvergenzuntersuchungen geht man in vielen Fällen so vor, daß man die zu untersuchende Folge nach oben und unten durch eine bekannte Folge abschätzt.

B 8.3.12 Es wird die Folge $\sqrt[n]{n}$ betrachtet. Für die Konvergenzuntersuchung bildet man daraus die Folge $a_n = \sqrt[n]{n}-1$ $(n=1,2,3,\ldots)$, für die stets gilt $a_n \geqq 0$. Es gilt

$$(1+a_n)^n = \sum_{k=0}^{n} \binom{n}{k} \cdot a_n^k \cdot 1^{n-k} = \sum_{k=0}^{n} \binom{n}{k} \cdot a_n^k = (\sqrt[n]{n})^n = n$$

(Erläuterungen zu dem Binomialkoeffizienten $\binom{n}{k}$ siehe Abschnitt 5.2). Für $n \geqq 2$ gilt

$$\sum_{k=0}^{n} \binom{n}{k} a_n^k = \binom{n}{0} + \binom{n}{1} a_n + \binom{n}{2} a_n^2 + \ldots = n.$$

Es ist $\binom{n}{0} = 1$ und $\binom{n}{2} = \frac{n(n-1)}{2}$ und somit $\frac{n(n-1)}{2} a_n^2 \leqq n$, da auf der linken Seite alle übrigen Glieder weggelassen wurden. Daraus folgt

$a_n^2 \leqq \frac{2}{n-1}$ bzw. $|a_n| = a_n \leqq \sqrt{\frac{2}{n-1}}$.

Es ist nun $\lim\limits_{n\to\infty} \frac{2}{n-1} = 0$ und damit auch $\lim\limits_{n\to\infty} \sqrt{\frac{2}{n-1}} = 0$.

Da stets $0 \leqq a_n \leqq \sqrt{\frac{2}{n-1}}$ gilt, folgt daraus $0 \leqq \lim\limits_{n\to\infty} a_n \leqq \lim\limits_{n\to\infty} \sqrt{\frac{2}{n-1}} = 0$.

Daraus folgt weiter $\lim\limits_{n\to\infty} (\sqrt[n]{n}-1) = 0$ und $\lim\limits_{n\to\infty} \sqrt[n]{n} = 1$.

Bei Folgen, deren Glieder aus Quotienten von Polynomen in n bestehen, werden Zähler und Nenner durch die höchste vorkommende Potenz von n dividiert. Außer reellen Zahlen erhält man dann im Zähler und Nenner Summanden der Form $\frac{a}{n^k}$, die gegen Null konvergieren. Der Grenzwert läßt sich dann leicht bestimmen.

B 8.3.13 Es sei die Folge mit $a_n = \frac{3n^2}{4n^2+n+5}$ betrachtet. Es ist

$$\frac{3n^2}{4n^2+n+5} = \frac{3n^2}{4n^2+n+5} \cdot \frac{\frac{1}{n^2}}{\frac{1}{n^2}} = \frac{3}{4+\frac{1}{n}+\frac{5}{n^2}}$$

Es gilt: $\lim\limits_{n\to\infty} \frac{1}{n} = 0$ und $\lim\limits_{n\to\infty} \frac{5}{n^2} = 0$.

Daraus folgt $\lim\limits_{n\to\infty} \frac{3n^2}{4n^2+n+5} = \lim\limits_{n\to\infty} \frac{3}{4+\frac{1}{n}+\frac{5}{n^2}} = \frac{3}{4}$.

Aufgaben

Ü 8.3.1 Bestimme: a) $\lim\limits_{n\to\infty} \frac{4n^2+3n-27}{8n^2-24n+108}$; b) $\lim\limits_{n\to\infty} \frac{12n^7-8n^5+4n^3-12}{18n^7-3n^4+n^2}$;

c) $\lim\limits_{n\to\infty} \frac{5n^3-6n}{8n^4-3}$; d) $\lim\limits_{n\to\infty} \frac{6n^5-7n^3-5}{n^4-6n}$.

Ü 8.3.2 Bestimme: a) $\lim\limits_{n\to\infty} \left[(-1)^n + \frac{1}{n}\right]$; b) $\lim\limits_{n\to\infty} (-1)^n \cdot \frac{1}{n}$.

Ü 8.3.3 Stelle fest, welche der nachstehenden Zahlenfolgen konvergieren und bestimme gegebenenfalls den Grenzwert.

a) $1+(-1)^n$; b) $\frac{n^4-16}{(n+2)^2\,(1-2n-5n^2)}$; c) $\sqrt{9n^2+15n+7}-3n$.

Ü 8.3.4 Für die nachstehenden Zahlenfolgen ist zu untersuchen, ob es sich um Nullfolgen handelt!

a) $a_n = \frac{3n^2+2n-1}{n^4+1} \cdot \cos n$; b) $a_n = \frac{2n^3+8n+5}{5n^3+2n^2} \sin(\pi \cdot n)$.

8.4 Grenzwerte von Reihen

Der bei Zahlenfolgen eingeführte Begriff der Konvergenz läßt sich ohne Schwierigkeiten auf Reihen anwenden. Dabei interessiert es, ob die "unendliche Summe" der Reihe einen endlichen Wert annimmt. Dazu betrachtet man die Folge der Partialsummen und untersucht, ob

$S_n = \sum\limits_{i=1}^{n} a_i$ für $n \to \infty$ einem Grenzwert zustrebt oder nicht.

D 8.4.1

Gegeben sei eine Zahlenfolge $\{a_n\}$ und $S_n = \sum\limits_{i=1}^{n} a_i$ sei die n-te Teilsumme. Konvergiert die Folge $\{S_n\}$ der Teilsummen, so bezeichnet man den Grenzwert S als **Summe der unendlichen Reihe:**

$S = \lim_{n\to\infty} S_n = \lim_{n\to\infty} \sum_{i=1}^{n} a_i = \sum_{i=1}^{\infty} a_i$ und nennt die Reihe konvergent.

Von speziellem Interesse ist häufig der Wert der geometrischen Reihe (vgl. D 8.1.9).

Für die geometrische Reihe $a+aq+aq^2+...+aq^n+... = \sum_{i=1}^{\infty} aq^{i-1}$ erhält man

$$\sum_{i=1}^{\infty} aq^{i-1} = \lim_{n\to\infty} \sum_{i=1}^{n} aq^{i-1} = \lim_{n\to\infty} a\frac{1-q^n}{1-q} = \lim_{n\to\infty} a\left[\frac{1}{1-q} - \frac{q^n}{1-q}\right] (q \neq 1).$$

Für $|q| > 1$ existiert dieser Grenzwert nicht, da $|q|^n$ für $n \to \infty$ über alle Grenzen wächst. Ist $|q| < 1$, so gilt $\lim_{n\to\infty} q^n = 0$.

R 8.4.2 Der **Wert der unendlichen geometrischen Reihe** mit dem Anfangsglied a und dem Quotienten $a_{n+1}/a_n = q$ mit $|q| < 1$ beträgt $S = \frac{a}{1-q}$.

B 8.4.3 Es sei die Folge $\{\frac{1}{2^{n-1}}\}$ gegeben. Dafür ist $a = 1$ und $q = \frac{1}{2}$ und es ergibt sich $\sum_{n=1}^{\infty} \frac{1}{2^{n-1}} = \frac{1}{1-\frac{1}{2}} = 2.$

Hat man eine geometrische Reihe, deren Summation nicht mit der unteren Grenze $n = 1$ beginnt, oder ist der Exponent anders, dann kann R 8.4.2 am einfachsten dadurch angewendet werden, daß aus den Angaben der unendlichen Summe a und q bestimmt werden.

B 8.4.4 Für $\sum_{k=2}^{\infty} 5\cdot(\frac{1}{3})^k$ ist $q = \frac{1}{3}$. Für $k = 2$ erhält man das Anfangsglied $a = 5\cdot(\frac{1}{3})^2 = \frac{5}{9}$. Damit ergibt sich $\sum_{k=2}^{\infty} 5\cdot(\frac{1}{3})^k = \frac{5}{9}\cdot\frac{1}{1-\frac{1}{3}} = \frac{5}{6}$.

Mit Hilfe von Grenzwerten kann auch die Zahl e definiert werden, und zwar als $e = \sum_{n=0}^{\infty} \frac{1}{n!} = \lim_{n\to\infty} \sum_{i=0}^{n} \frac{1}{i!}$.

e ergibt sich also als Grenzwert der Folge der Teilsummen

$S_n = 1 + \frac{1}{1!} + \frac{1}{2!} + \frac{1}{3!} + ... + \frac{1}{n!}$ für $n \to \infty$.

Nun gilt für beliebiges $n \in \mathbb{N}$ $2^{n-1} \leq n!$; die Gleichheit gilt für $n \leq 2$. Dieses überlegt man sich leicht dadurch, daß bei 2^{n-1} alle n-1 Faktoren gleich 2 sind, in n! die n Faktoren aber immer größer werden. Aus $2^{n-1} < n!$ folgt $\frac{1}{2^{n-1}} > \frac{1}{n!}$ und daraus ergibt sich

$$S_n < 1 + 1 + \frac{1}{2} + \frac{1}{2^2} + \dots + \frac{1}{2^{n-1}} = 1 + \frac{1 - \frac{1}{2^n}}{1 - \frac{1}{2}} < 3.$$

e muß also kleiner als 3 sein. Die Folge S_n ist monoton, da sämtliche Summanden positiv sind und die Summe mit zunehmendem n wächst. Nimmt man die ersten 3 Glieder der Folge, so gilt $2{,}5 < e < 3$.
Eine genaue Berechnung ergibt einen unendlichen, nichtperiodischen Dezimalbruch. Es ist e = 2,71828182845... .

Eine andere Definition ergibt sich als $e = \lim_{n\to\infty} (1 + \frac{1}{n})^n$.
Weiterhin gilt

$$e^x = \sum_{n=0}^{\infty} \frac{x}{n!} = \lim_{n\to\infty} (1 + \frac{x}{n})^n.$$

Das folgende Beispiel zeigt eine ökonomische Anwendung der Definition der Exponentialfunktion als $e^x = \lim_{n\to\infty} (1 + \frac{x}{n})^n$.

B 8.4.5 Ein Betrag von 1 DM, der zu p% Zinsen angelegt wird, ist nach Ablauf eines Jahres angewachsen auf $(1 + \frac{p}{100})$ DM und nach Ablauf von x Jahren auf $y = (1 + \frac{p}{100})^x$ DM, wenn Zinseszinsen berücksichtigt werden (vgl. B 8.1.12). Die Zinsen werden dabei jährlich einmal dem Kapital zugeschlagen und von da ab mit verzinst. Werden die Zinsen halbjährlich zugeschlagen und mit verzinst, so ergibt sich $y = (1+ \frac{p}{2\cdot 100})^{2x}$ DM, bei $\frac{1}{n}$-jährlicher Verzinsung $y = (1+ \frac{p}{n\cdot 100})^{nx}$ DM. Läßt man n immer größer, d.h. die "Zinszeiträume" immer kleiner werden, so folgt $\lim_{n\to\infty} (1 + \frac{\frac{p}{100}}{n})^n = e^{\frac{p}{100}}$, und daraus folgt

$$\lim_{n\to\infty} (1 + \frac{\frac{p}{100}}{n})^{nx} = e^{\frac{p}{100}x}.$$

Dies ist der Fall der sogenannten **stetigen Verzinsung.** Bei stetiger Verzinsung eines Kapitals a zu einem Jahreszinssatz von p% ist also das Endkapital y folgende Funktion der Zeit x (gemessen in Jahren)

$y = ae^{\frac{p}{100}x}$. Man erhält also eine Exponentialfunktion. Eine solche Exponentialfunktion ergibt sich allgemein für alle Wachstumsprozesse mit stetigem Wachstum und konstanter Wachstumsrate.

Aufgaben

Ü 8.4.1 Bestimme: a) $\sum_{i=1}^{\infty} 5(\frac{1}{3})^{i-1}$; b) $\sum_{i=1}^{\infty} \frac{6}{4^{i-1}}$.
**

Ü 8.4.2 Bestimme: a) $\sum_{i=1}^{\infty} 12(\frac{1}{4})^{i}$; b) $\sum_{i=1}^{\infty} (\frac{1}{4})^{i-2}$;

c) $\sum_{i=3}^{\infty} 20(\frac{1}{5})^{i-1}$; d) $\sum_{i=-1}^{\infty} (\frac{1}{2})^{i}$; e) $\sum_{i=-2}^{\infty} (\frac{1}{3})^{i-2}$.
****

Ü 8.4.3 Stelle fest, ob die nachstehende Reihe konvergiert, und bestimme evtl. den Grenzwert: $\sum_{n=0}^{\infty} (-1)^n \frac{1}{2^n}$.
****

Ü 8.4.4 Bestimme: a) $\sum_{n=1}^{\infty} \frac{1}{n(n+1)}$ und b) $\sum_{K=1}^{\infty} \frac{2}{K(K+2)}$
(Hinweis: Zerlege das Glied der Reihe in zwei Brüche mittels der Partialbruchzerlegung, vgl. Abschnitt 6.6).
******

8.5 Grenzwerte von Funktionen

Der Begriff des Grenzwertes läßt sich auch auf Funktionen mit dem Definitionsbereich $D(f) = \mathbb{R}$ übertragen. Es sei eine Funktion mit einer unabhängigen Veränderlichen gegeben: $y = f(x)$. Zu jeder Folge $\{x_n\}$ von Werten der unabhängigen Variablen gehört dann eine Folge von Funktionswerten $\{y_n\} = \{f(x_n)\}$.

Für eine Folge $\{x_n\}$ und die zugehörige Folge von Funktionswerten gilt zunächst folgendes:
Ist eine Funktion $f(x)$ in einem Intervall I ihres Definitionsbereiches ($I \subset D(f)$) beschränkt, d.h. gilt $|f(x)| \leq c$ für $x \in I$, so gibt es zu jedem Häufungspunkt $x_0 \in I$ einer Folge $\{x_n\}$ mindestens einen Häufungspunkt y_0 der entsprechenden Folge von Funktionswerten. Daß zu einer Folge $\{x_n\}$ mit einem Häufungspunkt x_0 die Folge der zugehörigen Funktionswerte mehr als einen Häufungspunkt haben kann, zeigt das folgende Beispiel.

B 8.5.1 Es wird von der in Figur 8.5.2 dargestellten Funktion ausgegangen.

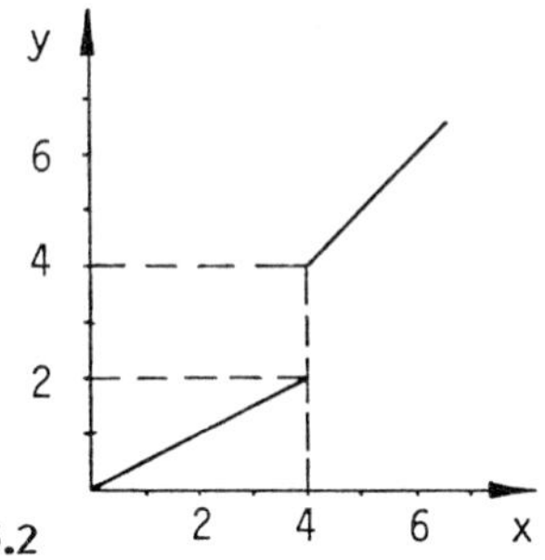

F 8.5.2

Wählt man für $\{x_n\}$ eine Folge, die gegen $x = 4$ konvergiert und abwechselnd Werte größer und kleiner als 4 annimmt, z.B. $x_n = 4 + (-\frac{1}{2})^n$, $n = 1, 2, 3, \ldots$ mit den ersten Gliedern $x_1 = 3\frac{1}{2}$, $x_2 = 4\frac{1}{4}$, $x_3 = 3\frac{7}{8}$, $x_4 = 4\frac{1}{16}$, $x_5 = 3\frac{31}{32}$, $x_6 = 4\frac{1}{64}$, ..., so erhält man eine Folge von Funktionswerten, die die beiden Häufungspunkte $y = 2$ und $y = 4$ hat. Das ist an der Figur leicht zu sehen, da für $x_n > 4$ die Funktionswerte gegen $y = 4$ gehen und für $x_n < 4$ gegen $y = 2$.

D 8.5.3. Der Grenzwert y_0 einer Funktion $y = f(x)$ an der Stelle x_0 existiert, falls für jede beliebige, gegen x_0 konvergierende Folge $\{x_n\}$, $x_n \neq x_0$, die Folge der zugehörigen Funktionswerte $\{y_n\} = \{f(x_n)\}$ existiert und stets gegen denselben Wert y_0 konvergiert: $\lim\limits_{n \to \infty} f(x_n) = y_0$.

In dem Beispiel 8.5.1 existiert der Grenzwert der Funktion an der Stelle $x = 4$ nicht. Der Begriff des Grenzwertes einer Funktion ermöglicht es, die bereits in D 6.3.27 erwähnte **Stetigkeit** einer Funktion exakt zu definieren.

D 8.5.4 Eine Funktion $y = f(x)$ heißt **stetig** an der Stelle $x = x_0$, wenn stets $\lim\limits_{x \to x_0} f(x) = f(x_0)$ existiert.

Eine Funktion ist also stetig, wenn **jede** Folge von Funktionswerten $f(x)$, deren Argumente gegen x_0 konvergieren ($x \to x_0$), gegen den Funktionswert $f(x_0)$ an der Stelle x_0 konvergiert. Ist eine Funktion an der Stelle x_0 nicht definiert und existiert der Grenzwert $\lim\limits_{x \to x_0} f(x) = y_0$, so läßt sich die Funktion **stetig ergänzen** durch $f(x_0) = y_0$.

Wichtig bei dem Begriff der Stetigkeit einer Funktion ist, daß sich die Folge der x **beliebig** x_0 nähern kann.

B 8.5.5 Gegeben sei die Funktion $y = f(x) = \begin{cases} x & \text{für } x \leq 2 \\ \frac{x^2-16}{2x-8} & \text{für } x > 2;\ x \neq 4. \end{cases}$

Die Funktion besteht aus zwei Teilfunktionen. Störungen der Stetigkeit von y befinden sich daher dort, wo auch die Teilfunktionen nicht stetig sind. Außerdem muß geprüft werden, ob der Übergang von einer Teilfunktion zur anderen stetig erfolgt.

Die Teilfunktion $\frac{x^2-16}{2x-8}$ ist bei $x_1 = 4$ nicht definiert. Um den Grenzwert der Funktion für den Fall $x \to 4$ zu bestimmen, setzt man für x eine Folge ein, die zwar den Grenzwert 4 hat, aber ansonsten völlig beliebig ist. Man schreibt für das allgemeine Glied dieser Folge daher $a_n^+ = 4 + \varepsilon(n)$ oder $a_n^- = 4 - \varepsilon(n)$ und verlangt nur, daß $\varepsilon(n)$ eine beliebige Nullfolge ist, für die stets gilt $\varepsilon(n) > 0$. a_n^+ nähert sich dem Grenzwert 4 von rechts, a_n^- von links an, man schreibt auch $\lim\limits_{x \to 4^+} y$, $\lim\limits_{x \to 4^-} y$. Es gilt für die Annäherung von rechts:

$$\lim_{x \to 4^+} \frac{x^2-16}{2x-8} = \lim_{n \to \infty} \frac{(4+\varepsilon(n))^2-16}{2(4+\varepsilon(n))-8} = \lim_{n \to \infty} \frac{\varepsilon(n)^2+8\varepsilon(n)}{2\varepsilon(n)} =$$

$$\lim_{n \to \infty} (\varepsilon(n)+4) = 4; \quad (\lim_{n \to \infty} \varepsilon(n) = 0).$$

Bei Annäherung von links gilt:

$$\lim_{x \to 4^-} \frac{x^2-16}{2x-8} = \lim_{n \to \infty} \frac{(4-\varepsilon(n))^2-16}{2(4-\varepsilon(n))-8} = \lim_{n \to \infty} \frac{\varepsilon(n)^2-8\varepsilon(n)}{-2\varepsilon(n)} = \lim_{n \to \infty} (-\varepsilon(n)+4) = 4$$

Aus beiden Ergebnissen folgt $\lim\limits_{x \to 4} y = 4$.

Definiert man als Funktionswert an der Stelle $x = 4$ den Wert $y = f(x) = 4$, so ist die Funktion stetig ergänzt.

Nun ist noch die Übergangsstelle $x_0 = 2$ von einer Teilfunktion zur anderen zu prüfen:

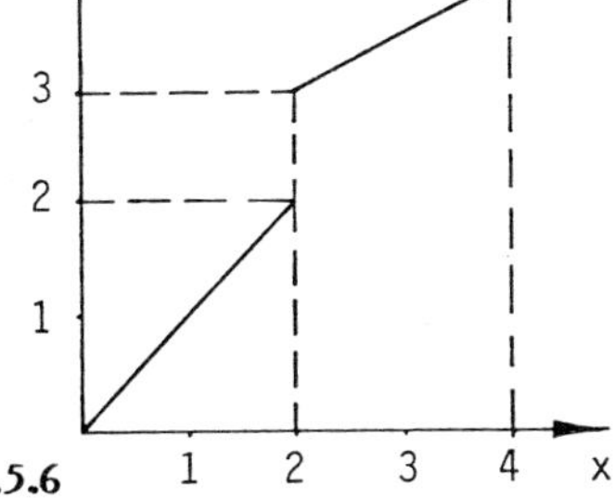

F 8.5.6

Der Funktionswert an der Stelle $x_0 = 2$ ist $f(2) = 2$ (hier gilt $y = x$).

Bei einer Annäherung von rechts gilt $y = \frac{x^2-16}{2x-8}$: $\lim\limits_{x \to 2^+} y = \lim\limits_{x \to 2^+} \frac{x+4}{2} = 3$, denn für $x \neq 4$ kann der Bruch durch $(x-4)$ gekürzt werden. Es gilt also $f(2) \neq \lim\limits_{x \to 2^+} f(x)$.

Die Funktion ist an der Stelle $x_0 = 2$ nicht stetig und nicht stetig ergänzbar (siehe auch F 8.5.6).

Ist eine Funktion an der Stelle x_0 **nicht stetig, aber stetig ergänzbar,** so sagt man auch, sie habe eine **hebbare Unstetigkeitsstelle** (vgl. dazu auch Abschnitt 6.6 vor B 6.6.13).

Aufgaben

Ü 8.5.1 Gegeben sei die lineare Kostenfunktion $K = ax+b$, $a > 0$, $b > 0$.
* Diskutiere den Verlauf der Durchschnittskostenfunktion.

Ü 8.5.2 Gegeben sei die logistische Funktion $y = \frac{k}{1+e^{f(x)}}$ mit $k > 0$ und $f(x)$ streng monoton fallend und $\lim\limits_{x \to \infty} f(x) = -\infty$, $\lim\limits_{x \to -\infty} f(x) = \infty$.
Untersuche die Funktion auf Monotonie, Beschränktheit und Konvergenzverhalten.

8.6 Anwendung von Folgen und Reihen bei der Bestimmung von Abschreibungen

Die Wertminderung längerlebiger Wirtschaftsgüter (meistens Maschinen und Gebäude) werden im betriebswirtschaftlichen Rechnungswesen in Form von **Abschreibungen** berücksichtigt. Die Abschreibung bzw. der abzuschreibende Betrag ist dabei der jährlich in der Buchhaltung für die Wertminderung zu berücksichtigende Betrag. Im folgenden werden die drei wichtigsten Ansätze bzw. Verfahren zur Bestimmung der Höhe der Abschreibungsbeträge behandelt. Auf betriebswirtschaftliche Einzelheiten kann hier nicht eingegangen werden.

Es werden bezeichnet mit
A die Anschaffungsaufwendungen;
R der Restwert am Ende der Nutzungsdauer;
T die Nutzungsdauer.

Lineare Abschreibungen
Bei linearer Abschreibung ist der jährliche Abschreibungsbetrag a konstant. Es gilt $a = \frac{A-R}{T}$.

B 8.6.1 Eine Maschine wird für DM 8000 angeschafft und hat nach 5 Jahren Nutzungsdauer noch einen Restwert von DM 1500. Dann sind bei linearen Abschreibungen jährlich $a = \frac{8000-1500}{5} = 1300$ DM abzuschreiben.

Arithmetisch-degressive Abschreibung
Bei der **degressiven Abschreibung** nehmen die jährlichen Abschreibungsbeträge für eine Anlage ab. Bei der **arithmetisch-degressiven Abschreibung** bilden die Abschreibungsbeträge die ersten Glieder einer **arithmetischen Folge,** d.h. sie nehmen von Jahr zu Jahr um denselben Betrag ab.

B 8.6.2 Eine Anlage wird für DM 13000 angeschafft und hat eine Nutzungsdauer von 5 Jahren. Es wird arithmetisch-degressiv wie folgt abgeschrieben:

Jahr	1	2	3	4	5
Abschreibung	4600	3600	2600	1600	600
Restbuchwert	8400	4800	2200	600	0

Ein Spezialfall der arithmetisch-degressiven Abschreibung ist die **digitale Abschreibung.** Bei der digitalen Abschreibung ist der letzte Abschreibungsbetrag gleich dem Betrag, um den die Abschreibungen jährlich abnehmen. Bei einer Nutzungsdauer von T Jahren ergibt sich dieser aus

$$a^* = \frac{A-R}{\frac{1}{2}\,T(T+1)}.$$

Für die Abschreibungsbeträge in den Jahren 1,2,...,T ergibt sich dann Ta^*, $(T-1)a^*$, $(T-2)a^*$,..., $2a^*$, a^*.

B 8.6.3 Eine für DM 36000 angeschaffte Anlage, die nach 6 Jahren noch einen Restwert von DM 4500 hat, soll digital abgeschrieben werden. Es ist

$$a^* = \frac{36000-4500}{\frac{1}{2}\cdot 6\cdot(6+1)} = \frac{31500}{21} = 1500.$$

Damit ergeben sich folgende Abschreibungen:

Jahr	Abschreibungen	Restbuchwert
1	6 · 1500 = 9000	27000
2	5 · 1500 = 7500	19500
3	4 · 1500 = 6000	13500
4	3 · 1500 = 4500	9000
5	2 · 1500 = 3000	6000
6	1 · 1500 = 1500	4500

Geometrisch-degressive Abschreibung

Bei der **geometrisch-degressiven Abschreibung** bilden die **Abschreibungsbeträge** die ersten Glieder einer **geometrischen Folge.** Es wird jährlich ein gleichbleibender Prozentsatz vom Restbuchwert abgeschrieben.

B 8.6.4 Eine Maschine wird für DM 5000 angeschafft und es sollen jährlich 20% vom Restbuchwert abgeschrieben werden:

Jahr	1	2	3	4	5
Abschreibung	1000	800	640	512	409,60
Restbuchwert	4000	3200	2560	2048	1638,40

Die Abschreibungsbeträge bilden die ersten Glieder einer geometrischen Folge mit dem Quotienten 0,8. Ebenso sind die Restbuchwerte die ersten Glieder einer geometrischen Folge mit dem Quotienten 0,8.

An dem Beispiel und an den Eigenschaften einer geometrischen Folge wird deutlich, daß eine Anlage bei geometrisch-degressiver Abschreibung nicht bis auf den Wert Null abgeschrieben werden kann.

Ist p der Abschreibungsprozentsatz und $q = 1 - \frac{p}{100}$, dann entwickelt sich der Buchwert einer Anlage mit dem Anschaffungswert A wie folgt:

$A, Aq, Aq^2, Aq^3, \ldots, Aq^t, \ldots, Aq^T$. Am Ende der Nutzungsdauer verbleibt der Restwert R, es gilt also $Aq^T = R$.

Sind Anschaffungswert A, Restwert R und Nutzungsdauer T gegeben, dann kann aus dieser Gleichung der Abschreibungsprozentsatz p bestimmt werden:

$A(1 - \frac{p}{100})^T = R \implies p = (1 - \sqrt[T]{\frac{R}{A}})100.$

B 8.6.5 Es sei A = 20000, R = 3000 und T = 6.

Dann ist $p = (1 - \sqrt[6]{\frac{3000}{20000}}) \cdot 100 = 27{,}11\%$.

Für die Abschreibungen und Buchwerte ergibt sich dann (auf ganze DM gerundet)

Jahr	1	2	3	4	5	6
Abschreibung	5422	3952	2881	2100	1530	1116
Buchwert	14578	10626	7745	5645	4115	2999

Durch Rundungsdifferenzen weicht der Restbuchwert geringfügig von dem vorgegebenen Restwert ab.

Aufgaben

Ü 8.6.1 Eine Anlage mit einem Anschaffungswert von DM 18000 hat nach 7 Jahren noch einen Restwert von DM 4000. Schreibe die Anlage a) a) linear, b) digital, c) geometrisch-degressiv ab.

9. Finanzmathematik

9.1 Grundbegriffe

Unter Finanzmathematik versteht man Verfahren zur Behandlung von Problemen, bei denen Zahlungen bzw. Geldgrößen zu unterschiedlichen Zeitpunkten fällig werden.

Zinsen sind das Entgelt für die leihweise Überlassung eines Geldbetrages, den man **Kapital** nennt. Werden für DM 100,-- Kapital jährlich p DM Zinsen bezahlt, so ist das Kapital zu einem **Zinsfuß** von p % oder **Zinssatz** von $\frac{p}{100} = i$ ausgeliehen. Manchmal bezieht sich der Zinssatz auch auf kürzere Perioden.

Werden die Zinsen jeweils am Ende einer Periode fällig, dann spricht man von **nachschüssigen Zinsen,** werden sie dagegen zu Beginn einer Periode fällig, so heißen sie **vorschüssige Zinsen.**

Das Kapital zu Beginn eines Betrachtungszeitraums heißt **Anfangskapital** K_0. Das Kapital am Ende eines Betrachtungszeitraums von n Perioden heißt **Endkapital** K_n. (Vgl. zu diesem und dem folgenden Abschnitt auch Abschnitt 7.8 der "Elementaren Grundlagen ...".)

Hinweis: Auf finanzmathematische Tabellen wurde verzichtet, da sich die entsprechenden Werte mit Hilfe marktüblicher Taschenrechner leicht ermitteln lassen. Es ist zu beachten, daß sich je nach Genauigkeit eines Taschenrechners unterschiedliche Resultate ergeben können, insbesondere wenn Zwischenwerte gerundet werden.

9.2 Einfache Verzinsung

Bei einem Zinsfuß von p% sind für ein Kapital K in einem Jahr an Zinsen $Z_1 = \frac{p}{100} K$ zu zahlen. Bei der einfachen Verzinsung werden die Zinsen **nicht** mitverzinst. In n Jahren werden dann insgesamt $Z_n = n \frac{p}{100} K$ an Zinsen fällig. Damit ergibt sich

R 9.2.1

> Bei **einfacher Verzinsung** wächst ein Kapital K_0 bei einem Zinsfuß von p% in n Jahren auf
>
> $K_n = K_0 + \frac{p}{100} K_0 n = (1 + \frac{p}{100} n) K_0$.

B 9.2.2 Jemand leiht sich einen Betrag von $K_0 = 5000,--$ DM zu einem Zinsfuß von p = 6% für 3 Jahre. Dann zahlt er insgesamt

$K_n = K_0 + K_0 \frac{p}{100} n = 5000 + 5000 \cdot \frac{6}{100} \cdot 3 = 5900,--$ DM zurück.

Die Formel in R 9.2.1 enthält die Größen K_0, K_n, p und n. In R 9.2.1 wird davon ausgegangen, daß K_0, p und n gegeben sind und daß K_n zu berechnen ist. Es können aber auch drei andere der vier Größen gegeben sein, um die verbleibende damit zu bestimmen. Durch Auflösung der Formel in R 9.2.1 erhält man

R 9.2.3

$$a)\ K_0 = \frac{K_n}{1 + \frac{p}{100} n}; \quad b)\ n = \left(\frac{K_n}{K_0} - 1\right)\frac{100}{p}; \quad c)\ p = \left(\frac{K_n}{K_0} - 1\right)\frac{100}{n}.$$

B 9.2.4 a) DM 200 sind bei 8% auf DM 240 angewachsen. Bei einfacher Verzinsung sind dann $n = \left(\frac{240}{200} - 1\right) \cdot \frac{100}{p} = 0{,}2 \cdot \frac{100}{8} = 2{,}5$ Jahre Zinsen gezahlt.
b) Ein Kapital ist in 8 Jahren bei 11% einfacher Verzinsung auf DM 564 angewachsen. Es ist $K_0 = \frac{564}{1+0{,}11 \cdot 8} = \frac{564}{1{,}88} = 300$.

Zu weiteren Einzelheiten sei auf Abschnitt 7.8 der "Elementaren Grundlagen ..." verwiesen, der auch Aufgaben enthält.

9.3 Zinseszinsrechnung

Werden die zu Beginn oder am Ende einer Periode fälligen Zinsen dem Kapital zugeschlagen und vom Fälligkeitszeitpunkt an mitverzinst, dann spricht man von **Zinseszinsen.** Bei nachschüssigen Zinseszinsen entwickelt sich das Kapital wie folgt:

Nach dem 1. Jahr beträgt das Kapital

$K_1 = K_0 + K_0 \frac{p}{100} = K_0\left(1 + \frac{p}{100}\right) = K_0 q.$

Dabei wird $q = 1 + \frac{p}{100}$ als **Zinsfaktor** bezeichnet.

Nach dem 2. Jahr hat man

$K_2 = K_1 + K_1 \frac{p}{100} = K_1\left(1 + \frac{p}{100}\right) = K_1 q = K_0 q^2,$

nach dem 3. Jahr

$K_3 = K_2 + K_2 \frac{p}{100} = K_2\left(1 + \frac{p}{100}\right) = K_2 q = K_0 q^3.$

In entsprechender Weise kann man das Kapital am Ende des 4., 5., 6. usw. Jahres errechnen.
Es ergibt sich damit allgemein

R 9.3.1

Zinseszinsformel
Bei Berücksichtigung **nachschüssiger Zinseszinsen** wächst ein Anfangskapital K_0 bei einem Zinsfuß von p% nach n Jahren auf ein Endkapital K_n wie folgt an:

$$K_n = K_0(1 + \frac{p}{100})^n = K_0q^n.$$

B 9.3.2 Der Student Paul hat von seiner Tante Olga 10.000,-- DM geerbt. Er legt dieses Geld zu einem Zinsfuß von p = 6% fest für 3 Jahre bei einer Bank an. Nach drei Jahren hat er dann

$$K_3 = 10.000 \cdot (1 + \frac{6}{100})^3 = 11.910,16 \text{ DM}.$$

Die Formel in R 9.3.1 enthält die Größen Anfangskapital K_0, Endkapital K_n, den Zinsfuß p% bzw. den Zinsfaktor q und die Anzahl der Jahre n. Aus n, q und K_0 wird K_n bestimmt. Man kann nun auch drei andere der vier Größen vorgeben und die verbleibende Größe damit bestimmen, also z.B. aus Endkapital, Zinsfuß und Zeit das Anfangskapital bestimmen. Das führt zu drei weiteren Aufgabenstellungen der Zinseszinsrechnung.

Löst man die Formel aus R 9.3.1 nach K_0 auf, so erhält man

R 9.3.3

$$K_0 = \frac{K_n}{q^n}$$

B 9.3.4 Eine in 2 Jahren fällige Schuld von DM 10.000,-- soll heute zurückgezahlt werden. Unter Berücksichtigung von 4% Zinsen sind dann

$$K_0 = \frac{K_n}{q^n} = \frac{10.000}{1,04^2} = \frac{10.000}{1,0816} = 9245,56 \text{ DM zu bezahlen.}$$

Die Bestimmung von K_0 bei gegebenem K_n, q und n bezeichnet man auch als Bestimmung des **Barwertes** einer zukünftigen Zahlung. Häufig spricht man auch von **Abzinsung** oder **Diskontierung** eines Kapitals. Das Abzinsen bzw. Diskontieren von zukünftigen Zahlungen spielt für die Wirtschaftswissenschaften eine wichtige Rolle, vor allem in den Bereichen Rechnungswesen/Finanzierung und Investition. Durch das Diskontieren werden Zahlungen, die zu unterschiedlichen Zeitpunkten und in unterschiedlicher Höhe fällig sind, vergleichbar gemacht.

B 9.3.5 Der Student Paul kann DM 10.000,--, die er von seiner Tante Elfriede geerbt hat, dazu verwenden, sich an einer Diskothek oder an einer Kneipe für 3 Jahre zu beteiligen. Er kann am Ende der Jahre mit folgenden Gewinnen rechnen:

	1. Jahr	2. Jahr	3. Jahr	Gesamt
Diskothek	2500	1000	1500	5000
Kneipe	1000	2000	2100	5100

Bei der Kneipe ist der Gesamtgewinn größer. Da in den einzelnen Jahren die Gewinne unterschiedlich hoch sind, werden sie auf den Investitionszeitpunkt abgezinst. Bei einem Zinsfuß von p = 8% ergeben sich folgende Barwerte der Gewinne:

Diskothek: $G = \frac{2500}{1,08} + \frac{1000}{1,08^2} + \frac{1500}{1,08^3} = 4362,90$

Kneipe: $G = \frac{1000}{1,08} + \frac{2000}{1,08^2} + \frac{2100}{1,08^3} = 4307,65$

Damit erweist sich die Diskothek als das günstigere Investitionsobjekt.

Auf Verfahren der Investitionsrechnung wird weiter unten noch kurz eingegangen (Abschnitt 9.8).

Die Auflösung von R 9.3.1 nach p ergibt

R 9.3.6

$$p = \left(\sqrt[n]{\frac{K_n}{K_0}} - 1\right) \cdot 100$$

B 9.3.7 Der Student Paul hat vor 6 Jahren DM 500,-- zur Bank gebracht. Heute hat er auf seinem Konto DM 597,--. Dann hat die Bank einen Zinsfuß von

$p = \left(\sqrt[6]{\frac{597}{500}} - 1\right) \cdot 100 = (1,03 - 1) \cdot 100 = 3\%$ zugrundegelegt.

Um aus R 9.3.1 bei gegebenem K_0, K_n und q den Zeitraum n zu bestimmen, müssen Logarithmen verwendet werden. Es ist

$q^n = \frac{K_n}{K_0}$ und $n \log q = \log \frac{K_n}{K_0}$.

Damit folgt

R 9.3.8

$$n = \frac{\log \frac{K_n}{K_0}}{\log q} = \frac{\log K_n - \log K_0}{\log q}$$

B 9.3.9 Jemand bringt DM 800,-- zur Bank und erhält 8% Zinseszinsen. Um DM 1100,-- zu haben, muß er das Geld

$n = \frac{\log 1100 - \log 800}{\log 1,08} = \frac{3,0414 - 2,9031}{0,0334} = 4,141$ Jahre stehen lassen.

Aufgaben

Ü 9.3.1 Jemand bringt DM 100.000,-- zur Bank. Das Kapital wird bei einem Zinsfuß von p = 6% nachschüssig verzinst.
a) Die Zinsen läßt er sich jährlich auszahlen. Wieviel Zinsen erhält er insgesamt in 8 Jahren?
b) Die Zinsen werden nicht ausgezahlt, sondern vom Zeitpunkt der Fälligkeit an mitverzinst. Auf wieviel wächst das Kapital nach 8 Jahren an?

Ü 9.3.2 Der Student Paul will sich in 3 Jahren ein Auto für DM 15.000,-- kaufen. Wieviel Geld muß er heute zur Bank bringen, um in 3 Jahren das Auto kaufen zu können, wenn die Bank ihm 5% Zinseszinsen (nachschüssig) bezahlt?

Ü 9.3.3 Ein Kapital von DM 500,-- ist nach 6 Jahren zu Zinseszinsen (nachschüssig) auf DM 750,-- angewachsen. Wie hoch war der Zinsfuß?

Ü 9.3.4 Wie lange dauert es, bis sich ein Kapital zu a) 3%; b) 6% Zinseszinsen (nachschüssig) verdoppelt?

9.4 Unterjährige Verzinsung

Werden die Zinsen auch nach Zeitintervallen gutgeschrieben, die kleiner als ein Jahr sind, und dann mitverzinst, so spricht man von **unterjähriger Verzinsung.**

R 9.4.1

Werden die Zinsen nach $\frac{1}{m}$ Jahr gutgeschrieben und dann mitverzinst, so wächst das Kapital K_0 nach n Jahren bei einem Zinsfuß von p% auf

$$K_n = K_0\left(1 + \frac{p}{m \cdot 100}\right)^{nm}$$

B 9.4.2 DM 500,-- werden zu 8% Jahreszinsen monatlich verzinst. Nach 5 Jahren ist das Kapital angewachsen auf

$$K_n = 500 \cdot \left(1 + \frac{8}{12 \cdot 100}\right)^{5 \cdot 12} = 500 \cdot 1{,}4898 = 744{,}90 \text{ DM.}$$

Werden die Zinsen jährlich gezahlt, so ergeben sich nach 5 Jahren

$$K_n = 500 \cdot \left(1 + \frac{8}{100}\right)^{5} = 500 \cdot 1{,}4693 = 734{,}65 \text{ DM.}$$

Bei unterjähriger Verzinsung ergibt sich, auf das Jahr bezogen, immer eine höhere Verzinsung als bei jährlicher Zinszahlung. Das ist leicht einzusehen, wenn man bedenkt, daß die für den ersten Zeitraum (z.B. Monat, Quartal) gezahlten Zinsen für den Rest des Jahres mitverzinst werden. Für den effektiven Jahreszinsfuß p*% erhält man

$$p^* = ((1 + \frac{p}{m \cdot 100})^m - 1) \cdot 100$$

B 9.4.3 Mit der angegebenen Formel erhält man bei einem Jahreszinsfuß von p = 8% als effektiven Jahreszinsfuß

bei halbjährlicher Verzinsung (m = 2): $p^* = 8{,}16$;
bei vierteljährlicher Verzinsung (m = 4): $p^* = 8{,}243$;
bei monatlicher Verzinsung (m = 12): $p^* = 8{,}3$;
bei täglicher Verzinsung (m = 360): $p^* = 8{,}328$.

Aufgaben

Ü 9.4.1 Auf wieviel wächst ein Kapital von DM 1000,-- bei monatlicher Verzinsung (nachschüssig) in 3 Jahren bei einem Jahreszinsfuß von p = 4% an?

Ü 9.4.2 Bei vierteljährlicher nachschüssiger Verzinsung zu p = 8% ist ein Kapital in 5 Jahren auf DM 6000,-- angewachsen. Wie groß war das Anfangskapital?

9.5 Stetige Verzinsung

Läßt man bei der unterjährigen Verzinsung die Anzahl m der Unterzeiträume immer größer werden, dann werden die Zeitintervalle selbst immer kleiner. Im Grenzfall für $m \to \infty$ werden die Zinsen in jedem Moment dem Kapital zugeschlagen und dann mitverzinst. Man spricht dann von einer **stetigen Verzinsung.**
Die Formel der stetigen Verzinsung erhält man aus der für die unterjährige Verzinsung für $m \to \infty$:

$$K_n = \lim_{m\to\infty} K_0 (1 + \frac{p}{m \cdot 100})^{nm} = K_0 (\lim_{m\to\infty} (1 + \frac{\frac{p}{100}}{m})^m)^n.$$

Es ist (vgl. Abschnitt 8.4, insbesondere B 8.4.5)

$$\lim_{m\to\infty} (1 + \frac{p/100}{m})^m = e^{\frac{p}{100}} \text{ und somit}$$

$$K_n = \lim_{m\to\infty} K_0 (1 + \frac{p}{m \cdot 100})^{nm} = K_0 e^{\frac{p}{100} \cdot n}$$

R 9.5.1

> Bei **stetiger Verzinsung** wächst ein Kapital K_0 bei einem Zinsfuß von p% in n Jahren an auf
>
> $$K_n = K_0 e^{\frac{p}{100} \cdot n}$$

e = 2,71828

B 9.5.2 Bei stetiger Verzinsung wachsen DM 500,-- in 5 Jahren bei einem Zinsfuß von p = 8% an auf

$K_n = 500 \cdot e^{0,08 \cdot 5} = 500 \cdot 1,4918 = 745,90$ DM.

Bei jährlicher Verzinsung hat man

$K_n = 500 \cdot 1,08^5 = 500 \cdot 1,4693 = 734,65$ DM.

(Vgl. hierzu auch B 9.4.2)

Für die stetige Verzinsung gilt R 9.5.1 und für die "normale" Verzinsung R 9.3.1. Eine Umrechnung der stetigen Verzinsung von p% in eine zum gleichen Ergebnis führende "normale" Verzinsung zu p*% ergibt

$$K_0 e^{\frac{p}{100}n} = K_0\left(1 + \frac{p^*}{100}\right)^n \text{ oder } e^{\frac{p}{100}} = 1 + \frac{p^*}{100} \text{ und damit}$$

$$p^* = \left(e^{\frac{p}{100}} - 1\right) \cdot 100.$$

B 9.5.3 Zu p = 8% erhält man $p^* = (e^{0,08} - 1) \cdot 100 = 8,3287\%$. (Vgl. auch B 9.4.3).

Die stetige Verzinsung spielt bei allen Wachstumsvorgängen eine Rolle, da hier der Zuwachs in der Regel stetig erfolgt. p bzw. $\frac{p}{100}$ bezeichnet man dann auch als **Wachstumsrate**.

Aufgaben

Ü 9.5.1 Auf wieviel wachsen DM 1000,-- bei stetiger Verzinsung in 2 Jahren bei p = 6,5% an?

Ü 9.5.2 Der Holzbestand eines Waldes beträgt am 1.1.78 12.000 Festmeter. Auf wieviel wächst der Bestand in 4 Jahren bei stetigem Wachstum mit einer Wachstumsrate von 4,5 an?

Ü 9.5.3 Ein Wald enthält gegenwärtig $17.012 m^3$ Holz. Wie groß war der Holzbestand vor 12 Jahren, wenn man von einem jährlichen Zuwachs von 3% und stetigem Wachstum ausgeht?

9.6 Rentenrechnung

Eine regelmäßige, in gleichen Zeitabständen fällige Zahlung (oder andere Leistung) nennt man **Rente.** Die einzelnen Zahlungen, die oft die gleiche Höhe haben, nennt man **Rentenrate** oder **Rate** und bezeichnet sie mit r. Werden die Raten zu Beginn eines Jahres fällig, handelt es sich um eine **vorschüssige Rente,** werden sie dagegen am Jahresende fällig, hat man es mit einer **nachschüssigen Rente** zu tun.

Im Zusammenhang mit Renten interessiert vor allem der Gesamtwert, den eine Rente am Anfang und/oder Ende der Rentenzahlungen hat. Der

Endwert einer Rente ist die Summe der Endwerte der einzelnen Rentenraten r am Ende des n-ten Jahres unter Berücksichtigung von Zinseszinsen. Bei einer **nachschüssigen Rente** verzinst sich die Rate am Ende des 1. Jahres für n-1 Jahre, die Rate am Ende des 2. Jahres für n-2 Jahre usw. Die vorletzte Rate verzinst sich für 1 Jahr und die letzte Rate bringt überhaupt keine Zinsen mehr. Die folgende Tabelle gibt eine Übersicht:

Jahr	Rate	Anzahl der Jahre, für die sich die Rate verzinst	Endwert der Rate
1	r	n-1	rq^{n-1}
2	r	n-2	rq^{n-2}
3	r	n-3	rq^{n-3}
⋮	⋮	⋮	⋮
n-2	r	2	rq^2
n-1	r	1	rq
n	r	0	r

Der Endwert R_n der Rente ergibt sich durch Addition der Endwerte der einzelnen Raten:

$$R_n = r+rq+rq^2+\ldots+rq^{n-2}+rq^{n-1} = \sum_{i=1}^{n} rq^{i-1}.$$

Dabei handelt es sich um die n-te Partialsumme einer geometrischen Reihe mit dem Anfangsglied r und dem Quotienten q (siehe dazu R 8.1.11).

Es ergibt sich:

R 9.6.1

> Der **Endwert R_n einer nachschüssigen Rente** mit der Rate r und dem Zinsfaktor q beträgt
>
> $$R_n = r\frac{q^n-1}{q-1}$$

B 9.6.2 Pauls Freundin Agathe schließt mit einer Bank einen Ratensparvertrag ab. 6 Jahre zahlt sie am Ende eines jeden Jahres DM 500,-- auf ein Konto ein. Der Zinsfuß beträgt 5%. Nach 6 Jahren hat sie dann auf dem Konto einen Betrag von

$$R_n = r\frac{q^n-1}{q-1} = 500\,\frac{1{,}05^6-1}{1{,}05-1} = 500\cdot 6{,}802 = 3401{,}00 \text{ DM}.$$

Löst man die Rentenendwertformel R 9.6.1 nach r auf, so kann man bestimmen, wieviel jährlich als konstante Rate zu zahlen ist, um bei einem Zinsfuß von p% nach n Jahren einen vorgegebenen Endwert zu erhalten.

R 9.6.3

$$r = R_n \frac{q-1}{q^n-1}$$

B 9.6.4 Der Student Paul will in 5 Jahren auf seinem Konto DM 20.000,- haben. Wenn die Bank ihm 3% Zinsen zahlt, muß er jährlich

$$r = 20.000 \cdot \frac{1{,}03-1}{1{,}03^5-1} = 3767{,}09 \text{ DM einzahlen.}$$

Bei der Investitionsrechnung und anderen Anwendungen der Rentenrechnung entsteht häufig die Frage nach dem gegenwärtigen Wert R_0 einer Rente, den man als **Rentenbarwert** oder **Kapitalwert** der Rente bezeichnet. Man erhält ihn durch Abzinsen des Endwertes auf den Beginn der Rentenzahlungen.

R 9.6.5

Der **Barwert** oder **Kapitalwert** einer nachschüssigen Rente beträgt

$$R_0 = \frac{R_n}{q^n} = \frac{r}{q^n} \frac{q^n-1}{q-1}$$

B 9.6.6 Der Großvater des Studenten Paul hat Anspruch auf eine 12 Jahre nachschüssig zu zahlende Rente von jährlich DM 3600,-. Die Rente soll durch eine einmalige Zahlung abgelöst werden. Für die "Ablösungssumme", den Barwert der Rente, ergibt sich bei 6% Zinsen

$$R_0 = \frac{3600}{1{,}06^{12}} \cdot \frac{1{,}06^{12}-1}{1{,}06-1} = 30181{,}89 \text{ DM.}$$

Für Endwert und Barwert einer **vorschüssigen Rente** gilt folgendes: Jede Rate wird zu Beginn eines Jahres gezahlt und damit gegenüber der nachschüssigen Rente ein Jahr länger verzinst. Die Formeln unterscheiden sich von denen in R 9.6.1, 9.6.3 und 9.6.5 nur um den Faktor q bzw 1/q.

R 9.6.7

Für eine **vorschüssige Rente** mit der Rate r^*, dem Zinsfaktor q, dem Endwert R_n^* und dem Barwert R_0^* gilt

a) $R_n^* = r^* q \dfrac{q^n-1}{q-1}$; b) $R_0^* = \dfrac{r^*}{q^{n-1}} \cdot \dfrac{q^n-1}{q-1}$; c) $r^* = \dfrac{R_n^*}{q} \cdot \dfrac{q-1}{q^n-1}$

Aufgaben

Ü 9.6.1 Ein Sparer zahlt 10 Jahre lang am Ende eines jeden Jahres DM 1000,-- auf ein Sparkonto ein. Er bekommt 4,5% Zinseszinsen (nachschüssig). Wieviel hat er nach 10 Jahren auf dem Sparbuch?

Ü 9.6.2 Jemand will für DM 5000,-- ein Auto kaufen. Am Anfang des 1. Jahres zahlt er DM 1200, - auf der Bank ein. Wie groß sind die Raten, die er am Ende des 1. bis 5. Jahres einzahlen muß, wenn er am Ende des 5. Jahres DM 5000,-- besitzen will und sein Geld mit 3,5% verzinst wird?

Ü 9.6.3 Ein Sparer schließt mit einer Bank einen Sparvertrag ab. Der Vertrag läuft über n Jahre bei p% Zinsen. Die Einzahlungen (zu Beginn eines Jahres) steigern sich jährlich um m%. Die Zinsen werden jährlich dem Guthaben zugeschlagen (nachschüssig bei gleichbleibendem Zinsfuß). Wie hoch ist das Guthaben nach n Jahren?

9.7 Tilgungsrechnung

Werden Schulden nicht durch Zahlung eines Gesamtbetrages abgelöst, sondern in Teilbeträgen, sogenannten **Raten**, zurückgezahlt, so spricht man von **Tilgungs- oder Amortisationsschulden.** Dabei bezeichnet man die jährlich aufzubringenden Leistungen des Schuldners als **Annuitäten.** Eine Annuität setzt sich zusammen aus den jeweils fälligen Zinsen auf die Restschuld, d.h. den noch nicht getilgten Teil der Gesamtschuld, und dem Teilbetrag der Rückzahlung **(Tilgungsrate):**

Annuität = Zinsen auf die Restschuld + Tilgungsrate.

Eine Tabelle, in der die in den einzelnen Jahren zu erbringenden Annuitäten, Zinsen und Tilgungsraten verzeichnet sind, wird **Tilgungsplan** genannt.

Bei der **Ratenschuld** ist die Tilgungsrate über die gesamte Dauer der Tilgung konstant. Soll eine Ratenschuld K_0 in n Jahren getilgt werden, so beträgt die Tilgungsrate T

$$T = \frac{K_0}{n} .$$

Da die zu verzinsende Restschuld und damit die zu zahlenden Zinsen von Jahr zu Jahr abnehmen, sinkt die Höhe der Annuitäten mit der Zeit.

B 9.7.1 Eine Schuld von DM 40.000,-- soll bei konstanter Tilgungsrate in 8 Jahren getilgt werden. Die Restschuld ist bei einem Zinsfuß von p = 6% nachschüssig zu verzinsen. Die Tilgungsrate beträgt

$$T = \frac{K_0}{n} = \frac{40.000}{8} = 5.000 \text{ DM}.$$

Der Tilgungsplan hat folgendes Aussehen:

Jahr	Restschuld (Jahresanfang)	Zinsen	Tilgungsrate	Annuität
1	40.000	2.400	5.000	7.400
2	35.000	2.100	5.000	7.100
3	30.000	1.800	5.000	6.800
4	25.000	1.500	5.000	6.500
5	20.000	1.200	5.000	6.200
6	15.000	900	5.000	5.900
7	10 000	600	5.000	5.600
8	5.000	300	5.000	5.300
		10.800	40.000	50.800

Wie man in B 9.7.1 sieht, sind die Belastungen des Schuldners sehr ungleichmäßig über die Tilgungsdauer verteilt. Deshalb wird bei der **Annuitätentilgung** von konstanten Annuitäten über den gesamten Zeitraum der Tilgung ausgegangen. Da die zu verzinsende Restschuld von Jahr zu Jahr geringer wird, geht der Anteil der Annuität, der für die Verzinsung der Restschuld verwendet wird, zugunsten der Tilgung zurück.

B 9.7.2 Eine Schuld von DM 40.000,-- soll bei konstanten Annuitäten von DM 7000,-- getilgt werden. Die Restschuld wird jeweils bei einem Zinsfuß von p = 6% nachschüssig verzinst.
Der Tilgungsplan hat folgendes Aussehen:

Jahr	Restschuld (Jahresanfang)	Zinsen	Tilgungsrate	Annuität
1	40.000,--	2.400,--	4.600,--	7.000,--
2	35.400,--	2.124,--	4.876,--	7.000,--
3	30.524,--	1.831,44	5.168,56	7.000,--
4	25.355,44	1.521,33	5.478,67	7.000,--
5	19.876,77	1.192,61	5.807,39	7.000,--
6	14.069,38	844,16	6.155,84	7.000,--
7	7.913,54	474,81	6.525,19	7.000,--
8	1.388,35	83,30	1.388,35	1.471,65
		10.471,65	40.000,--	50.471,65

Annuitätentilgung ist vor allem bei Hypothekendarlehen üblich, die Konditionen lauten dabei häufig "p% Zinsen und x% Tilgung". Die Annuität beträgt dann (x+p)% der Schuld K_0.

Für den Gläubiger stellen die jährlich vom Schuldner erbrachten Annuitäten eine Rente dar, deren Barwert gleich der Anfangsschuld K_0 ist. Somit läßt sich aus R 9.6.3 für vorgegebenen Zinsfuß und vorgegebene Tilgungsdauer die Höhe der Annuität bestimmen.

R 9.7.3

> Um eine Schuld K_0 in n Jahren bei einem Zinsfaktor von q und nachschüssiger Verzinsung des Restwertes zu tilgen, ist eine jährliche konstante Annuität von
>
> $$A = K_0 \frac{q^n(q-1)}{q^n-1}$$ erforderlich.

B 9.7.4 Soll für die Angaben aus Beispiel 9.7.2 die Schuld nach genau 7 Jahren getilgt sein, so ist dazu eine Annuität von

$$A = 40.000 \frac{1{,}06^7(1{,}06-1)}{1{,}06^7-1} = 7.165{,}40 \text{ DM notwendig.}$$

Es ist an dieser Stelle darauf hinzuweisen, daß es sich bei allen weiteren Fragestellungen der Finanzmathematik nur um Variationen der hier behandelten Probleme handelt.

Aufgaben

Ü 9.7.1 Eine Schuld von DM 20.000,-- soll in 5 Jahren bei 8% Zinsen (nachschüssig) mit einer konstanten Tilgungsrate zurückgezahlt werden. Stelle einen Tilgungsplan auf.

Ü 9.7.2 Eine Hypothek von DM 100.000,-- soll getilgt werden. Die Zinsen betragen 8%. Es sollen jährlich r = 10.000,-- DM abbezahlt werden (Annuität). Nach wieviel Jahren ist die Hypothek getilgt? Wie lautet der Tilgungsplan (zeitlicher Verlauf von Zinsen und Tilgungsbetrag)?

9.8 Finanzmathematische Verfahren der Investitionsrechnung

Wie bereits erwähnt wurde, spielen die Methoden der Finanzmathematik auch für die Untersuchung der Vorteilhaftigkeit oder Wirtschaftlichkeit von Investitionen eine Rolle. Die sogenannten **dynamischen Verfahren der Investitionsrechnung** bauen auf der Finanzmathematik auf. Sie sind dadurch gekennzeichnet, daß alle mit einem Investitionsobjekt verbundenen Zahlungen auf **einen** Bezugszeitpunkt diskontiert werden.

Allgemein versteht man unter einer **Investition** die langfristige Anlage von Kapital. Es seien für ein Investitionsobjekt

- e_t der Ertrag in der Periode t, t = 1,...,T;
- k_t die Kosten oder Aufwendungen in t;
- E_0 der Barwert der Erträge;
- K_0 der Barwert der Kosten;
- T die Nutzungsdauer oder Kapitalbindungsdauer;
- p der Kalkulationszinsfuß und $q = 1 + \frac{p}{100}$.

Der Kalkulationszinsfuß drückt eine gewünschte Mindestverzinsung des eingesetzten Kapitals aus. Er enthält aber üblicherweise auch einen Risikoaufschlag.

Es gilt

$$E_0 = \frac{e_1}{q} + \frac{e_2}{q^2} + \ldots + \frac{e_T}{q^T} = \sum_{t=1}^{T} \frac{e_t}{q^t} \quad \text{und}$$

$$K_0 = \frac{k_1}{q} + \frac{k_2}{q^2} + \ldots + \frac{k_T}{q^T} = \sum_{t=1}^{T} \frac{k_t}{q^t} .$$

Sind A die **Anschaffungsausgaben** für die Investition, dann ergibt sich der **Kapitalwert der Investition** als

$$C_0 = E_0 - A \cdot K_0 = \sum_{t=1}^{T} \frac{e_t}{q^t} - A - \sum_{t=1}^{T} \frac{k_t}{q^t} = -A + \sum_{t=1}^{T} \frac{(e_t - k_t)}{q^t} .$$

B 9.8.1 Für eine Investition seien folgende Angaben vorhanden (A = 12.000; p = 12%).

t	1	2	3	4	5
e_t	5000	6000	7000	8000	7000
k_t	2000	3000	3000	3000	3000
e_t-k_t	3000	3000	4000	5000	4000
$\frac{e_t-k_t}{q^t}$	2679	2392	2847	3178	2270

Es ergibt sich C_0 = -12000+13366 = 1366.

Eine Investition ist **vorteilhaft,** wenn ihr **Kapitalwert positiv** ist. Werden mehrere Investitionen miteinander verglichen, so ist die Investition mit dem größten Kapitalwert am vorteilhaftesten.

Die Untersuchung der Wirtschaftlichkeit oder Vorteilhaftigkeit einer Investition oder mehrerer alternativer Investitionen mit Hilfe des Kapitalwertes heißt **Kapitalwertmethode.**

Dazu ist folgendes anzumerken:

Kann für ein Investitionsobjekt am Ende der Nutzungs- oder Kapitalbindungszeit noch ein Erlös erzielt werden, dann ist dieser zu den Erträgen e_T in der letzten Nutzungsperiode dazuzurechnen.

In der Formel für C_0 wird vereinfachend angenommen, daß Erträge und Kosten eines Jahres jeweils nur am Jahresende anfallen.

Die Nutzungsdauer T muß geschätzt werden und hängt z.T. von den Kosten und Erträgen ab ("wirtschaftliche" Nutzungsdauer).

Zukünftige Kosten und Erträge lassen sich oft nur schwierig einem Investitionsobjekt zuordnen und können auch dann nur geschätzt werden.

Dazu kommen weitere Probleme, auf die hier nicht eingegangen werden kann. Der Leser sei dazu auf die Literatur zur Investitions- oder Wirtschaftlichkeitsrechnung verwiesen.

Ein anderer Ansatz der Investitionsrechnung ist die **Methode des internen Zinsfußes.** Dabei wird der Zinsfuß gesucht, bei dem der Kapitalwert einer Investition gerade Null wird, d.h. die Gleichung

$$C_0 = -A + \sum_{t=1}^{T} \frac{(e_t - k_t)}{(1 + \frac{p}{100})^t} = 0$$ wird nach p aufgelöst. Die

Lösung ergibt den internen Zinsfuß p_0.

B 9.8.2 Es sei $C_0 = -18370 + \frac{7000}{1 + \frac{p}{100}} + \frac{7000}{(1 + \frac{p}{100})^2} + \frac{7000}{(1 + \frac{p}{100})^3} = 0.$

Mit $\frac{p}{100} = i$ folgt daraus

$-18370(1+i)^3 + 7000(1+i)^2 + 7000(1+i) + 7000 = 0$
oder
$-18370i^3 - 48110i^2 - 34110i + 2630 = 0.$
Die Auflösung dieser Gleichung ergibt $i = 0{,}07$ oder $p_0 = 7\%$. Das ist der gesuchte interne Zinsfuß der Investition.

Der interne Zinsfuß p_0 einer Investition wird mit dem Kalkulationszinsfuß p verglichen. Gilt $p_0 > p$, ist die Investition vorteilhaft, da ihre Verzinsung größer ist als der Kalkulationszinsfuß.

Bei der **Annuitätenmethode** wird zunächst der Kapitalwert C_0 bestimmt und dieser dann mit der Formel aus R 9.7.3 in eine jährliche konstante Annuität umgerechnet.

B 9.8.3 In B 9.8.1 war $C_0 = 1366$. Die Annuität ergibt

$$A = 1366 \cdot \frac{1{,}12^5 \cdot 0{,}12}{1{,}12^5 - 1} = 379.$$

Läßt man die Anschaffungsausgaben außer acht, so erhält man A = 3708 als "konstanten" jährlichen Überschuß der Erträge über die Kosten.

Mitunter berechnet man auch für die Erträge und für die Kosten bzw. Aufwendungen getrennt Annuitäten.

Aufgaben

Ü 9.8.1 Eine Investition mit Anschaffungsausgaben von DM 8000,-- hat in
* den 4 Jahren der Nutzung folgende Erträge und Kosten

t	1	2	3	4
e_t	7000	6000	7000	7000
k_t	5000	4000	4000	4000

Bestimme den Kapitalwert bei einem Zinsfuß von p = 9%.

Ü 9.8.2 Eine Investition erbringt 6 Jahre lang jährliche Überschüsse der Erträge über die Aufwendungen in Höhe von DM 4000,--. Der Anschaffungswert ist 23000 und der Restwert nach 6 Jahren 5000. Lohnt sich die Investition bei einem Zinsfuß von p = 5%?

Lösungen der Übungsaufgaben

2.9.1

a) 17; b) 27; c) 28; d) 170.

2.9.2

$b^5+ab^4+a^2b^3+a^3b^2+a^4b+a^5$.

2.9.3

a) 55; b) 156; c) 75; d) $6m+15$.

2.9.4

$$\sum_{i=1}^{20}(6a-2i+3)+\sum_{i=1}^{20}(4i-8a-2)+\sum_{i=1}^{20}(2a-2i)=\sum_{i=1}^{20}(6a-2i+3+4i-8a-2+2a-2i)=20.$$

2.9.5

a) $\sum_{i=1}^{6}2i$; b) $\sum_{i=1}^{7}\frac{i}{i+1}$; c) $\sum_{i=1}^{9}(3i+1)$.

2.9.6

$$\sum_{i=k}^{n+k-1}a_{i-k+1}.$$

2.9.7

$$(a_1+a_2+\ldots+a_n)(b_1+b_2+\ldots+b_n)=a_1b_1+a_1b_2+\ldots+a_2b_1+a_2b_2+a_2b_3+\ldots+a_nb_n$$

$$=\sum_{i=1}^{n}a_ib_i+\sum_{\substack{i=1\\ i\neq j}}^{n}\sum_{j=1}^{n}a_ib_j.$$

Die Summen der Aufgabe können also nur gleich sein, wenn die zweite Summe 0 ist, was allgemein nicht gilt, oder für $a=0$ **und** $b=0$.

2.9.8

a) $\sum_{i=1}^{n}\sum_{j=2}^{n-k}a_{ij}$; b) $\sum_{j=1}^{n}\sum_{i=k}^{n}a_{ij}$; c) $\sum_{i=1}^{n}a_{ii}$; d) $\sum_{i=1}^{n}\sum_{j=1}^{i}a_{ij}$.

2.10.1

a) 20; b) 240.

2.10.2

a) 20160; b) 0; c) 120.

2.10.3

a) $\prod_{i=1}^{8}2i$; b) $\prod_{i=1}^{6}(7i+1)$.

2.11.1
32.

2.11.2
276

2.11.3

a) $\sum_{j=1}^{n} |a_j - a_i|$; b) $\sum_{j=1}^{i-1} (a_i - a_j) + \sum_{j=i+1}^{n} (a_j - a_i)$.

3.1.1 Aussagen: c, d, f, h, j, k, l, m.

3.1.2
wahre Aussagen: a, c, k.

3.1.3
a) $\mathbb{L} = \{2,3,5\}$; b) $\mathbb{L} = \{1,2,3,4,5,6,7,8,9,10,11\}$; c) $\mathbb{L} = \emptyset$;
d) $\mathbb{L} = \{1,2,5\}$; e) $\mathbb{L} = \{\text{Eisen}\}$.

3.2.1
a) falsch, b) wahr, c) wahr, d) falsch.

3.2.2
a) Die Lösungsmenge enthält kein Element; b) $\{5\}$;
c) $\{1,2,3,4,5,6,7,8,9\}$.

3.2.3

A	B	$A \wedge B$	$\overline{A \wedge B}$	$\bar{A} \vee \bar{B}$	$\bar{A}$	$\bar{B}$
w	w	w	f	f	f	f
w	f	f	w	w	f	w
f	w	f	w	w	w	f
f	f	f	w	w	w	w

3.2.4

A	B	$A \vee B$	$\overline{A \vee B}$	$\bar{A} \wedge \bar{B}$	$\bar{A}$	$\bar{B}$
w	w	w	f	f	f	f
w	f	w	f	f	f	w
f	w	w	f	f	w	f
f	f	f	w	w	w	w

3.2.5
a) falsch, b) wahr, c) wahr, d) wahr, e) wahr, f) wahr,
g) wahr für alle $x \in \mathbb{N}$ und falsch für alle $x \in \mathbb{R} \setminus \mathbb{N}$.

3.2.6
$A(x) \Longleftrightarrow B(x)$; $C(x) \Longrightarrow A(x)$; $C(x) \Longrightarrow B(x)$.

3.2.7

A	B	$A \Rightarrow B$	$\bar{A}$	$\bar{B}$	$\bar{B} \Rightarrow \bar{A}$	$(A \Rightarrow B) \Leftrightarrow (\bar{B} \Rightarrow \bar{A})$
w	w	w	f	f	w	w
w	f	f	f	w	f	w
f	w	w	w	f	w	w
f	f	w	w	w	w	w

3.2.8

$X \Leftrightarrow Y; \quad X \Rightarrow Z; \quad Y \Rightarrow Z.$

3.3.1

Vollständige Induktion

Induktionsanfang: $k = 3$, es ist $1{,}7 < \sqrt{3} < 1{,}8$

$k+\sqrt{k} = 3+\sqrt{3} < 3+1{,}8 = 4{,}8;\ k\sqrt{k} > 3 \cdot 1{,}7 = 5{,}1 \Rightarrow k+\sqrt{k} < k\sqrt{k}.$

Induktionsvoraussetzung: Aussage richtig für $n = m$

Induktionsschluß:
$$\begin{aligned}(m+1)\sqrt{m+1} &= m\sqrt{m+1} + \sqrt{m+1}\\ &> m\sqrt{m} + \sqrt{m+1}\\ &> m+\sqrt{m} + \sqrt{m+1}\\ &> m+1 + \sqrt{m+1}\end{aligned}$$

3.3.2

Jede Quadratzahl ist nichtnegativ. Also gilt für beliebige $a \in \mathbb{R}$ und $b \in \mathbb{R}$

$(a-b)^2 \geq 0 \Rightarrow a^2-2ab+b^2 \geq 0 \Rightarrow a^2+b^2 \geq 2ab.$

3.3.3

a) Direkt: $1+a+a^2+a^3+\ldots+a^n = \frac{1-a}{1-a}(1+a+a^2+\ldots+a^n) = \frac{(1-a)(1+a+a^2+\ldots+a^n)}{1-a}$

$= \frac{1+a+\ldots+a^n-a-a^2-\ldots-a^{n+1}}{1-a} = \frac{1-a^{n+1}}{1-a} < \frac{1}{1-a}$, denn $1-a^{n+1} < 1$ da $a^{n+1} < 1$ für $a < 1$.

b) Vollständige Induktion

Induktionsanfang: $1+a < \frac{1}{1-a} \Leftrightarrow 1-a^2 < 1$

Induktionsvoraussetzung: $1+a+a^2+\ldots+a^n < \frac{1}{1-a}$

Induktionsschluß: $a+a^2+\ldots+a^{n+1} < \frac{a}{1-a}$

$$1+a+a^2+\ldots+a^{n+1} < 1 + \frac{a}{1-a} = \frac{1-a+a}{1-a} = \frac{1}{1-a}$$

3.3.4

a) $\sum_{k=1}^{n}(k+1)^3 = \sum_{k=1}^{n}k^3 + 3\sum_{k=1}^{n}k^2 + 3\sum_{k=1}^{n}k + \sum_{k=1}^{n}1$

$= \sum_{k=1}^{n}k^3 + 3\sum_{k=1}^{n}k^2 + \frac{3n(n+1)}{2} + n$

$$\sum_{k=1}^{n}(k+1)^3=\sum_{j=2}^{n+1}j^3=\sum_{j=1}^{n}j^3+(n+1)^3-1$$

Gleichsetzung der rechten Seiten ergibt nach Auflösung:

$$3\sum_{k=1}^{n}k^2=n^3+3n^2+3n+1-1-\frac{3n(n+1)}{2}-n$$

$$\sum_{k=1}^{n}k^2=\frac{2n^3+3n^2+n}{6}=\frac{n(n+1)(2n+1)}{6}\qquad \text{q.e.d.}\quad .$$

b) Vollständige Induktion
Induktionsanfang: $n = 1$
Induktionsvoraussetzung: Die Formel sei für $n \in \mathbb{N}$ richtig
Induktionsschluß:

$$\sum_{k=1}^{n+1}k^2=\sum_{k=1}^{n}k^2+(n+1)^2=\frac{n(n+1)(2n+1)}{6}+(n+1)^2$$

$$=\frac{n(n+1)(2n+1)+6(n+1)(n+1)}{6}$$

$$=\frac{(n+1)(2n^2+n+6n+6)}{6}$$

$$=\frac{(n+1)(n+2)(2n+3)}{6}=\frac{(n+1)((n+1)+1)(2(n+1)+1)}{6}$$

d.h. aus der Richtigkeit der Aussage A(n) folgt ohne weiteres die Richtigkeit von A(n+1).

3.4.1

a) $(A \vee B) \wedge (C \vee D)$;
b) $(A \wedge B \wedge C) \vee (D \vee E)$;
c) $(((A \wedge B) \vee C) \wedge F) \vee (D \wedge E)$.

4.1.1

a) $A = \{a,b,c,d,e\}$; b) $B = \{x \mid x \in W \wedge x$ hat die Übung Mathematik für Wirtschaftswissenschaftler belegt$\}$;
c) $C = \{x \mid (x \in \mathbb{R}) \wedge (-1 \leq x \leq +1) \wedge (x \neq 0)\}$;
d) $D = \{x \mid (x \in \mathbb{N}) \wedge (x < 0)\} = \emptyset$;
e) $E = \{x \mid (x \in \mathbb{N}) \wedge (8 < x < 24)\}$.

4.1.2

$\emptyset$ ist die Nullmenge oder die leere Menge. Sie ist definiert als die Menge, die kein Element enthält.
Die Menge $\{0\}$ ist eine Menge mit nur einem Element, nämlich der Null
Die Menge $\{\emptyset\}$ ist ebenfalls eine Menge mit nur einem Element. Das Element ist die Nullmenge.
0 ist **keine** Menge, sondern eine reelle Zahl.

4.2.1

a) falsch; b) falsch; c) falsch; d) wahr; e) wahr; f) falsch;
g) wahr (Die Nullmenge ist definitionsgemäß immer Teilmenge einer

Menge.); h) wahr (Da die Menge A die Nullmenge als Element enthält, ist die Menge, die als einziges Element die Nullmenge enthält, Teilmenge von A.); i) wahr; j) falsch.

4.2.2

$A = B \iff A \subset B \wedge A \supset B$.

4.2.3

a) $B \not\subset A$; b) $C = \{2\}$; $C \subset A$; c) $D = \{-2,+2\}$; $D \not\subset A$;
d) $E = \{3;4\}$; $E \subset A$.

4.2.4

$\mathcal{P}(A) = \{\{1\}, \{2\}, \{1,2\}, \emptyset\}$;
$\mathcal{P}(B) = \{\{x\}, \{y\}, \{z\}, \{x,y\}, \{x,z\}, \{y,z\}, \{x,y,z\}, \emptyset\}$;
$\mathcal{P}(C) = \{\emptyset, \{a\}, \{b\}, \{c\}, \{d\}, \{a,b\}, \{a,c\}, \{a,d\}, \{b,c\}, \{b,d\}, \{c,d\}, \{a,b,c\}, \{a,b,d\}, \{a,c,d\}, \{b,c,d\}, \{a,b,c,d\}\}$.

4.2.5

Wahr sind a), c), d), f), h).

4.2.6

Klasseneinteilungen von A sind die unter b, c und d angegebenen Teilmengensysteme.

4.2.7

Zerlegungen sind c) und d).

4.2.8

a) $A = \{a,b\}$; $A_1 = \{\{a\}, \{b\}\}$; $A_2 = \{\{a,b\}\} = \{A\}$.

b) $B = \{a,b,c\}$; $B_1 = \{\{a\}, \{b\}, \{c\}\}$; $B_2 = \{\{a,b\}, \{c\}\}$;
$B_3 = \{\{a,c\}, \{b\}\}$; $B_4 = \{\{b,c\}, \{a\}\}$; $B_5 = \{B\}$.

c) $C = \{1,2,3,4\}$;

$C_1 = \{\{1\}, \{2\}, \{3\}, \{4\}\}$; $C_2 = \{\{1\}, \{2\}, \{3,4\}\}$;
$C_3 = \{\{1\}, \{3\}, \{2,4\}\}$; $C_4 = \{\{2\}, \{3\}, \{1,4\}\}$;
$C_5 = \{\{1\}, \{4\}, \{2,3\}\}$; $C_6 = \{\{2\}, \{4\}, \{1,3\}\}$;
$C_7 = \{\{3\}, \{4\}, \{1,2\}\}$; $C_8 = \{\{1,2\}, \{3,4\}\}$;
$C_9 = \{\{1,3\} \{2,4\}\}$; $C_{10} = \{\{1,4\}, \{2,3\}\}$;
$C_{11} = \{\{1,2,3\}, \{4\}\}$; $C_{12} = \{\{1,3,4\}, \{2\}\}$;
$C_{13} = \{\{1,2,4\}, \{3\}\}$; $C_{14} = \{\{2,3,4\}, \{1\}\}$;
$C_{15} = \{C\}$.

4.3.1

a) $A \cap B = \emptyset$; b) $D \setminus A = \{5,6\}$; c) $B \cup D = \{x \mid x \in \mathbb{N} \wedge (x > 2)\}$;
d) $\bar{B}_{\mathbb{N}} = \{1,2,3,4,5\}$; e) $(A \cup B) \cap D = \{3,4,6\}$; f) $A \cap D = \{3,4\}$.

4.3.2

a) $A \cap B = B$; b) $A \setminus D = \{6\}$;
c) $A \cap C = \{x \mid x \in \mathbb{N} \wedge (2 \leqq x \leqq 6)\} = \{2,3,4,5,6\}$;
d) $C \setminus A = \{x \mid x \in \mathbb{N} \wedge (x > 6)\}$;
e) $B \cap C = \{x \mid x \in \mathbb{N} \wedge (2 \leqq x \leqq 5)\} = \{2,3,4,5\}$;
f) $B \cup C = \mathbb{N}$;
g) $A \cap \mathbb{N} = \{x \mid x \in \mathbb{N} \wedge (1 \leqq x \leqq 6)\} = \{1,2,3,4,5,6\}$;
h) $\bar{A}_{\mathbb{R}} = \{x \mid x \in \mathbb{R} \wedge ((-\infty < x < 1) \vee (6 < x < +\infty))\}$;
j) $\bar{B}_{\mathbb{N}} = \{x \mid x \in \mathbb{N} \wedge (x \geqq 6)\}$.

4.3.3

a) A; b) $\emptyset$; c) B; d) C.

4.4.1

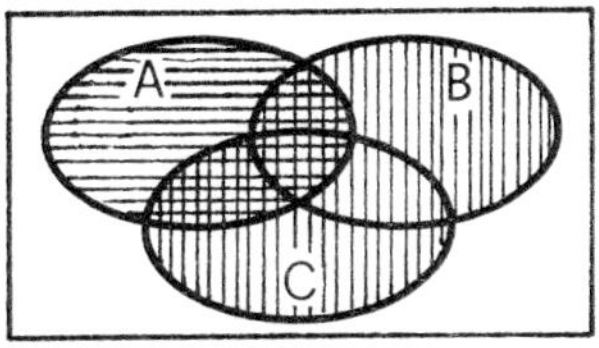

A: waagerecht schraffiert.

$B \cup C$: senkrecht schraffiert.

$A \cap (B \cup C)$: doppelt schraffiert.

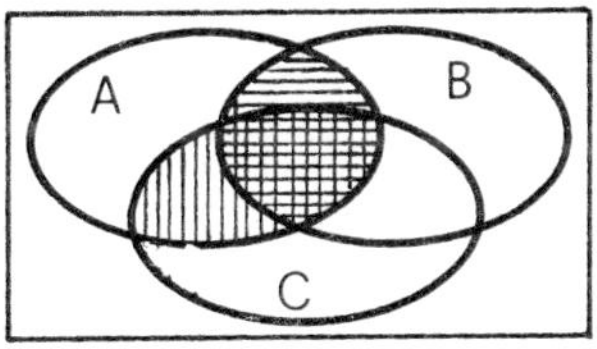

$A \cap B$: waagerecht schraffiert.

$A \cap C$: senkrecht schraffiert.

$(A \cap B) \cup (A \cap C)$: gesamte schraffierte Fläche.

Es ist also: $A \cap (B \cup C) = (A \cap B) \cup (A \cap C)$.

4.4.2

a) 2,3,4,6,7,8; b) 8; c) nicht definiert, da $B \not\subset A$; d) 3,4,6;
e) 5,7,8; f) $(A \cap B) \setminus D$; g) $A \cap B \cap D$; h) $A \setminus (B \cup D)$.

4.4.3

a) $A \cap B \cap C = \{a_1, a_4\}$; b) $A \setminus (B \cup C) = \{a_2, a_5\}$;
c) $B \setminus (A \cup C) = \emptyset$; d) $C \setminus (A \cup B) = \{a_8\}$;
e) $A \cup C = \{a_1, a_2, a_3, a_4, a_5, a_6, a_7, a_8\}$;
f) $B \cup C = \{a_1, a_3, a_4, a_6, a_7, a_8\}$.

4.4.4

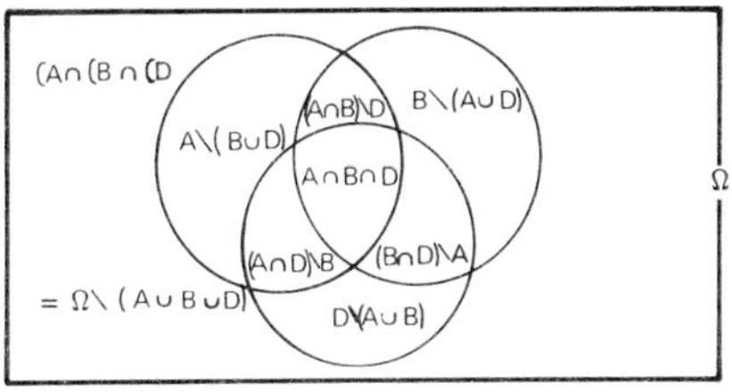

4.4.5

$\overline{(\bar{A} \cap \bar{B})} \cap (\bar{A} \cap \bar{B}) = \emptyset$ (Komplementgesetz)

4.5.1

A x B = {(a,1),(a,2),(b,1),(b,2),(c,1),(c,2)}
B x A = {(1,a),(1,b),(1,c),(2,a),(2,b),(2,c)} .

4.5.2

a)

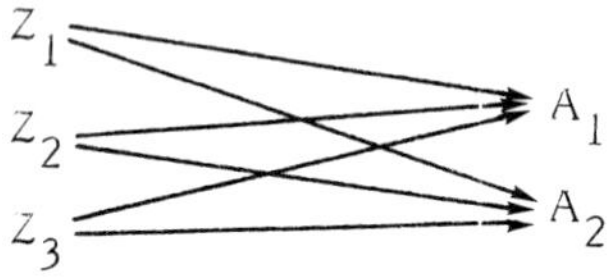

b) $(Z_1,A_1),(Z_1\ A_2),(Z_2,A_1),(Z_2,A_2),(Z_3,A_1),(Z_3,A_2)$

4.5.3

a) B ∪ C = { a,b,c }.
Dann ist A x (B ∪ C) = { (1,a),(1,b),(1,c),(2,a),(2 b),(2,c) } .
b) A x B = { (1,a),(1,b),(2,a),(2,b) }; A x C = {(1,b),(1,c),(2,b),(2,c) }
(A x B) ∪ (A x C) = { (1,a),(1,b),(2,a),(2,b),(1,c),(2,c)} = A x (B ∪ C).
c) B ∩ C = {b } ; A x (B ∩ C) ={ (1,b),(2,b)} .
d) (A x B) ∩ (A x C) = { (1,b),(2,b) } = A x (B ∩ C).

4.6.1

Äquivalenzrelationen: a, c,d; Abbildungen: b, f.

4.6.2

a) keine Abbildung: dem Element a werden zwei Elemente (5 und 7) zugeordnet.
b) Abbildung von-in: jedem Element wird ein und nur ein Bild zugeordnet.
c) Eineindeutige Abbildung von-in: jedes Bild besitzt genau ein Urbild.
d) Eineindeutige Abbildung aus-in: dem Element h wird kein Element zugeordnet.
e) Abbildung auf: jedes Element von Y besitzt ein Urbild
f) Bijektive Abbildung: jedes Element von X hat genau ein Bild, jedes Element von Y hat genau ein Urbild.

4.6.3

Die Bildung der inversen Abbildungen ist nur bei eineindeutigen Abbildungen möglich, also bei c), d) und f).
Die inversen Abbildungen werden am einfachsten dadurch veranschaulicht, daß die Pfeilrichtungen der ursprünglichen Abbildungen umgekehrt werden.

4.6.4

Abbildungen: b, c, e; injektive Abbildungen: c, e.

4.6.5

R = {(4,6),(6,4),(5,5),(5,6),(6,5),(6,6)}

4.6.6

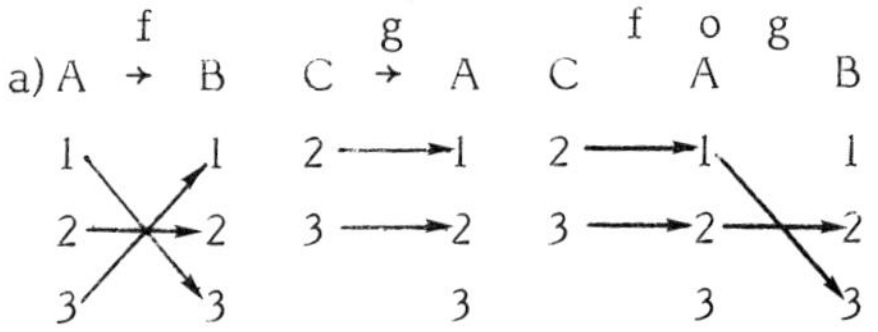

g o f ist keine Abbildung, da $W(f) \neq D(g)$.

b) f ist bijektiv, g ist injektiv, f o g ist injektiv.

4.6.7

a) eineindeutige Abbildung auf (bijektiv);
b) Abbildung auf (surjektiv);
c) Abbildung von in;
d) eineindeutige Abbildung in (injektiv).

4.6.8

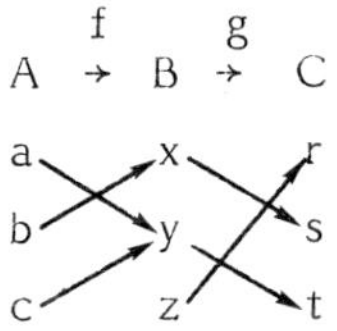

$(g \circ f)(a) = g(f(a)) = g(y) = t$

$(g \circ f)(b) = g(f(b)) = g(x) = s$

$(g \circ f)(c) = g(f(c)) = g(y) = t$

5.2.1

a) 10; b) 190; c) 210; d) 13 983 816;
e) 12 620 256.

5.2.2

50 888 617 325 000 000 000.

5.2.3

a) $\binom{4}{2} + \binom{4}{3} = \binom{5}{3} = \frac{5 \cdot 4 \cdot 3}{1 \cdot 2 \cdot 3} = 10$ (R 5.2.7); b) $\binom{0}{0} = 1$, weil $0! = 1$;

c) $\binom{10}{4} + \binom{10}{5} = \binom{11}{5} = 462$; d) Es ist $\binom{27}{21} = \binom{27}{6}$ (R 5.2.6), also

$\binom{27}{5} + \binom{27}{21} = \binom{27}{5} + \binom{27}{6} = \binom{28}{6} = 376\,740$; e) Mit R 5.2.8 ergibt sich

$$\sum_{i=0}^{7} \binom{3+i}{3} = \sum_{i=0}^{10-3} \binom{3+i}{3} = \binom{11}{4} = 330.$$

5.2.4 a) $\binom{n}{n-k} = \frac{n!}{(n-k)!k!} = \binom{n}{k}$;

b) $$\binom{n}{k} + \binom{n}{k+1} = \frac{n!}{(n-k)!k!} + \frac{n!}{(n-k-1)!(k+1)!} = \frac{n!}{(n-k)!k!} + \frac{n!(n-k)}{(n-k)!k!(k+1)}$$

$$= \frac{n!}{(n-k)!k!}\left(1 + \frac{n-k}{k+1}\right) = \frac{n!}{(n-k)!k!}\left(\frac{k+1+n-k}{k+1}\right) = \frac{n!(n+1)}{(n-k)!k!(k+1)}$$

$$= \frac{(n+1)!}{((n+1)-(k+1))!(k+1)!} = \binom{n+1}{k+1}.$$

5.2.5

a) $(x+y)^4 = \sum_{i=0}^{4} \binom{4}{i} x^{4-i} y^i = \binom{4}{0}x^4 + \binom{4}{1}x^3y + \binom{4}{2}x^2y^2 + \binom{4}{3}xy^3 + \binom{4}{4}y^4$

$= x^4 + 4x^3y + 6x^2y^2 + 4xy^3 + y^4;$

b) $(x+y)^6 = \sum_{i=0}^{6} \binom{6}{i} x^{6-i} y^i;$ c) $(x+y)^{10} = \sum_{i=0}^{10} \binom{10}{i} x^{10-i} y^i;$

d) $a = 3x;\ b = 2y;\ n = 4m;\ (3x+2y)^{4m} = \sum_{i=0}^{4m} \binom{4m}{i} (3x)^{4m-i} (2y)^i.$

5.2.6

Mit Hilfe der beiden Regeln $\binom{n}{k} = \binom{n}{n-k}$ und $\binom{m+n}{k} = \sum_{i=0}^{k} \binom{m}{k-i} \binom{n}{i}$

ergibt sich: $\sum_{k=0}^{n} \binom{n}{k}^2 = \sum_{k=0}^{n} \binom{n}{k}\binom{n}{k} = \sum_{k=0}^{n} \binom{n}{k}\binom{n}{n-k} = \binom{2n}{n}.$

5.2.7

$$\binom{n}{n_1}\binom{n-n_1}{n_2}\binom{n-n_1-n_2}{n_3} = \frac{n!}{(n-n_1)!n_1!} \cdot \frac{(n-n_1)!}{(n-n_1-n_2)!n_2!} \cdot \frac{(n-n_1-n_2)!}{(n-n_1-n_2-n_3)!n_3!}$$

$$= \frac{n!}{n_1! \cdot n_2! \cdot n_3!} = \binom{n}{n_1, n_2, n_3}.$$

5.3.1

$5! = 120.$

5.3.2

Permutationen ohne Wiederholung von 4 Elementen: $4! = 24$.

5.3.3

Anzahl der Permutationen ohne Wiederholung der 4 Ziffern: $4! = 24$. Jede Ziffer erscheint in jeder Spalte 6 mal $(24:4=6)$. Spaltensummen: $6(2+3+5+8) = 6 \cdot 18 = 108$. Insgesamt erhält man also als Summe (Einer-, Zehner-, Hunderter- und Tausender Stelle)

$108 + 108 \cdot 10 + 108 \cdot 100 + 108 \cdot 1000 = 119988.$

5.3.4

a) Anzahl der Permutationen ohne Wiederholung von 20 verschiedenen Elementen: $(5+6+7+2)! = 20! = 2\,432\,902\,008\,176\,640\,000$

b) Jetzt interessieren die Permutationen innerhalb eines Fachgebietes nicht; gesucht wird also lediglich die Anzahl der Permutationen von 4 verschiedenen Elementen (≙ Fachgebieten): $4! = 24$.

c) Die 20 Elemente (≙ Bücher) werden nun in 4 verschiedene Klassen (≙ Fachgebiete) mit jeweils **gleichen** Elementen eingeteilt. Gefragt ist also nach dem Polynomialkoeffizienten:

$$\binom{20}{5,6,7,2} = \frac{20!}{5! \cdot 6! \cdot 7! \cdot 2!} = 2\,793\,510\,720.$$

5.3.5

Die Zahlengruppe 312 wird als ein einziges Element betrachtet.

a) Insgesamt sind also die 7 verschiedenen Elemente 312,4,5,6,7,8,9 zu permutieren. Die Anzahl der Permutationen beträgt daher: 7!=5040.
b) In jeder der 5040 Anordnungen können die 3 Elemente der Gruppe 123 auf 3!=6 Arten permutiert werden. Die Gesamtzahl der Anordnungen beträgt daher $6 \cdot 5040 = 30240$.

5.3.6
a) Von den 26 (verschiedenen) Buchstaben des Alphabets werden durch den Anfang "Manuskript" 10 Buchstaben festgelegt. Die übrigen 16 Buchstaben können permutiert werden, so daß 16! = 20 922 789 888 000 Buchstaben-Anordnungen mit "Manuskript" beginnen.
b) Im Wort "Statistik" kommen die Buchstaben S,T und I mehrfach vor. Daher gibt es **keine** Permutation ohne Wiederholung der 26 Buchstaben, die mit "Statistik" beginnt!

5.3.7
3 Gruppen lassen sich auf (3-1)! = 2! = 2 verschiedene Arten anordnen. Zusätzlich läßt sich jede Gruppe in sich permutieren. Somit existieren $2! \cdot 4! \cdot 3! \cdot 5! = 34560$ verschiedene Anordnungen.

5.3.8
$$\binom{13}{3,4,6} = \frac{13!}{3!4!6!} = 60060.$$

5.3.9 a) 6! = 720 Tage; b) 7! = 5040 Tage.

5.4.1
5.1.1b) Mit Berücksichtigung der Anordnung, ohne Wiederholung;
5.1.1c) ohne Berücksichtigung der Anordnung, ohne Wiederholung;
5.1.1d) mit Berücksichtigung der Anordnung, mit Wiederholung;
5.1.1e) ohne Berücksichtigung der Anordnung, ohne Wiederholung.

5.4.2
a) Ohne Berücksichtigung der Anordnung, mit Wiederholung;
b) mit Berücksichtigung der Anordnung, mit Wiederholung;
c) ohne Berücksichtigung der Anordnung, ohne Wiederholung.

5.5.1
$KA(55,4) = 55 \cdot 54 \cdot 53 \cdot 52 = 8\,185\,320$

5.5.2
$KAW(3,11) = 3^{11} = 177\,147.$

5.5.3
$KAW(26,6) = 26^{6} = 308\,915\,776.$

5.5.4
$KA(30,5) = 30 \cdot 29 \cdot 28 \cdot 27 \cdot 26 = 17\,100\,720.$

5.5.5
$KAW(12,84) = 12^{84}.$

5.5.6
Es handelt sich um eine Kombination mit Berücksichtigung der Anordnung (Variation) und mit Wiederholung von 2 Elementen (allgemeine Anzahl: 2^k). Es ist also das kleinste k gesucht, für das gilt: $2^k \geq 26$.
Man erhält k = 5. Zur Codierung von 26 Buchstaben sind also mindestens 5 Bits erforderlich.

5.6.1
$K(38,7) = \binom{38}{7} = 12\,620\,256.$

5.6.2
$K(7,4) = \binom{7}{4} = 35.$

5.6.3
$KW(10,4) = \binom{10+4-1}{4} = \binom{13}{4} = 715.$

5.6.4
$KW(4,10) = \binom{4+10-1}{10} = \binom{13}{10} = 286.$

5.6.5
$K(8,4) = \binom{8}{4} = 70.$

5.7.1
Bei Verwendung von i Farben gibt es $K(4,i) = \binom{4}{i}$ Möglichkeiten. Da entweder 1 oder 2 oder 3 oder 4 Farben verwendet werden, gibt es insgesamt $\sum_{i=1}^{4} \binom{4}{i} = 4+6+4+1 = 15$ Möglichkeiten der Kennzeichnung.

5.7.2
a) Die Ziffer 0 darf nicht an der ersten Stelle stehen, also $6 \cdot 7^3 = 2058$;
b) $6 \cdot 6 \cdot 5 \cdot 4 = 720$;
c) 6 Zahlen haben 3 Nullen, $3 \cdot 6^2$ haben 2 Nullen und $3 \cdot 6^3$ haben eine Null: $6+3 \cdot 6^2+3 \cdot 6^3 = 762$ Zahlen.

5.7.3
a) $4 \cdot 6 \cdot 6 \cdot 4 = 576$; b) $4 \cdot 6 \cdot 5 \cdot 3 = 360$.

5.7.4
a) $KAW(26,3) \cdot KAW(10,4) = 26^3 \cdot 10^4 = 175\,760\,000$;

b) $KAW(26,3) \cdot KA(10,4) = 26^3 \cdot 10 \cdot 9 \cdot 8 \cdot 7 = 88\,583\,040$;

c) $KA(26,3) \cdot KA(10,4) = 26 \cdot 25 \cdot 24 \cdot 10 \cdot 9 \cdot 8 \cdot 7 = 78\,624\,000$.

5.7.5
a) $8 \cdot 9 \cdot 9 = 648$; b) ohne 0: $7 \cdot 8 \cdot 5 = 280$, mit 0 (als 2. Ziffer!) $8 \cdot 5 = 40$ also $280+40 = 320$ Zahlen; c) $648-320 = 328$; d) $8 \cdot 8 = 64$ Zahlen enden auf 5 und $9 \cdot 8 = 72$ Zahlen enden auf 0: $64+72 = 136$; e) $4 \cdot 9 \cdot 8 = 288$.

5.7.6
a) Ein Streckenabschnitt verbindet 2 Orte miteinander. Das Problem beinhaltet somit die Auswahl von Zweieranordnungen aus einer Menge von 5 Elementen: $\binom{5}{2} = 10$ mögliche Streckenabschnitte.

b) Man permutiert die 5 Elemente (=Orte) und dividiert die Anzahl durch 2, da im Hinblick auf die richtungsunabhängige Streckenführung jeweils 2 Permutationen gleich sind (z.B. 1,2,4,3,5 und 5,3,4,2,1 oder 4,5,1,3,2 und 2,3,1,5,4). Bei 5 Orten sind somit $\frac{5!}{2} = 3 \cdot 4 \cdot 5 = 60$ verschiedene Straßenbahnlinien möglich.

5.7.7
a) $K(6,4) = \binom{6}{4} = 15$; b) $KW(6,4) = \binom{6+4-1}{4} = 126$.

5.7.8
$KA(15,5) \cdot KA(10,5) \cdot KA(5,5) = \frac{15!}{10!} \cdot \frac{10!}{5!} \cdot \frac{5!}{0!} = 15! = P(15).$

5.7.9
$P(4) \cdot P(5) = 4!5! = 2880.$

5.7.10
$\binom{11}{4,3,2,2} = 69300.$

5.7.11
a) $K(10,3) = \binom{10}{3} = 120$; b) $K(7,3) \cdot K(3,0) = \binom{7}{3} \cdot \binom{3}{0} = 35$;

c) $K(7,2) \cdot K(3,1) = \binom{7}{2} \cdot \binom{3}{1} = 63$; d) $K(7,1) \cdot K(3,2) = \binom{7}{1} \cdot \binom{3}{2} = 21$.

5.7.12
a) $6! = 720$; b) $\binom{6}{2,2,2} = 90$; c) $\binom{6}{2,2,1,1} = 180$.

5.7.13
$KA(27,25) = \frac{27!}{2!}.$

5.7.14
a) $K(6,4) = 15$; b) $K(6,5) = 6$; c) 1.

5.7.15
a) $9! = 362\,880$; b) $\binom{14}{6,3,5} = 168\,168$

5.7.16
Zahl der möglichen Fälle = Anzahl der möglichen Ziehungen bei "6 aus 49": $\binom{49}{6} = 13\,983\,816$

a) Zahl der günstigen Fälle = 1: $W_6 = \frac{1}{13\,983\,816} = 0{,}000\,000\,0715$.

b) Zahl der günstigen Fälle: für den Fall, daß 4 von den getippten 6 Zahlen richtig sind **und** die 2 übrigen Zahlen falsch, d.h. aus den verbleibenden 43 Zahlen sind, gibt es $\binom{6}{4} \cdot \binom{49-6}{6-4} = \binom{6}{4} \cdot \binom{43}{2} = 13\,545$ Möglichkeiten.

$W_4 = \frac{13\,545}{13\,983\,816} = 0{,}000\,969.$

c) Zahl der günstigen Fälle: entsprechend b) gibt es $\binom{6}{0} \cdot \binom{49-6}{6-0} = \binom{43}{6} = 6\,096\,454$ Kombinationen, deren Zahlen mit keiner der getippten Zahlen übereinstimmen.

$W_0 = \frac{6\,096\,454}{13\,983\,816} = 0{,}436.$

Allgemeine Formel:
Es gibt $\binom{k}{p}\binom{n-k}{k-p}$ $\quad 1 \leq k \leq n$, $0 \leq p \leq k$ Möglichkeiten, in k Elementen, die aus n Elementen entnommen werden, p gekennzeichnete Elemente zu erhalten.

5.7.17
Die Anzahl aller möglichen Kombinationen von 2 Karten (≙ Skat) aus 32 Karten beträgt $\binom{32}{2} = 496$. Bei 4 Buben gibt es $\binom{32-4}{2} = \binom{28}{2} = 378$ Skat-

Kombinationen, die keine Buben enthalten. Die Zahl der Fälle, für die mindestens 1 Bube im Skat liegt, beträgt also 496 - 378 = 118.

Hieraus folgt für die Wahrscheinlichkeit $W = \frac{118}{496} = 0{,}238$.

5.7.18

Man kann zunächst einmal entweder gar keine **oder** eine **oder** 2 **oder** 3 **oder** 4 **oder** sogar alle 5 Aufgaben rechnen (und richtig lösen). Infolgedessen gibt es allgemein $\sum_{i=0}^{5} \binom{5}{i} = 2^5 = 32$ verschiedene Arten von Aufgabenzusammenstellungen. Jede dieser Kombinationen muß daraufhin untersucht werden, ob sie der Forderung genügt, daß die erreichte Punktzahl $\geqq 20$ ist.
Die verschiedenen Zusammenstellungen richtig gelöster Aufgaben werden nach der Anzahl der richtigen Aufgaben getrennt untersucht.

	Anzahl der Möglichkeiten mit $\geqq$ 20 Punkten
keine richtige Aufgabe	
$\binom{5}{0}$ = 1 Möglichkeit: 0 Punkte	0
eine richtige Aufgabe	
$\binom{5}{1}$ = 5 Möglichkeiten: höchstens 10 Punkte	0
zwei richtige Aufgaben	
$\binom{5}{2}$ = 10 Möglichkeiten: nur eine Möglichkeit liefert mindestens 20 Punkte (beide 10-Punkte Aufgaben)	1
drei richtige Aufgaben	
$\binom{5}{3}$ = 10 Möglichkeiten: drei Möglichkeiten bringen weniger als 20 Punkte (nämlich 4,4,7; 4,4,10; 4,4,10), die restlichen 7 führen zum Bestehen der Klausur	7
vier richtige Aufgaben	
$\binom{5}{4}$ = 5 Möglichkeiten: in allen Fällen werden mindestens 20 Punkte erreicht	5
fünf richtige Aufgaben	
$\binom{5}{5}$ = 1 Möglichkeit: 35 Punkte	1

Es gibt also 14 Zusammenstellungen richtig gelöster Aufgaben, die zum Bestehen der Klausur führen.

5.7.19

$KW(4,4) = \binom{7}{4} = 35$ Möglichkeiten.

6.2.1

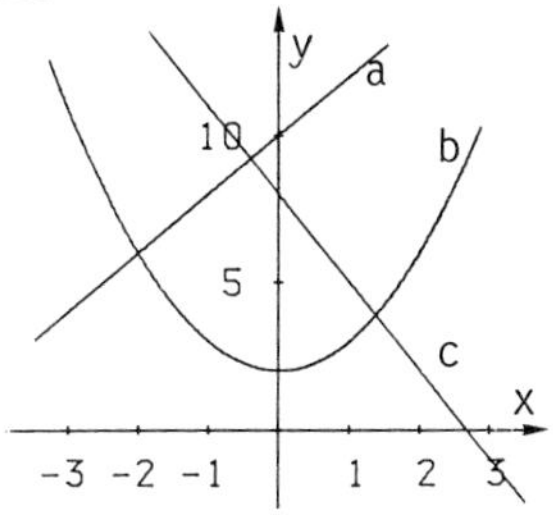

6.2.2

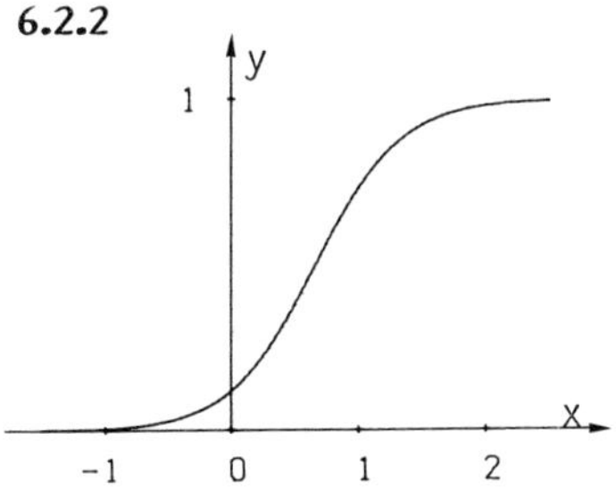

6.3.1

a) $x = \frac{b}{y-a}$, $y \neq a$; b) $x = \sqrt[3]{\frac{y-b}{a}}$, $a \neq 0$; c) $x = \frac{-dy+b}{cy-a}$, $cy \neq a$.

6.3.2

a) (1) und (9); (3) und (4); (6) und (8).

b) (2): $W(f) = \{ y \in \mathbb{R} \mid y \geq 0 \}$; (3) $W(f) = \{ x \in \mathbb{R} \mid x > 0 \}$;
(4): $W(f) = \mathbb{R}$; (6): $W(f) = \mathbb{R} \setminus \{0\}$; (9) $W(f) = \{ x \in \mathbb{R} \mid x > 0 \}$.

6.3.3

Durch die Funktion $y = f(x)$ wird jedem Wert x genau ein Wert von y zugeordnet. Eine Funktion liegt daher nur vor, wenn eine beliebige Parallele zur y-Achse das Bild der Funktion nur einmal schneidet. Ist die Funktion eineindeutig, entspricht außerdem jedem y-Wert nur ein x-Wert. Daher darf das Bild einer eineindeutigen Funktion nur in einem Punkt durch eine beliebige Parallele zur x-Achse geschnitten werden.

6.3.4

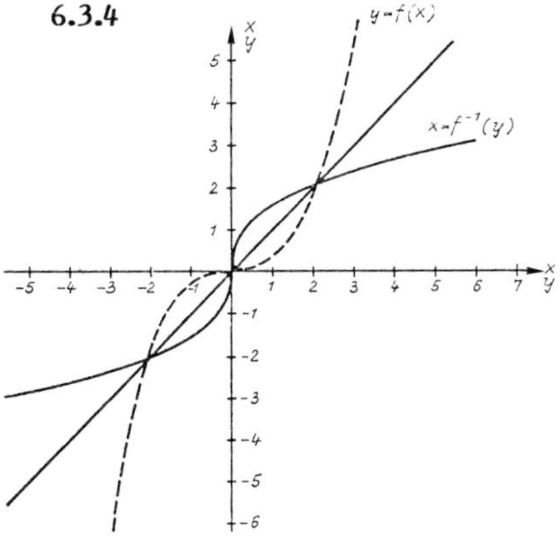

6.3.5

a) $x = -\frac{b}{a}y - \frac{c}{a}$; $y = -\frac{a}{b}x - \frac{c}{b}$ $(a \neq 0;\ b \neq 0)$;

b) $x = -\frac{cy+d}{by+a}$; $y = -\frac{ax+d}{bx+c}$, $(by+a \neq 0;\ bx+c \neq 0)$;

c) $(x-y)^2 \equiv 0$; $y = x$; $x = y$.

6.3.6

a) $y = \frac{2-3x}{1-x^2}$, $x \neq \pm 1$; Entwicklung nach x nicht möglich;

b) $y = e^{\frac{1}{x}}$; $x = \frac{1}{\ln y}$.

6.3.7

a) $z = cax+cb+d$; b) $z = ax+b$; c) $z = ca^2x^4+2abcx^3+(cb^2+da)x^2+dbx$.

6.3.8

(1) Aus $0 < x_1 < x_2$ folgt $x_1^n < x_2^n$ für beliebiges n.

(2) Aus $x_1 < x_2 < 0$ folgt $x_1^n < x_2^n$ für ungerades n.

Für gerades n folgt $x_1^n > x_2^n$.

(3) Aus $x_1 < 0 < x_2$ folgt $x_1^n < x_2^n$ für ungerades n.
Für gerades n kann, je nach den speziellen Werten,
$x_1^n < x_2^n$, $x_1^n = x_2^n$, $x_1^n > x_2^n$ folgen.

Also folgt allgemein aus $x_1 < x_2$ für ungerades n $x_1^n < x_2^n$ oder $f(x_1) < f(x_2)$.

6.3.9

a) $x_1 < x_2 \Longrightarrow x_1^3 < x_2^3 \Longrightarrow 3x_1^3 < 3x_2^3 \Longrightarrow 3x_1^3+4 < 3x_2^3+4$
$\Longrightarrow f(x_1) < f(x_2) \Longrightarrow$ f ist streng monoton steigend.

b) $0 < x_1 < x_2 \Longrightarrow x_1^2 < x_2^2$; $x_1 < x_2 < 0 \Longrightarrow x_1^2 > x_2^2$;
f ist streng monoton fallend für $x < 0$ und steigend für $x > 0$.

c) $x_1 < x_2 \Longrightarrow e^{x_1} < e^{x_2} \Longrightarrow f(x_1) < f(x_2) \Longrightarrow$ f ist streng monoton steigend.

d) $x_1 < x_2 \Longrightarrow x_1^2 < x_2^2$ oder $x_1^2 > x_2^2$ (siehe b)). f ist streng monoton fallend für $x < 0$ und steigend für $x > 0$.

e) $x_1 < x_2 \Longrightarrow x_1^3 < x_2^3 \Longrightarrow x_1^3+2x_1 < x_2^3+2x_2 \Longrightarrow -x_1^3-2x_1 > -x_2^3-2x_2$
$\Longrightarrow -x_1^3-2x_1+5 > -x_2^3-2x_2+5 \Longrightarrow f(x_1) > f(x_2) \Longrightarrow$ f ist streng monoton fallend.

6.3.10

a) $|\cos x| \leq 1$ für alle $x \in \mathbb{R} \Longrightarrow$ f ist beschränkt;

b) $-x^2-4x+2 < 6$ für alle $x \in \mathbb{R} \Longrightarrow$ f ist nach oben beschränkt;

c) $e^x > 0 \Longrightarrow e^x-2 > -2$ für alle $x \in \mathbb{R} \Longrightarrow$ f ist nach unten beschränkt.

6.3.11

x_1 und x_2 seien zwei beliebige Punkte auf der Abszisse.

$$f(\tfrac{1}{2}(x_1+x_2)) = (\tfrac{1}{2}(x_1+x_2))^2 = \tfrac{1}{4}x_1^2 + \tfrac{1}{2}x_1x_2 + \tfrac{1}{4}x_2^2$$

$$\tfrac{1}{2}(f(x_1)+f(x_2)) = \tfrac{1}{2}(x_1^2+x_2^2) = \tfrac{1}{2}x_1^2 + \tfrac{1}{2}x_2^2$$

$$f(\tfrac{1}{2}(x_1+x_2)) - \tfrac{1}{2}(f(x_1)+f(x_2)) = -\tfrac{1}{4}x_1^2 + \tfrac{1}{2}x_1x_2 - \tfrac{1}{4}x_2^2$$

$$= - (\frac{1}{4}x_1^2 - \frac{1}{2}x_1x_2 + \frac{1}{4}x_2^2) = - (\frac{1}{2}(x_1+x_2))^2 \leqq 0,$$

d.h. $f(\frac{1}{2}(x_1+x_2)) < \frac{1}{2}(f(x_1)+f(x_2))$.

Die gegebene Funktion ist also konvex.

6.3.12

a) $f(0-x) = (-x)^4+(-x)^2 = x^4+x^2 = f(0+x)$. Die Funktion ist symmetrisch um Null.

b) $f(0-x) = (-x)^4+(-x)^2+10 = x^4+x^2+10 = f(0+x)$. Die Funktion ist symmetrisch um Null.

c) $f(c-x) = e^{(c-x-c)^2} = e^{x^2} = e^{(c+x-c)^2} = f(c+x)$. Die Funktion ist symmetrisch um c.

6.4.1

a) $x_1 = 2$, $x_2 = -4$; b) $x = 3$; c) $x_1 = 1$, $x_2 = 12$; d) $x_1 = -1{,}5$, $x_2 = +6{,}4$.

6.4.2

a) $x_1 = 0$, $x_2 = -4$, $x_3 = +4$; b) $x_1 = -2$, $x_2 = +2$, $x_3 = -4$, $x_4 = +4$;
c) $x_1 = -5$, $x_2 = +5$, $x_3 = -7$, $x_4 = 7$; d) $x_1 = 0$, $x_2 = -6$, $x_3 = +6$.

6.4.3

a) $x_1 = 0$, $x_2 = -2$, $x_3 = +2$; b) $x_1 = 0$, $x_2 = -3$;
c) $x_1 = 0$, $x_2 = -5$, $x_3 = 1$; d) $x_1 = 0$, $x_2 = 2{,}5$.

6.4.4

a) $x = 2$; b) $x = -3$; c) $x = 1{,}42616$; d) $x = 2$;
e) $x = 4$; f) $x = -4$; g) $x = 2{,}06693$; h) $x = 0{,}38926$.

6.4.5

a) Es ergeben sich nacheinander folgende x_3- und $f(x_3)$-Werte:

(1)	$x_3 = 2{,}387097$	$f(x_3) = 1{,}477084$	
(2)	$x_3 = 2{,}431308$	$f(x_3) = 0{,}134838$	
(3)	$x_3 = 2{,}435315$	$f(x_3) = 0{,}011931$	
(4)	$x_3 = 2{,}435669$	$f(x_3) = 0{,}001063$	$> 0{,}001 = c$
(5)	$x_3 = 2{,}435701$	$f(x_3) = 0{,}0000806$	$< 0{,}001 = c$

b) In den einzelnen Schritten ergeben sich folgende Werte:

(1)	$x_3 = 2{,}5$	$f(x_3) = -2$
(2)	$x_3 = 2{,}25$	$f(x_3) = 5{,}46875$
(3)	$x_3 = 2{,}375$	$f(x_3) = 1{,}83984375$
(4)	$x_3 = 2{,}4375$	$f(x_3) = -0{,}0551757813$
(5)	$x_3 = 2{,}40625$	$f(x_3) = 0{,}8987426757$

(6)	$x_3 = 2{,}421875$	$f(x_3) = 0{,}4233627319$
(7)	$x_3 = 2{,}4296875$	$f(x_3) = 0{,}1844854355$
(8)	$x_3 = 2{,}4335937$	$f(x_3) = 0{,}0647539934$
(9)	$x_3 = 2{,}4355468$	$f(x_3) = 0{,}0048150052$
(10)	$x_3 = 2{,}4365234$	$f(x_3) = -0{,}0251743023$
(11)	$x_3 = 2{,}4360351$	$f(x_3) = -0{,}0101781264$
(12)	$x_3 = 2{,}4357909$	$f(x_3) = -0{,}0026796448$
(13)	$x_3 = 2{,}4356688$	$f(x_3) = 0{,}0010693105$
(14)	$x_3 = 2{,}4357298$	$f(x_3) = -0{,}0008036081.$

6.4.6
Es ergeben sich nacheinander folgende Werte:

(1)	$x_3 = 1{,}4$	$f(x_3) = -4{,}37376$
(2)	$x_3 = 1{,}755891$	$f(x_3) = -2{,}96025$
(3)	$x_3 = 1{,}877131$	$f(x_3) = -0{,}706727$
(4)	$x_3 = 1{,}900557$	$f(x_3) = -0{,}121473$
(5)	$x_3 = 1{,}904427$	$f(x_3) = -0{,}019623$
(6)	$x_3 = 1{,}905048$	$f(x_3) = -0{,}003141$
(7)	$x_3 = 1{,}905147$	$f(x_3) = -0{,}0005095$

6.5.1
a) $y^6-2x^2y^3+x^4-x-3\equiv 0$; b) $y^4+8y^3+(24-2x^3)y^2+(32-8x^3)y+x^6-8x^3-x^2+16\equiv 0$.

6.6.1
x^3-2x^2-5x+6; $x_1 = 3$, $x_2 = -2$, $x_3 = 1$.

6.6.2
$(2x^3-6x^2-2x+6):(x-3) = 2x^2-2$

$$\begin{array}{l} \underline{2x^3-6x^2} \\ \quad\quad -2x+6 \\ \quad\quad \underline{-2x+6} \\ \quad\quad\quad\quad 0 \end{array}$$

Aus $2x^2-2 = 0$ folgt: $x = \pm\sqrt{1}$. Die Nullstellen des Polynoms sind also: $x_1 = 3$, $x_2 = 1$, $x_3 = -1$.

6.6.3 $(x-1)^2 = x^2-2x+1$

$(x^3-5x^2+7x-3):(x^2-2x+1) = x-3$

$$\begin{array}{l} \underline{x^3-2x^2+\ x} \\ \quad -3x^2+6x-3 \\ \quad \underline{-3x^2+6x-3} \\ \quad\quad\quad\quad 0 \end{array}$$

Die dritte Nullstelle liegt bei $x = 3$.

6.6.4
Das Polynom hat außer bei $x_1 = 2$ und $x_2 = 3$ noch eine Nullstelle bei $x_3 = 0$; $(x-2)(x-3)x = x^3-5x^2+6x$.

$$(x^5-13x^3+36x):(x^3-5x^2+6x) = x^2+5x+6$$

$$\begin{array}{l}
\underline{x^5-5x^4+6x^3} \\
\quad +5x^4-19x^3+36x \\
\quad \underline{5x^4-25x^3+30x^2} \\
\qquad +6x^3-30x^2+36x \\
\qquad \underline{6x^3-30x^2+36x} \\
\qquad\qquad\qquad 0
\end{array}$$

$x^2+5x+6 = 0$

$$x = -\frac{5}{2} \pm \sqrt{\frac{25}{4} - \frac{24}{4}} = -\frac{5}{2} \pm \frac{1}{2}: \; x_4 = -2, \; x_5 = -3.$$

6.6.5

$$y = \sum_{i=0}^{n} a_i x^{2i}, \text{ wegen } x^{2i} = (-x)^{2i} \text{ gilt } f(-x) = \sum_{i=0}^{n} a_i(-x)^{2i} = \sum_{i=0}^{n} a_i x^{2i} = f(x).$$

6.6.6
a) $x_2 = -5$; b) $x_4 = 2$; c) $x_1 = x_3 = 3$, $f(3) = 8$.

6.6.7
a) $x_1 = 3$; b) $x_2 = -3$; c) $x_3 = 0$, $f(0) = -1$ und $x_4 = 1$, $f(1) = -0{,}5$.

6.6.8

a) $y = \frac{7}{x+3} - \frac{5}{x+2} + \frac{1}{x-3}$; b) $y = \frac{1}{x-2} + \frac{2}{(x-2)^2}$;

c) $y = -\frac{1}{x} - \frac{1}{x^2} - \frac{1}{x^3} + \frac{1}{x-1}$.

6.6.9
a) $W(f) = \mathbb{R}_0^+$; b) $W(f) = \mathbb{R}$.

6.6.10
Es sei zunächst $c = 1$ und $a > 1$. Dann gilt:

Fall 1: $f(x)$ sei monoton fallend. Dann folgt für beliebige x_1, x_2 mit $x_1 < x_2$, daß $f(x_1) > f(x_2)$ und damit $a^{f(x_1)} > a^{f(x_2)}$ gilt.
Somit ist $y = a^{f(x)}$ monoton fallend.

Fall 2: $f(x)$ sei monoton steigend. Dann folgt analog zu Fall 1 aus $x_1 < x_2$, daß $a^{f(x_1)} < a^{f(x_2)}$ gilt. $y = a^{f(x)}$ ist monoton steigend

Die Eigenschaft der Funktion $y = a^{f(x)}$, fallend oder steigend zu sein, ist abhängig davon, ob der Exponent f(x) fallend oder steigend ist.

Das gleiche gilt für jedes $c > 0$. Für $c < 0$ und $a > 1$ ist $y = ca^{f(x)}$ streng monoton steigend (fallend), falls f(x) streng monoton fallend (steigend) ist.

Für $0 < a < 1$ gilt jeweils das umgekehrte, also

	f(x) steigend		f(x) fallend	
	$c > 0$	$c < 0$	$c > 0$	$c < 0$
$a > 1$	y steigend	y fallend	y fallend	y steigend
$0 < a < 1$	y fallend	y steigend	y steigend	y fallend

6.6.11

a) $x = 0{,}5 \log_a y$; b) $x = \log_a y - 2$; c) $x = \ln y - \ln 4$;

d) $x = \ln(y-4)$; e) $x = e^y$; f) $x = 2e^y$.

6.6.12

$60^\circ : \frac{1}{3}\pi$; $270^\circ : 1{,}5\pi$.

6.6.13

Für beide Funktionen gilt $W(f) = \{ x \in \mathbb{R} \mid -1 \leq x \leq 1 \}$.

6.7.1

$x^* = 2x-2$ $x = 0{,}5x^*+1$ a) $y^* = x^*+14$; b) $y^* = 0\ 25x^{*2}+x^*+5$.

$y^* = y+2$ $y = y^*-2$

6.7.2

a) $\log y = \log k + x \log a$ bzw. $y^* = K + Ax^*$ mit $K = \log k$ und $A = \log a$.

b) $\log y = \log A + n \log x$ bzw. $y^* = a + nx^*$ mit $a = \log A$.

6.7.3

a) $y(x) = b_o q^{x-1}$;

$b_o = 1000$

$q = 1 + \frac{p}{100} = 1{,}1$.

b)

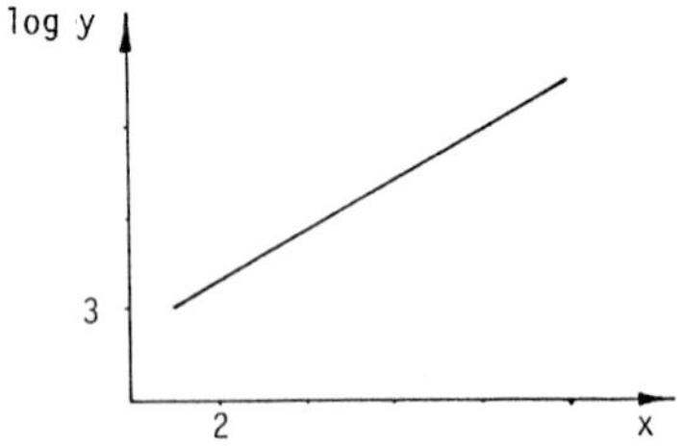

6.7.4

$x = \frac{x^*-1}{2}$, $y = e^{y^*}+3$, $e^{y^*}+3 = e^{2(\frac{x^*-1}{2})+2}+3 = e^{x^*+1}+3 \Longrightarrow y^* = x^*+1$.

6.7.5

$y = y^*+4 \qquad x = x^*+2$

$y^*+4 = (x^*+2-2)^2+x^*+2+2$

$y^*+4 = x^{*2}+x^*+4$

$y^* = x^{*2}+x^*.$

6.7.6

$y+1 = y^*; \quad x^2 = x^*$

$y+1 = x^4+x^2 \implies y = x^4+x^2-1.$

6.9.1 a) $k = \frac{K}{x} = ax^2+bx+c+\frac{d}{x}$;

b) ax^2+bx+c ; "variable" Stückkosten

$\frac{d}{x}$; "fixe" Stückkosten;

c) Die Durchschnittskosten werden durch den Tangens des Winkels angegeben, der durch den Fahrstrahl an die Gesamtkostenkurve und die x-Achse gebildet wird.

Es gilt: $\tan \alpha = \frac{K}{x} = k.$

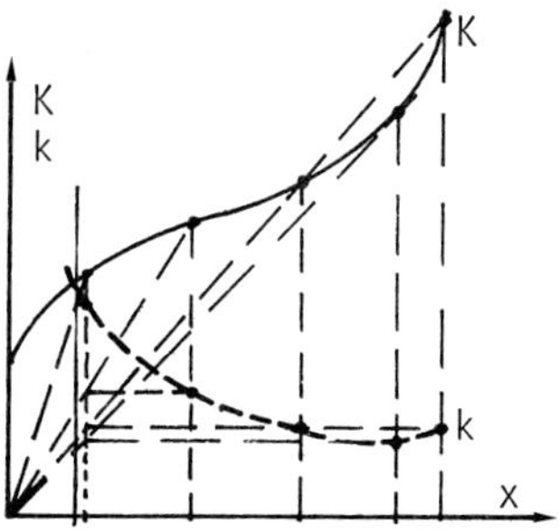

7.2.1

a)

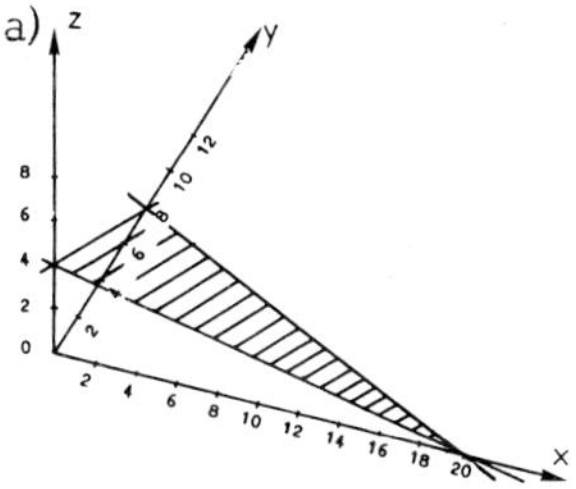

b) Schnittkurve mit der x-y-Ebene: $y=8-0{,}4x$
Schnittkurve mit der x-z-Ebene: $z=4-0{,}2x$
Schnittkurve mit der y-z-Ebene: $z=4-0{,}5y$

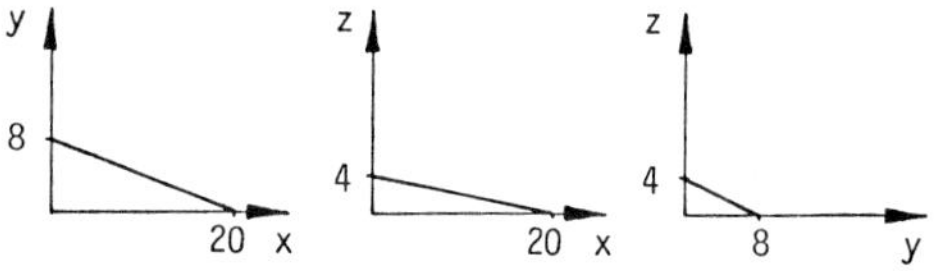

c)

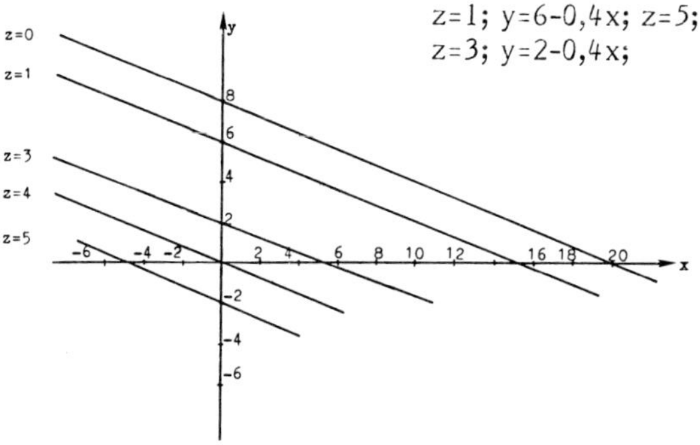

$z=0$: $y=8-0{,}4x$; $z=4$; $y=-0{,}4x$
$z=1$; $y=6-0{,}4x$; $z=5$; $y=-2-0{,}4x$
$z=3$; $y=2-0{,}4x$;

7.2.2

a)

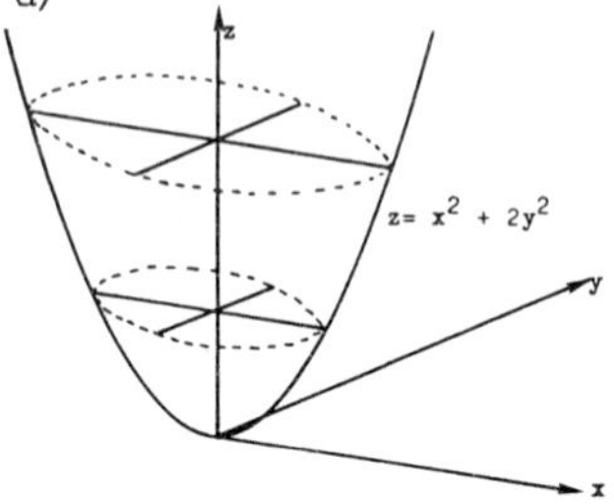

b) Schnittkurve mit der x-y-Ebene: Koordinatenursprung
Schnittkurve mit der x-z-Ebene: $z=x^2$
Schnittkurve mit der y-z-Ebene: $z=2y^2$

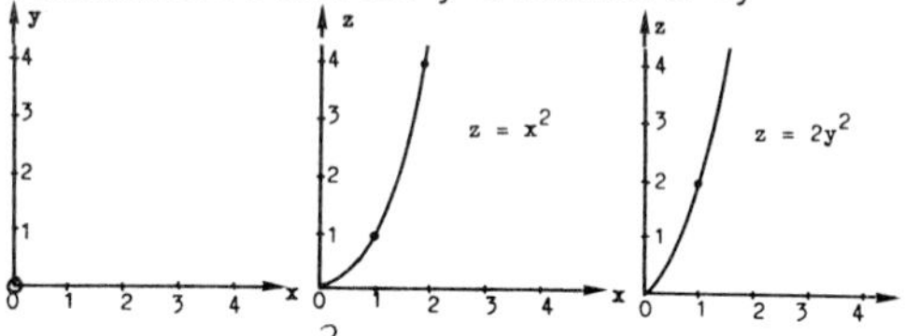

c)

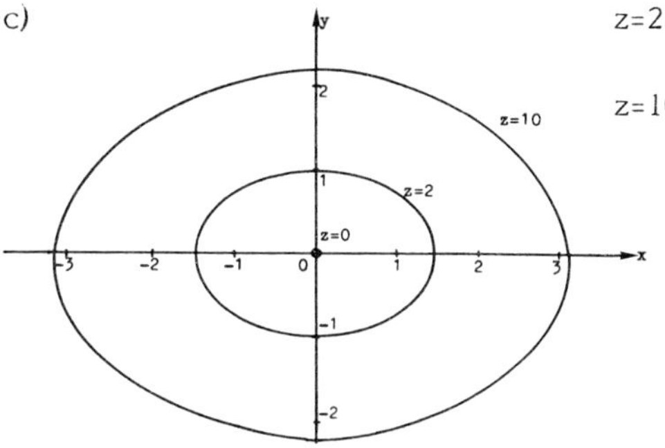

$z=2: \frac{x^2}{2}+y^2=1;$

$z=10: \frac{x^2}{10}+\frac{y^2}{5}=1.$

7.3.1

a) $r=\frac{5}{4}$; b) r=1; c) r=a+b; d) r=0; e) r=1; f) r=0; g) nicht homogen

7.4.1

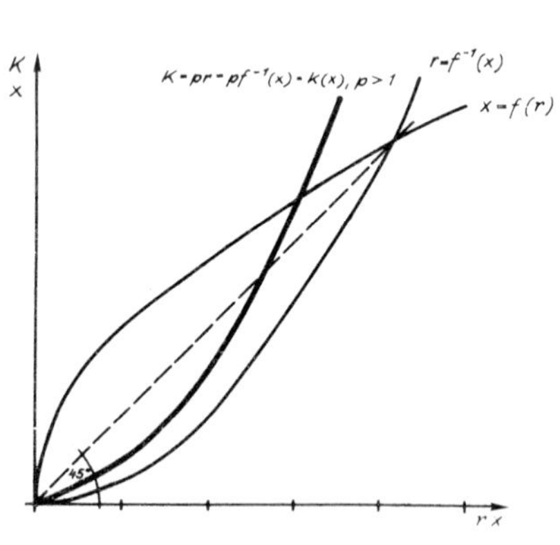

$r=f^{-1}(x)$ sei die Umkehrfunktion zu $x=f(r)$ und p der Faktorpreis. $K=pr=pf^{-1}(x)$.
Die Produktionsfunktion $x=f(r)$ wird an der 45°-Linie gespiegelt. Man erhält die inverse Funktion $r=f^{-1}(x)$. Jeder Ordinatenwert dieser Verbrauchsfunktion wird mit dem Preis p multipliziert. Die so ermittelte Kostenfunktion liegt über der Verbrauchsfunktion für $p > 1$, für $0 < p < 1$ verläuft sie unterhalb der Funktion $r=f^{-1}(x)$.

7.4.2

a) $x = \sqrt{r-20}$; $r = x^2+20$; $K = pr = 3x^2+60$; $k = \frac{K}{x} = 3x+\frac{60}{x}$, $x \neq 0$;

b) $x=(r-20)^2$; $r=\sqrt{x}+20$, $K=pr=4\sqrt{x}+80$; $k = \frac{K}{x} = 4\frac{\sqrt{x}}{x}+\frac{80}{x} = \frac{4}{\sqrt{x}}+\frac{80}{x}$, $x \neq 0$

7.4.3

a)

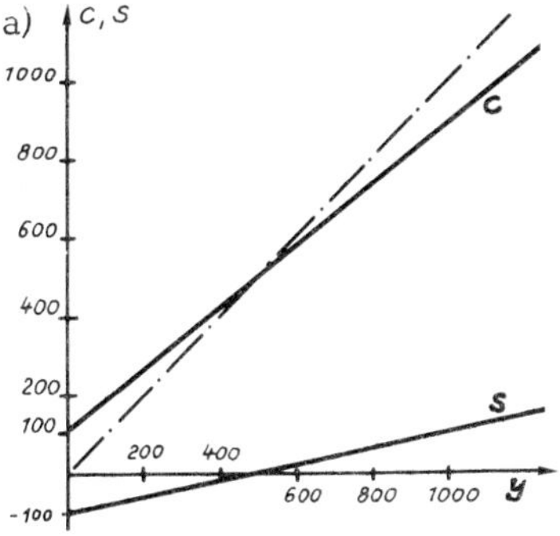

b) $s = y-c = y-100-0{,}8y = -100+0{,}2y$

c) Existenzminimum

d) $s = -100+0{,}2y = 0 \Longrightarrow y = 500$

e) Entsparen, "Substanzverzehr"

7.4.4

Eine Isoquante ist definiert als Menge aller Kombinationen von Faktoreinsatzmengen r_1 und r_2, die zu einer bestimmten Ausbringungsmenge $x = x_0$ führen.

(1) Graphische Ermittlung der Isoquante:
Durch das von der Funktion $x = f(r_1,r_2)$ beschriebene Ertragsgebirge wird parallel zur r_1r_2-Ebene im Abstand $x = x_0$ eine Schnittebene gelegt. Die Projektion der Schnittlinie, die von dieser Ebene mit dem "Ertragsgebirge" gebildet wird, in die r_1r_2-Ebene stellt die gesuchte Isoquante dar.

(2) Analytische Ermittlung der Isoquante:
In der Produktionsfunktion $x = f(r_1,r_2)$ setzt man $x = x_0$ = const. und löst nach einer Variablen (r_1 oder r_2) auf. Die so gewonnene Funktion beschreibt die Isoquante:
$r_1 = g(r_2,x_0)$ bzw. $r_1 = g(r_2)$ oder $r_2 = h(r_1,x_0)$ bzw. $r_2 = h(r_1)$.

8.1.1

a) $a_n = \frac{1}{3\cdot 2^{n-1}}$ (geom. Folge); b) $a_n = 24+n(-12) = (2-n)12$ (arithm.Folge);

c) $a_n = \frac{1}{n}$; d) $a_n = 2n$ (arithm. Folge); e) $a_n = \frac{3}{2^n}$ (geom. Folge);

f) $a_n = 2n^2-1$; g) $a_n = \frac{1}{n^2-3}$.

8.1.2

a) $a = 7$, $d = 4$, $a_n = 3+4n$, $S_{20} = 900$; b) $a = 1$, $d = 2$, $a_n = 2n-1$, $S_{20} = 400$;

c) $a = 4,\ d = 0{,}5,\ a_n = 3{,}5+0{,}5n,\ S_{20} = 175;$

d) $a = 20,\ d = -3,\ a_n = 23-3n,\ S_{20} = -170.$

8.1.3

a) $a = 1,\ q = 2,\ a_n = 2^{n-1},\ S_{10} = 1023;$

b) $a = 9,\ q = \frac{1}{3},\ a_n = \frac{27}{3^n},\ S_{10} = 13{,}499771;$

c) $a = 1,\ q = 0{,}9,\ a_n = 0{,}9^{n-1},\ S_{10} = 6{,}5132155.$

8.1.4

$S_n = \frac{n}{2}(2a+(n-1)d) = \frac{n}{2}(2\cdot\frac{10}{3} + (n-1)\frac{4}{3}) = 448$

$n(\frac{20}{3} + \frac{4}{3}n - \frac{4}{3}) = 896 \implies \frac{4}{3}n^2 + \frac{16}{3}n - 896 = 0 \implies n^2 + 4n - 672 = 0$

$\implies n = -2 \pm \sqrt{4+672} = -2 \pm 26$

Da die Anzahl der Reihenglieder nicht negativ werden kann, folgt $n = 24$.

$a_n = a + (n-1)d = \frac{10}{3} + 23\cdot\frac{4}{3} = 34.$

8.1.5

Es ist die n-te Partialsumme einer geometrischen Reihe mit $a_1 = a^{n-1}$ und $q = \frac{b}{a}$ zu bestimmen.

$$S_n = a_1\cdot\frac{1-q^n}{1-q} = a^{n-1}\cdot\frac{1-(\frac{b}{a})^n}{1-\frac{b}{a}} = a^{n-1}\cdot\frac{\frac{a^n-b^n}{a^n}}{\frac{a-b}{a}} = \frac{a^n-b^n}{a-b}\ .$$

8.2.1

$|a_n| = |(-1)^n\cdot\frac{n+3}{2n}| = \frac{n+3}{2n} = \frac{1}{2} + \frac{3}{2n} \leq \frac{1}{2} + \frac{3}{2} = 2$

8.2.2

Gibt man eine beliebige Zahl K vor, so braucht man nur $n_0 > \frac{K-a}{d}$ Glieder der Folge zu nehmen, um K zu überschreiten.

8.2.3

a) Es gilt $x_{n+1}-x_n = d$ für alle n $\implies$ $x_{n+1} = x_n+d \geq x_n$ für $d \geq 0$

$x_{n+1} = x_n+d < x_n$ für $d < 0$.

b) Es gilt $\frac{x_{n+1}}{x_n} = q$ für alle n $\implies x_{n+1} = qx_n$.

(1) $q \geq 1 \implies x_{n+1} = qx_n \geq x_n$; (2) $0 < q < 1 \implies x_{n+1} = qx_n < x_n$.

8.3.1

a) $$\lim_{n\to\infty} \frac{4n^2+3n-27}{8n^2-24n+108} = \lim_{n\to\infty} \frac{n^2(4+\frac{3}{n}-\frac{27}{n^2})}{n^2(8-\frac{24}{n}+\frac{108}{n^2})} = \lim_{n\to\infty} \frac{4+\frac{3}{n}-\frac{27}{n^2}}{8-\frac{24}{n}+\frac{108}{n^2}} = \frac{4}{8} = \frac{1}{2}$$

b) $\frac{2}{3}$; c) 0; d) die Folge konvergiert nicht.

8.3.2

a) $$\lim_{n\to\infty} ((-1)^n + \frac{1}{n}) = \lim_{n\to\infty} (-1)^n + \lim_{n\to\infty} \frac{1}{n} = \lim_{n\to\infty} (-1)^n + 0.$$

$$(-1)^n = \begin{cases} +1 & \text{für } n = \text{gerade} \\ -1 & \text{für } n = \text{ungerade.} \end{cases}$$

Die Folge ist nicht konvergent. Es gibt zwei Häufungspunkte.

b) $$\lim_{n\to\infty} (-1)^n \frac{1}{n} = 0.$$

8.3.3

a) $1 + (-1)^n = 2$ für gerades n und $1 + (-1)^n = 0$ für ungerades n.
Die Folge ist nicht konvergent. Sie hat zwei Häufungspunkte.

b) $$\frac{n^4-16}{(n+2)^2\ (1-2n-5n^2)} = \frac{1-\frac{16}{n^4}}{-5-\frac{22}{n}-\frac{27}{n^2}-\frac{4}{n^3}+\frac{4}{n^4}}$$

$$\lim_{n\to\infty} \frac{1-\frac{16}{n^4}}{-5-\frac{22}{n}-\frac{27}{n^2}-\frac{4}{n^3}+\frac{4}{n^4}} = -\frac{1}{5}$$

c) $$x_n = \sqrt{9n^2+15n+7} - 3n = \sqrt{9n^2+15n+7} - (3n+\frac{5}{2}) + \frac{5}{2}$$

$$x_n - \frac{5}{2} = \frac{9n^2+15n+7-(3n+\frac{5}{2})^2}{\sqrt{9n^2+15n+7}+(3n+\frac{5}{2})} = \frac{\frac{3}{4}}{\sqrt{9n^2+15n+7}+(3n+\frac{5}{2})}$$

$$\lim_{n\to\infty} x_n = \lim_{n\to\infty} \left[\frac{\frac{3}{4}}{\sqrt{9n^2+15n+7}+(3n+\frac{5}{2})} + \frac{5}{2} \right] = 2{,}5$$

8.3.4

a) $$|a_n| \leq \left| \frac{n^2(3+\frac{2}{n}-\frac{1}{n^2})}{n^4(1+\frac{1}{n^4})} \right|; \qquad \lim_{n\to\infty} |a_n| = 0$$ Es handelt sich um eine Nullfolge.

b) $a_n \equiv 0$ für alle $n \in \mathbb{N}$, da $\sin(\pi n) = 0$ für alle n.

8.4.1

a) $a = 5,\ q = \frac{1}{3},\ S = \frac{15}{2}$; b) $a = 6,\ q = \frac{1}{4},\ S = 8$.

8.4.2

a) $a = 12\cdot\frac{1}{4} = 3,\ q = \frac{1}{4},\ S = 4$; b) $a = (\frac{1}{4})^{-1} = 4,\ q = \frac{1}{4},\ S = \frac{16}{3}$;

c) $a = 20\cdot(\frac{1}{5})^2 = \frac{4}{5},\ q = \frac{1}{5},\ S = 1$; d) $a = (\frac{1}{2})^{-1} = 2,\ q = \frac{1}{2},\ S = 4$;

e) $a = (\frac{1}{3})^{-4} = 81,\ q = \frac{1}{3},\ S = 121{,}5$.

8.4.3

$$\sum_{n=0}^{\infty}(-1)^n\frac{1}{2^n} = \sum_{k=0}^{\infty}\left(\frac{1}{2^{2k}} - \frac{1}{2^{2k+1}}\right) = \sum_{k=0}^{\infty}\left(\frac{1}{4^k} - \frac{1}{2\cdot 4^k}\right)$$

$$= \sum_{k=0}^{\infty}\frac{1}{4^k}\left(1 - \frac{1}{2}\right) = \frac{1}{2}\sum_{k=0}^{\infty}\frac{1}{4^k} = \frac{1}{2}\,\frac{1}{1-\frac{1}{4}} = \frac{2}{3}.$$

8.4.4

a) $\frac{1}{n(n+1)} = \frac{a}{n} + \frac{b}{n+1} = \frac{a(n+1)+bn}{n(n+1)}$

Vergleich der Koeffizienten der Potenzen von n ergibt:

$1 = an+a+bn = (a+b)n+a \implies a = 1$ und $b = -1$

$$\frac{1}{n(n+1)} = \frac{1}{n} - \frac{1}{n+1}$$

$$\sum_{n=1}^{\infty}\frac{1}{n(n+1)} = \sum_{n=1}^{\infty}\left(\frac{1}{n} - \frac{1}{n+1}\right)$$

$$S_n = \left(1 + \frac{1}{2} + \frac{1}{3} + \frac{1}{4} + \ldots + \frac{1}{n}\right) - \left(\frac{1}{2} + \frac{1}{3} + \frac{1}{4} + \ldots + \frac{1}{n} + \frac{1}{n+1}\right)$$

$$= 1 - \frac{1}{n+1} \implies \lim_{n\to\infty} S_n = 1$$

In der n-ten Partialsumme heben sich alle Glieder bis auf 1 und $\frac{-1}{n+1}$ auf.

b) $\frac{2}{K(K+2)} = \frac{a}{K} + \frac{b}{K+2} = \frac{a(K+2)+bK}{K(K+2)}$. Koeffizientenvergleich ergibt:

$2 = a(K+2)+bK \implies 2 = aK+bK+2a \implies 2 = (a+b)K+2a$.

Daraus folgt $2 = 2a$; $a = 1$; $(a+b)K = 0$.

Da $K > 0$, gilt $a+b = 0$, d.h. $b = -1$.

Also ist $\frac{2}{K(K+2)} = \frac{1}{K} - \frac{1}{K+2}$ und $\sum_{K=1}^{\infty}\frac{2}{K(K+2)} = \sum_{K=1}^{\infty}\left(\frac{1}{K} - \frac{1}{K+2}\right)$

$$S_n = \left(1 + \frac{1}{2} + \frac{1}{3} + \ldots + \frac{1}{n}\right) - \left(\frac{1}{3} + \frac{1}{4} + \frac{1}{5} + \ldots + \frac{1}{n+2}\right) = 1 + \frac{1}{2} - \frac{1}{n+1} - \frac{1}{n+2}$$

$$\lim_{n\to\infty} S_n = \lim_{n\to\infty}\left(1 + \frac{1}{2} - \frac{1}{n+1} - \frac{1}{n+2}\right) = \frac{3}{2}$$

8.5.1

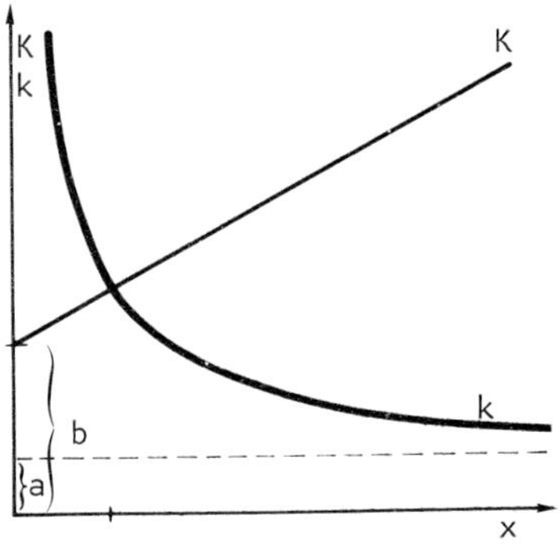

(1) k ist streng monoton fallend
(2) k nähert sich für $x \to 0$ asymptotisch der k-Achse
(3) k nähert sich für $x \to \infty$ asymptotisch einer Parallelen zur x-Achse im Abstand a.

(2') $\lim\limits_{x\to 0} k = \lim\limits_{x\to 0} \frac{K}{x} = \lim\limits_{x\to 0} (a+\frac{b}{x})$

$= a + \lim\limits_{x\to 0} \frac{b}{x} = \infty$

(3') $\lim\limits_{x\to\infty} k = \lim\limits_{x\to\infty} \frac{K}{x} = \lim\limits_{x\to\infty} (a+\frac{b}{x})$

$= a + \lim\limits_{x\to\infty} \frac{b}{x} = a + 0 = a.$

8.5.2

(1) f(x) streng monoton fallend $\Longleftrightarrow$ für $x_1 < x_2 \Longrightarrow f(x_1) > f(x_2) \Longrightarrow$

$1 + e^{f(x_1)} > 1 + e^{f(x_2)} \Longleftrightarrow \frac{k}{1+e^{f(x_1)}} < \frac{k}{1+e^{f(x_2)}}$

Also ist $y = \frac{k}{1+e^{f(x)}}$ streng monoton steigend.

(2) Die Funktion ist nie negativ, da $e^{f(x)} > 0$ für $f(x) \in \mathbb{R}$

$\Longrightarrow \frac{k}{1+e^{f(x)}} > 0$ (untere Schranke).

Ihren größten Wert nimmt die Funktion an, wenn der Nenner möglichst klein wird. Da $1 + e^{f(x)} > 1$ für alle $f(x) \in \mathbb{R}$, folgt sofort:

$\frac{k}{1+e^{f(x)}} < k$ (obere Schranke).

(3) Die eben berechneten Werte sind auch die Grenzwerte von y für $x \to -\infty$ und $x \to +\infty$;

$\lim\limits_{x\to -\infty} y = 0$; $\lim\limits_{x\to +\infty} y = k$. k wird als Sättigungsgrenze bezeichnet.

8.6.1

a) $a = \frac{18000-4000}{7} = 2000$;

Jahr	1	2	3	4	5	6	7
Abschreibg.	2000	2000	2000	2000	2000	2000	2000
Restbuchw.	16000	14000	12000	10000	8000	6000	4000

b) $a^* = \frac{18000-4000}{\frac{1}{2}\cdot 7\cdot(7+1)} = \frac{14000}{28} = 500;$

Jahr	1	2	3	4	5	6	7
Abschreibg.	3500	3000	2500	2000	1500	1000	500
Restbuchw.	14500	11500	9000	7000	5500	4500	4000

c) $p = (1 - \sqrt[7]{\frac{4000}{18000}})\cdot 100 = 19{,}335\%;$

Jahr	1	2	3	4	5	6	7
Abschreibg.	3480	2807	2265	1827	1474	1189	959
Restbuchw.	14520	11713	9448	7621	6147	4958	3999

9.3.1

a) $Z_n = K_0 \cdot \frac{p}{100} \cdot n = 100.000 \cdot \frac{6}{100} \cdot 8 = 48.000;$

b) $K_n = K_0 q^n = 100.000 \cdot 1{,}06^8 = 159.384{,}81.$

9.3.2

$$K_0 = \frac{K_n}{q^n} = \frac{15.000}{1{,}05^3} = 12.957{,}56.$$

9.3.3

$$p = (\sqrt[n]{\frac{K_n}{K_0}} - 1)100 = (\sqrt[6]{\frac{750}{500}} - 1)100 = 7\%.$$

9.3.4

$$\frac{K_n}{K_0} = 2; \quad n = \frac{\log \frac{K_n}{K_0}}{\log q};$$

a) $p = 3\%; \quad q = 1{,}03; \quad n = \frac{\log 2}{\log 1{,}03} = \frac{0{,}3010}{0{,}0128} = 23{,}52;$

b) $p = 6\%; \quad q = 1{,}06; \quad n = \frac{\log 2}{\log 1{,}06} = \frac{0{,}3010}{0{,}0253} = 11{,}9.$

9.4.1

$K_n = K_0(1 + \frac{p}{m \cdot 100})^{nm} = 1.000(1 + \frac{4}{12 \cdot 100})^{3 \cdot 12} = 1.000 \cdot 1{,}1259 = 1.127{,}27.$

9.4.2

$$K_0 = \frac{K_n}{(1 + \frac{p}{m \cdot 100})^{nm}} = \frac{6000}{1{,}02^{20}} = 4037{,}83.$$

9.5.1

$K_n = 1000 \cdot e^{0,065 \cdot 2} = 1138,83.$

9.5.2

$p = 4,5\%; \; K_0 = 12.000; \; n = 4;$

$$K_n = K_0 e^{\frac{p}{100} n} = 12.000 \cdot e^{0,045 \cdot 4} = 14.366,61.$$

9.5.3

$$K_0 = \frac{K_n}{e^{\frac{p}{100} \cdot n}} = \frac{17012}{e^{0,03 \cdot 12}} = 11869 \text{ m}^3.$$

9.6.1

$p = 4,5; \; q = 1,045; \; r = 1.000; \; n = 10$

$$R_n = r \cdot \frac{q^n - 1}{q - 1} = 1.000 \cdot \frac{1,045^{10} - 1}{1,045 - 1} = 12.288,21.$$

9.6.2

Zum Anfangskapital $K_0 = 1.200$ DM wird eine jährliche Rate r gezahlt (nachschüssig, d.h. jeweils am Ende eines Jahres).

$$K_n = K_0 q^n + r \cdot \frac{q^n - 1}{q - 1}; \quad K_5 = 5.000 = 1.200 \cdot 1,035^5 + r \frac{1,035^5 - 1}{1,035 - 1}$$

$$= 1.425,22 + r \cdot 5,362466$$

$r = \dfrac{5000 - 1425,22}{5,362466} = 666,63 \implies$ Die jährliche Rate beträgt 666,63 DM.

9.6.3

Jahr	Guthaben
0.	$s_0 = b_0$
1.	$s_1 = b_0 q$
2.	$s_2 = b_0 q^2 + b_0 v^1 q$
3.	$s_3 = b_0 q^3 + b_0 v^1 q^2 + b_0 v^2 q$
4.	$s_4 = b_0 q^4 + b_0 v^1 q^3 + b_0 v^2 q^2 + b_0 v^3 q$
⋮	
n.	$s_n = b_0 v^0 q^n + b_0 v^1 q^{n-1} + \ldots + b_0 v^{n-2} q^2 + b_0 v^{n-1} q$

wobei $q = (1 + \frac{p}{100})$

$v = (1 + \frac{m}{100})$

Geometrische Reihe mit dem Anfangsglied $b_0 q^n$ und dem Quotienten $\frac{v}{q}$

$$S_n = b_0 q^n \cdot \frac{1 - (\frac{v}{q})^n}{1 - \frac{v}{q}} = b_0 q \cdot \frac{q^n - v^n}{q - v}.$$

9.7.1

Jahr	Restschuld	Tilgungsrate	Zinsen	Annuität
1	20.000	4.000	1.600	5.600
2	16.000	4.000	1.280	5.280
3	12.000	4.000	960	4.960
4	8.000	4.000	640	4.640
5	4.000	4.000	320	4.320

9.7.2

Jahr	Restschuld am Anfang des Jahres	Zinsen	Tilgungsrate
1	100.000,00	8.000,00	2.000,00
2	98.000,00	7.840,00	2,160 00
3	95.840,00	7.667,20	2.332,80
4	93.507,20	7.480,58	2.519,42
5	90.987,78	7.279,02	2.720,98
6	88.266,80	7.061,34	2.938,66
7	85.328,14	6.826,25	3.173,75
8	82.154,39	6.572,35	3.427,65
9	78.726,74	6.298,14	3.701,86
10	75.024,88	6.001,99	3.998,01
11	71.026,87	5.682,15	4.317,85
12	66.709,02	5.336,72	4.663,28
13	62.045,74	4.963,66	5.036,34
14	57.009,40	4.560,75	5.439,25
15	51.570,15	4.125,61	5.874,39
16	45.695,76	3.655,66	6.344,34
17	39.351,42	3.148,11	6.851,89
18	32.499,53	2.599,96	7.400,04
19	25.099,49	2.007,96	7.992,04
20	17.107,45	1.368,60	8.631,40
21	8.476,05	678,08	8.476,05*

*Die letzte Rate beträgt nur 9.154,14 DM.

9.8.1

C_0 = -8000 + 7960,05 = -39,95.

9.8.2

C_0 = 1034. Da $C_0 > 0$ ist, lohnt sich die Investition.

Weiterführende und ergänzende Literatur

1. Allgemeine Literatur

Allen, R.G.D.: Mathematik für Volks- und Betriebswirte. 4. Auflage. Berlin. Duncker & Humblot, 1972.

Dück, W., Körth, H., Runge, W. (Hrsg.): Mathematik für Ökonomen. Band 1 und Band 2. Thun, Frankfurt/M. Verlag Harri Deutsch, 1980.

Kemeny, J.G., Schleifer jr., A., Snell, J.L., Thompson, G.L.: Mathematik für die Wirtschaftspraxis. 2. verb. Auflage. Berlin, New York. de Gruyter, 1972.

Mangoldt, H.v., Knopp, K.: Einführung in die höhere Mathematik. Band 1. 16. Auflage. Stuttgart. S. Hirzel Verlag, 1980.

Mangoldt, H.v., Knopp, K.: Einführung in die höhere Mathematik. Band 2. 15. Auflage. Stuttgart. S. Hirzel Verlag, 1981.

Mangoldt, H.v., Knopp, K.: Einführung in die höhere Mathematik. Band 4. 3. Auflage. Stuttgart. S. Hirzel Verlag, 1980.

Sirk/Draeger: Mathematik für Naturwissenschaftler. 11. durchgesehene Auflage. Dresden, Verlag Theodor Steinkopff, 1969.

Smirnow, W.J.: Lehrgang der höheren Mathematik. Teil I. 13. Auflage. Berlin. VEB Deutscher Verlag der Wissenschaften, 1979.

Tinhofer, G.: Mathematik für Studienanfänger. München, Wien. Carl Hanser Verlag, 1977.

Zurmühl, R.: Praktische Mathematik für Ingenieure und Physiker. 5. Auflage. Berlin, Heidelberg, New York. Springer-Verlag, 1965.

2. Formelsammlungen und Nachschlagewerke

Bartsch, H.-J.: Mathematische Formeln. 15. Auflage. Leipzig. VEB Fachbuchverlag Leipzig, 1976.

Bronstein, I.N., Semendjajew, K.A.: Taschenbuch der Mathematik. 11. Auflage. Zürich, Frankfurt. Verlag Harri Deutsch, 1971.

Gellert, W., Kästner, H., Neuber, S. (Hrsg.): Fachlexikon ABC Mathematik. Thun, Frankfurt/M. Verlag Harri Deutsch, 1978.

Meschkowski, H.: Mathematisches Begriffswörterbuch. 3. erw. Auflage. Mannheim, Wien, Zürich. Bibliographisches Institut, 1971.

Rottmann, K. (Hrsg.): Mathematische Formelsammlung. 2. Auflage. Mannheim. Bibliographisches Institut, 1960.

Vogel, A.: Mathematische und statistische Tabellen. Stuttgart. Verlag Konrad Wittwer, 1983.

3. Zu Kapitel 2 (Elementare Grundlagen)

Kreul, H., Kulke, K., Pester, H., Schroedter, R.: Lehrgang der Elementarmathematik. 7. Auflage. Frankfurt/Main. Verlag Harri Deutsch, 1970.

Schwarze, J.: Mathematik für Wirtschaftswissenschaftler. Elementare Grundlagen für Studienanfänger. Herne, Berlin. Verlag Neue Wirtschafts-Briefe, 1983.

4. Zu Kapitel 3, 4 und 5 (Logik, Mengenlehre, Kombinatorik)

Griffiths, H.B., Hilton, P.J.: Klassische Mathematik in zeitgemäßer Darstellung. Band 1: Grundlagen, Mengenlehre und Arithmetik. Göttingen. Vandenhoeck & Ruprecht, 1976.

Kusch, L.: Grundbegriffe der Mengenlehre. 4. Auflage. Essen. Verlag W. Girardet, 1972.

Lipschutz, S.: Theory and Problems of Set Theory and Related Topics. New York, St.Louis. McGraw-Hill, 1964.

Monjallon, A.: Einführung in die moderne Mathematik. Braunschweig. Friedr. Vieweg + Sohn, 1970.

Schick, K.: Aussagenlogik. Freiburg, Basel, Wien. Herder Verlag, 1971.

Tarski, A.: Einführung in die mathematische Logik. 4. Auflage. Göttingen. Vandenhoeck & Ruprecht, 1971.

Varga, T.: Mathematische Logik für Anfänger, Aussagenlogik. Berlin. Volkseigener Verlag Volk und Wissen, 1972.

Weinberg, P.: Betriebswirtschaftliche Logik. Düsseldorf. Bertelsmann Universitätsverlag, 1971.

5. Zu Kapitel 6 und 7 (Funktionen)

Abramowitz, M., Stegun, I.A. (Eds.): Handbook of Mathematical Functions with Formulas, Graphs, and mathematical Tables. New York. Dover Publications, Inc., 1970.

6. Zu Kapitel 8 (Folgen, Reihen, Grenzwerte)

Meschkowski, H.: Unendliche Reihen. 2. Auflage. Mannheim. Bibliographisches Institut, 1962.

7. Zu Kapitel 9 (Finanzmathematik)

Bussmann, K.F.: Kaufmännisches Rechnen und Finanzmathematik. 4. Auflage. Stuttgart. C.E. Poeschel Verlag, 1980.

Caprano, E.: Finanzmathematik. München. Verlag Franz Vahlen, 1974.

Kobelt, H., Schulte, P.: Finanzmathematik. Methoden, betriebswirtschaftliche Anwendungen und Aufgaben mit Lösungen. Herne, Berlin. Verlag Neue Wirtschafts-Briefe, 1977.

Kosiol, E.: Finanzmathematik. 10. überarb. und erw. Auflage. Wiesbaden. Betriebswirtschaftlicher Verlag Dr. Th. Gabler, 1973.

Nicolas, M.: Finanzmathematik. 2. verb. Auflage. Berlin. de Gruyter, 1967.

Schulte, K.-W.: Wirtschaftlichkeitsrechnung. 2. Auflage. Würzburg, Wien. Physica-Verlag, 1981.

Symbolverzeichnis

$\mathbb{N}$	Menge der natürlichen Zahlen S.17
$\mathbb{Z}$	Menge der ganzen Zahlen S.17
$\mathbb{Z}^+$	Menge der positiven ganzen Zahlen S.17
$\mathbb{Z}^-$	Menge der negativen ganzen Zahlen S.17
$\mathbb{Z}_0^+$	Menge der nichtnegativen ganzen Zahlen ($Z^+ \cup \{0\}$) S.17
$\mathbb{Q}$	Menge der rationalen Zahlen S.17
$\mathbb{Q}^+$	Menge der positiven rationalen Zahlen S.17
$\mathbb{Q}^-$	Menge der negativen rationalen Zahlen S.17
$\mathbb{Q}_0^+$	Menge der nichtnegativen rationalen Zahlen ($Q^+ \cup \{0\}$) S.17
$\mathbb{R}$	Menge der reellen Zahlen S.17
$\mathbb{R}^+$	Menge der positiven reellen Zahlen S.17
$\mathbb{R}^-$	Menge der negativen reellen Zahlen S.17
$\mathbb{R}_0^+$	Menge der nichtnegativen reellen Zahlen ($\mathbb{R} \cup \{0\}$) S.17
$\mathbb{R}^n$	Raum der reellen n-Tupel S.55
a^n	n-te Potenz von a S.18
$\sqrt[n]{a}$	n-te Wurzel aus a S.18
$a < b$	a kleiner als b
$a = b$	a gleich b
$a > b$	a größer als b
$a \leqq b$	a kleiner gleich b
$a \geqq b$	a größer gleich b
$\log_a$	Logarithmus zur Basis a S.18
ln	natürlicher Logarithmus (Basis e) S.19
log	dekadischer Logarithmus (Basis 10) S.19
cos	cosinus S.24
cot	cotangens S.24
sin	sinus S.24
tan	tangens S.24

$\sum_{i=k}^{n} a_i$	Summenzeichen, "Summe aller a_i für i von k bis n" S.24,25
$\prod_{i=k}^{n} a_i$	Produktzeichen, "Produkt aller a_i für i von k bis n" S.29
$\lvert a \rvert$	Betrag a, absoluter Betrag von a S.30
(a,b)	abgeschlossenes Intervall, $a \leq x \leq b$ S.22
)a,b(	offenes Intervall, $a < x < b$ S.22
(a,b(	rechts halboffenes Intervall, $a \leq x < b$ S.22
)a,b)	links halboffenes Intervall, $a < x \leq b$ S.22
$\bar{A}$	Negation von A "nicht A" S.32
$\wedge$	und, Konjunktion S.33
$\vee$	oder, Disjunktion S.33
$\Longrightarrow$	Implikation S.34
$\Longleftrightarrow$	Äquivalenz S.35
$a \in A$	a Element A S.44
$b \notin A$	b nicht Element A S.44
$\{x \mid x$ hat die Eigenschaft $E\}$	Menge aller x, welche die Eigenschaft E haben S.44
$\{\}, \emptyset$	leere Menge S.44
n(A)	Anzahl der Elemente in der Menge A (Mächtigkeit) S.45
$A \subset B$	A ist Teilmenge von B S.46
$A \not\subset B$	A ist nicht Teilmenge von B S.46
$A \subseteq B$	A ist enthalten in oder gleich B S.46
$\mathcal{P}(A)$	Potenzmenge der Menge A S.47
$A \cap B$	Durchschnitt der Mengen A und B S.48
$\bigcap_{i=1}^{n} A_i$	Durchschnitt der Mengen A_i (i=1,...,n) S.49
$A \cup B$	Vereinigung der Mengen A und B S.49
$\bigcup_{i=1}^{n} A_i$	Vereinigung der Mengen A_i (i=1,...,n) S.50
$B \setminus A$	Differenz zwischen den Mengen B und A S.50
$\bar{A} = \complement_{\Omega} A$	Komplement von A in bezug auf Ω S.50

$A \times B$	kartesisches Produkt der Mengen A und B S.54
$\mathop{\times}\limits_{i=1}^{n} A_i$	kartesisches Produkt der Mengen A_i $(i=1,\ldots,n)$ S.54
$f: X \to Y$ $X \xrightarrow{f} Y$	Abbildung f der Menge X in die Menge Y S.58,86
f^{-1}	Umkehrabbildung S.59
$f \circ g$	Zusammengesetzte Abbildung S.59
$n!$	n Fakultät S.64
$\binom{n}{k}$	Binomialkoeffizient S.65
$\binom{n}{k_1,k_2,\ldots,k_r}$	Polynomialkoeffizient S.67
P(n)	Permutationen ohne Wiederholung S.70 80
PW(n,r)	Permutationen mit Wiederholung S.71,80
K(n,k)	Kombinationen ohne Wiederholung und ohne Berücksichtigung der Anordnung S.74,77,80
KA(n,k)	Kombinationen ohne Wiederholung und mit Berücksichtigung der Anordnung S.74,75,80
KAW(n,k)	Kombinationen mit Wiederholung und mit Berücksichtigung der Anordnung S.74,76,80
KW(n,k)	Kombinationen mit Wiederholung und ohne Berücksichtigung der Anordnung S.74,79,80
$\equiv$	identisch gleich S.95

$\exp[f(x)] := e^{f(x)}$ S.122

$\lim\limits_{n \to \infty}$	Grenzwert, wenn n gegen ∞ geht S.157

Stichwortverzeichnis